GANG STARR FOREVER!!!

DJ PREMIER Complete Guide

DAWN＝編

DJプレミア完全版

1989-2023

CONTENTS

DJプレミアとは

Intro

虐げられた人々を変えたヒップホップの功績

ヒップホップ好きで、ＤＪプレミアを嫌いな人を探すのは難しい。「まだ通っていない」世代の人はいるだろうが、これからディープで長い「プレミア道」が拓ける、うらやましい場所に立っているとも言える。２０２２年はドクター・ドレーがアメリカで最高視聴率を誇るＮＦＬのスーパーボウル・ハーフタイムショーでヘッドライナーを務め、話題をさらった。ヒップホップというムーヴメントへの再評価の波は止まらず、正式にアメリカ政府がヒップホップ50周年を定め、翌２０２３年はさまざまなイベントが催されもした。１９７３年からの最初の10年はレコーディングされなかったローカルな音楽だったため、〝50〟周年は少し強引だったし、２０１３年から始まり、２０２０年になし崩しでピークを迎えたブラック・ライヴズ・マターのガス抜きの面はある。それでも、社会的に虐げられた、多くの人々のメンタリティーを変えたヒップホップの功績は測り知れない。

国を挙げてのドクター・ドレー再評価が続く中、沸々と湧き上がった疑問がある。「ドレーの偉業に疑問の余地はないとして、ＤＪプレミアをここまで軽んじていいものだろうか」。西のドレーに、東のプリモ。いまではゴールデン・エラ（黄金期）と呼ばれる90年代半ば過ぎまで、私の軸はそこにあった。ヒップホップの背骨と骨盤みたいな2人は、絶対神。寡作だったドレーに対し、リミックスを含めてリリース量が多いプレミアはアンダーグラウンド・ヒップホップに片足を突っ込んだまま、メジャーな仕事も手掛けて好感度が高かった。筆者が95年にニューヨークに引っ越してからは、ギャング・スターのみならず、M.O.P.のライヴや、ソニー傘下のジー・ストリートからデビューしたばかりだったアフーラのイベントに行けば、かなりの確率で〝いる〟人だったので、わりと身近な神様となった。

サンプリングの音作りにＤＪが持つ知識は不可欠

まず、ＤＪプレミアのキャリアのスタート地点と、ギャング・スター結成までの話をしよう。ヒップホップ黎明期から黄金期まではＭＣ（ラッパー）と同じくらい、誰がＤＪを務めるかが重要であった。ＬＬ・クール・Ｊのように一匹狼のアーティストもいたが、彼にしてもリリックで言及しているカット・クリエイターのように決まったＤＪがいるのが常だった。2人以上のグループとなると、ＤＪを含むのが基本。サンプリング中心の音作りだったため、ＤＪが持つ音楽の知識が不可欠だったのが大きいだろう。フィラデルフィアで結成されたヒップホップ・バンドのザ・ルーツは別として、そのままステージに上がってライヴ・パフォーマンスができるのがＤＪ込みのグループの強みでもある。

ＭＣケイシー・Ｅとも名乗っていたグールーことキース・エドワード・イーラムはマサチューセッツ州ボストンの出身。80年代後半、黒人名門大学モアハウスを卒業してニューヨークに進出、服飾で有名なＦＩＴ（ファッション・インスティチューション&テクノロジー）でクラスを取りながら、職を転々としていた。ヒップホップ・レーベル、ワイルド・ピッチのオフィスに立ち寄ったとき、テキサス州ヒューストンから送られてきた、ワックスマスター・Cと名乗るDJのデモテープを偶然、耳にする。プロダクションのセンスに感心したグールーは、このワックスマスター・Cことクリストファー・エドワード・マーティンに連絡。まだ、プレイリー・ビューA&M大学の寮に住む大学生だった彼と意気投合し、2人はギャング・スターを結成に至る。

ここで、いくつか考察を加えたい。

1. ギャング・スターの2人はフッドの育ちながら、どちらも大学に行くような家庭環境であり、10代からストリートでのハスリングを余儀なくされるタイプではない。

2. プレミアの最初のDJ名「ワックスマスター」でわかりやすくレコード好きを証明している。

3. 10代からニューヨークとテキサスを行ったり来たりしていたプレミアの運命を大きく変えたのは、5つ年上のグールーである。

4. ニューヨーク・サウンドを代表するデュオだが、2人ともほかの州で育っている。

4つめが、ギャング・スターの特異な点だろう。グールーの出身地、ロクスベリーはかのマルコム・XとR&Bの悪童、ボビー・ブラウンの出身地でもある。プレミアはヒューストンのフィフス・ワードの生まれで、こちらも黒人人口が高く、ゲトー・ボーイズやボクサーのジョージ・フォアマンを輩出している。グールーはずっとブルックリンに住んでいたが、プリモがヒューストンから出てきた当初、家賃を抑えるために2人で短期間だけ、ブロンクスに住んでいたという。だが、ギャング・スターは基本的に「ブルックリン推し」のデュオだ。3作目『Daily Operation』の「The Place We Dwell（＝俺たちが浸かっている場所）は、「ほかの土地もいいけれど、俺らにとってはブルックリンが一番」と言い切るブルックリン讃歌だ。ギャング・スターの曲には、一歩引いて俯瞰している観察者の視点があるのは、2人が他所から来た人間であるのが大きいように思う。例えば、ジャマイカ移民の子どもたちであるノトーリアス・B.I.G.ことビギーや、バスタ・ライムス、ハスラー上がりのジェイ・Zたちの90年代の作品は主観的な一人称か、〝昔から知っている〟仲間たちの顛末をラップしていた。グールーのラップは、豊富な語彙と練られた韻を駆使した、〝語り部〟要素が強い。いま、よくよく聴くと少々説教臭くもある。これは、彼がブラック・イスラムと呼ばれるネーション・オブ・イスラムや、ファイブ・パーセンターズの教義を信じ、ニューヨークでの生活を理想化しているのも関係あるはず。それをぐっとストリートに近づけるのが、プレミアの「ゴリゴリ」という針の音が聞こえてきそうなスクラッチであり、サンプリング・ソースを切り刻んで（チョップ）、それをひっくり返すようにして（フリップ）組み合わせる「チョップ&フリップ」の手法で作られた、一気呵成に前進するトラックだ。

後世に強い影響を与えるブレない姿勢や生き方

ゴールデン・エラのヒップホップは、ソウルやジャズ、ファンク、同時代のヒップホップ・チューンをよく引用していた。加えてプレミア

は当のアーティストの以前の曲を入れるのがおもしろかった。サンプリングや意図的にリリックを拝借して、一瞬で引用元の時代と行ったり来たりしたり、数十年もの時間が近づいて重なったりするところがヒップホップの醍醐味なのだ。この耳から始まる時間旅行にスムーズに誘ってくれるのがMC、DJ、プロデューサーを含めた優れたヒップホップ・アーティストであり、広範な音楽の知識がそれを可能にする。加えてプリモは、非常に記憶力がいいとの証言もある。曲の速度、リリックがすぐに思い出せるのも、DJが本領であるプロデューサーの強みだ。

ジェルー・ザ・ダマジャやグループ・ホームの作品を含め、90年代にメインでプロデュースした作品群があまりに鮮烈だったため、DJプレミアの偉業はどうしてもその時代に紐づけられがちである。だが、後世のラッパーや音楽業界の人に「プレミア・コンプレックス」とも呼べる強い影響を与えているのは、プロダクションと同じくらいブレない彼の姿勢や生き方ではないか。20世紀の終わり、ヒップホップは黄金期から俗にブリンブリン期とも呼ばれるバカ売れ期に移行する。人気プロデューサーとなっていた彼はどこにいたのか。マンハッタンの西36丁目、8番街と9番街の間にあったD&Dスタジオである。ヒップホップの名曲の数々が吹き込まれた伝説の場所だが、ミッドタウンの西側にたくさんあったスタジオの中でもお世辞にも立派とはいえないスタジオだった。だが「D&Dファミリー」と呼ばれたラッパーたちが出入りし、ビリヤードで遊び、意見(=文句)を言い合っているのを周りを囲むドアと壁が吸い取っているような空気は格別だった。

プレミアは2003年に買い取り、亡くなったばかりの友人の名前を付け直した。2014年までそこを根城に衛星ラジオ局、サイラス／XMラジオの金曜日夜のラジオ・ショーの収録も行っていたほどだ。

気に入れば有名無名、人種問わずプロデュース

本書の要、ディスクガイドを眺めるとわかるが、プレミアはメジャー、マイナーを問わないばかりか、言語が異なる海外のラッパーでも、気に入ればプロデュースの仕事をしている。90年代のプリモ・クラシックを聴いて育ったラッパーが、彼と組むのを目標とする気持ちはよくわかる。だが、クリスティーナ・アギレラのようにR&Bを取り入れたポップ・スターからも声がかかったのは驚いた。これは、アギレラの当時のマネージャーで元夫でもあるジョーダン・ブラットマンがプレミアに思い入れがあったため、との話が伝わってきた。もっと些細な話では、マンハッタンのラウンジのあるレストランに行ったら、「定期的にプレミアにBGMのプレイリストを作ってもらっている」とオーナーに自慢されたこともある。真偽のほどはわからないが、彼を〝絶対神〟と思っている人は一定数いるのだと思う。2023年の秋、名優の域に入ってきたレオナルド・ディカプリオが自分の誕生日パーティーで酔い、ラップしている動画がSNSでバズった。ジェイ・Zとビヨンセもいる会場で彼がラップしていたのは、ギャング・スターfeat.ナイス&スムースの「DWICK」であった。

2000年代には別々の道を歩んでいたグールーが2010年に癌で他界した際は、当時のビジネス・パートナー兼DJのソーラーが公開した遺書が物議を醸した。「自分の以前のDJ（=プレミア）は一切関わってほしくない」とあったのだ。冒頭に「DJプレミアを嫌いな人を探すのは難しい」を書いたが、彼の悪口を大っぴらに言っていたのは（私が知っている限り）、グールーひとりである。もっとも、「（プレミアが）忙しすぎて、ギャング・スターの活動が後回しになっている」と言ったような内容だが。グールーが亡くなる前の数年間、2人が疎遠になっていたのは事実だ。だが、遺書にかわいがっていた息子のキース・カシームが言及されていない点と、遺書が作成されたとソーラーが主張している時期に、グールーはすでに昏睡状態だったとの証言があったため、家族とプレミアはその信憑性と遺された音源を巡り、2014年に裁判を起こした。一審で敗けたソーラーは、控訴。結局、プレミアは自腹を切ってグールーが遺した未発表のラップを2016年に買い取っている。それを使用したのが、2019年のギャング・スター名義の『One of The Best Yet』だ。父親似のキース・カシームの声を入れているだけでなく、J.コールを招いた「Family & Loyalty」や「Bad Name」のMVにも参加している。このアルバムのインタールード「NYGz / GS 183rd」では、「1988年にグールーと出会った。ほかの場所から来てここで金儲けをしていたから、リスペクトした。だから、ギャング・スターは共感できるし、レジェンドなんだ」との証言が出てくる。プレミアの本音と、実はエドワードというミドル・ネームを共有している元相棒へのメッセージだと受け止めた。（池城美菜子）

TRESPASS
GANG STARR
SUBSONIC 2
MC SOLAAR
LOVE SICK
GANG STARR
NO MORE MR. NICE GUY
COOKIE CREW
Da king & I
KRAK DA WEAZEL
CHERRY
LORD FINESSE & DJ MIKE SMOOTH
FUNKY TECHNICIAN
COOKIE CREW
STREETWIZE
BOSS DEEPER
DAILY OPERATION
MARXMAN
RED FOX
Virgin
SHYHEIM A/K/A THE RUGGED CHILD
ON AND ON

1989 - 1993

1989-1993

この時代に続くブーンバップを音響的に定義したプレミアの署名的プロダクション

ヒップホップのトラック・メイキング／サウンド・プロダクションは、3つの要素からなる。伝統的な楽器の生演奏、ドラム・マシンなど伝統的ではないテクノロジー、それから楽器の音色を含むサンプリングの素材とそれらの操作。DJプレミアがそのキャリアを歩むより以前の、例えば、1979年のシュガーヒル・ギャングの「Rapper's Delight」はその最初を代表する例だ。1980年代半ばには、ラン・DMCの初期やフーディニなどドラム・マシンにキーボードを使った楽曲があり、マーリー・マールとMCシャンの「The Bridge」(1985年)やブギーダウン・プロダクションの「South Bronx」(1986年)はサンプリングの特徴を活かした代表的なもので、これらがヒップホップのサウンド・プロダクションを永遠に変えた。

本稿のテーマとして設定されている時代、1989年にはパブリック・エネミーのセカンド『It Takes a Nation of Millions to Hold Us back』やジャングル・ブラザーズのセカンド『Done by the Forces of Nature』がすでにリリースされており、ここではフレーズ毎ではあるが精緻なサンプリングの組み合わせでひとつひとつの曲において異なった音世界が合成され構築されていることが聴き分けられる。大学にラン・DMCがやって来たイベントの合間に流れた「The Bridge」を聴いて、「このカルチャーの一部になりたい」と願ったDJプレミアは、1989年の時点でその次に何を達成するかが問われていただろう。

DJプレミアの父親は数学で、音楽好きの母親は美術で共に地元の大学で教鞭をとっていた。両親が共に教師である事実だけでは重要だとは断定できないが、その事実からプレミアが何をどう受けとり、どう解釈したかは重要で、父親について彼は「農場で育った父親はプロ＝ブラックで、(いわゆる「ブラック」の)人々が成し遂げるところを見たいという願望ゆえに彼は教育者になった」と語っている。農場で生まれ育ったプロ＝ブラックと聞いただけで公民権運動において大きな功績をあげて2020年に亡くなったジョン・ルイス下院議員を想い起こすが、父親は同様の世代に属するはずであり、〝成し遂げる〟とは公民権運動と様々な政治的行動をもちろん指すので、プレミアはその息子として「子供の頃は父親とは反対のことをやっていると感じたが、今では自分はヒップホップというアート・フォームを通して彼と同じことをしていると感じる」と言う。

幼い頃から母親に習わされていたためピアノが弾けたプレミアは、大学に入学すると学生DJとして活動を始め、また吹奏楽団にも加わっていたという。1987年には母方の祖父の住むブルックリンに移住。1988年にかけてギャング・スター名義のシングルがワイルド・ピッチから3枚リリースされているが、これらはいずれも彼は関与していない。1989年から1993年の間、ギャング・スターの最初の2枚のアルバムを丸ごとプロデュース。そして、やはり1990年のサウンドトラック『Mo' Better Blues SoundTrack』に「Jazz Thing」を提供したことは大きい。それから注目を集めていたUKアーティストのプロデュースを立て続けにしたことは、様々な仕事が増えていった理由だろう。

政治的な騒動を非音楽的なノイズによって際立たせたPE／ボム・スクワッドが一方に、想像上のアフリカへの回帰をある意味あてずっぽ的な材料で創造したJBズがもう一方にいたとして、プレミアははっきりとジャズやファンクから複製したと聴き分けられるサンプリング素材を組み合わせ、(クロス)リズム実験によって、過去に現実に存在した「ブラック」カルチャーへ向かいつつ、同時にジャズをテクニカルに組み合わせることを通じて、芸術的な豊かさの方へ、つまり仮構された「リアル」へと聴き手を誘う。これにより楽曲は構造的に「未来」を指向することになる。あったかのように響くが、それはなかった。もしくはなかったのにどこか懐かしい。そのことで過去、自分のいる現在、そして未来を結んでいくのだ。

「Jazz Music」では、サッチモやビリー・ホリデイといった実在のジャズ・ミュージシャンの名や実在の地名がリリックで連呼される。そしてその背後では、ラムゼイ・ルイスのピアノがループされ、そこにオージェイズのヴォーカルの叫びが繰り返し挿入される。往年のジャズ・スキャットが人工的に再現されているようで、同時に、ありえなかった夢の共演でもあり、その夢全体の構想は、それぞれの曲が発表された当時にはあり得ずに1980年代後半を生きるDJ独自の俯瞰の視点によって飲み可能なものだ。この構造は「Jazz Thing」でも、もしくは「In Deep Concentration」でも同じである。

この時代に続くブーンバップを音響的に定義したと思われるプレミアの署名的プロダクションは、リズムを追求することで仮構された「リアル」を可能にしていると言えるのではないか。例えば、後にオージェイズの声を素材にした実験では、ラッパーの過去の〝声ネタ〟を差し換えることで、ラップ＝ジャズの境界線を曖昧にする可能性を残しながら、ラップの固有のサウンドへ、ブラックの人々にとっての新しい時代にふさわしい音へ、民衆の芸術が到達すべき世界へと向かうのである。(荏開津広)

プレミアとグールー初の共同作業がそのままアルバムに

Artist

Gang Starr

ギャング・スター

Track

A1. Premier & The Guru
A2. Jazz Music
A3. Gotch U
A4. Manifest
A5. Gusto
A6. DJ Premier in Deep Concentration
B1. Conscience Be Free
B2. Cause and Effee
B3. 2 Steps Ahead
B4. No More Mr. Nice Guy
B5. Knowledge
B6. Positivity

Title

No More Mr. Nice Guy

1989年 : Wild Pitch Records
CD, LP, Cassette

ＤＪプレミアがテキサス州ヒューストン、グールーがまさマサチューセッツ州ボストン出身だという事実は、彼らの現在のヒップホップの歴史におけるプレゼンスを考慮に入れるならば、１９９０年代のいわゆるヒップホップの黄金時代に主流だったイースト・コースト・ヒップホップの定義を背景で支える重要な要素なのではないか。

つまり、ヒューストンからニューオーリンズを（地理学上）右上に眺めながらプレミアの受けた広い意味での教育は、サウンド・プロダクションを手掛ける際に、自分たちの周囲の環境が優先させてきた音響的／口承的な文化の特徴をまずその材料とさせるだろう。

そうだとして、彼が吸収してきた音響を通じての世界へのパースペクティヴのなかで、例えば、自分たちの文化として過去を築き現在から未来へと手渡していくサウンド文化の優先事項としてのジャズをサンプリング素材として具体的に選び抜き複製・引用・編集して出来上がったトラックが、自身の芸術的パートナーである東部のソフィスティケートされた都市を知るグールーのリリックと組み合わされ、2人のいる場の中間、すなわち、ちょうどヒップホップの生まれたニューヨーク——彼らが出会い活動を開始した場でもある——の風景とも呼応して曲として結実する。

これは仮説だが、ヒップホップはその始まりからNYだけでなくサウスのカルチャーの影響下にあったことを無視できないという説とも符合すると思うが、識者のご指摘を待ちたい。

また、グールー自身もボストンから南下しアトランタの大学でビジネスの学位を取得した後、ファッション工科大学に進む名目でNYに来た真の目的は、すでにボストン時代から存在した同級生のビッグ・シュゲなどとの〝ギャング・スター〟を軌道に乗せることだった。しかし、ワイルド・ピッチ発のシングルは不発に終わり、ひとりになったグールーがレーベルの事務所に届いていたデモ群からプリモの1本を拾い出し、そのまま家で一晩中デモに収められたビートに合わせてフリースタイルをしたことから始まったという。

ゆえに実は2人の初の共同作業はこの『No More Mr.Nice Guy』であり、この制作においてグールーはリリックのレコーディングを含め2週間費やしたというが、グールー自身はまさかその作業の結果がそのままアルバムとしてリリースされるとは思っておらずデモのつもりだったという。

さて、プレミアのトラックはかしこに仕組まれたエフェクトが音世界から現実感を減じる異化効果を持ちながら、サンプルの選択とチョップによって典雅さとストリートのエッジ双方の響きにを得ている。

プレミアが衝撃を受けた「The Bridge」の構造を擬えたと思しき「2 Steps Ahead」などがデモに収められていたのか、当時を思い返しグールーはトラックが彼の耳を惹きつけた理由をジャズのサンプリングゆえとする。

曲全体が自分たちの誇るべきジャズという文化芸術に捧げられた「Jazz Music」はもちろん、例えば「Word I Manifest」ではディジー・ガレスピーとマイルス・デイヴィスがまずループされ、その後に響き始めるスウィングするパーカッション・ループとともにグールーの言葉が舞う。

〝自分は粘り強い。自分は愛と与えることできるブラザーにならねばならない、自分は君の教授なのだ〟という、しばしばリリックで表されるボースティングとも重ね合わせられながら、楽曲に父親的な人物像の描写を説得的に描き出す。ポジティヴであることや良き〝ブラザー〟であることはプレミアとの出会い以前の〝ギャング・スター〟のプロダクションにもアフロセントリシズムを通じ取り上げられていたが、その主題に迫っていく際にジャズの要素はポジティヴという価値、ストリートの導師たらんとする意思と行為について描くための具体的な素材となっている。

このアルバムでもほとんどのリリックがボースティングやバトル・ライム的世界と繋がっているが、そこで繰り返される〝平和主義者〟という単語や〝暴力は、いつでも自分の最初の選択ではない〟といったパートはジャズのサンプリング、例えばホーンの響きに明らかに力を得て説得力を持ちえている。

そういえばプレミアの父親が〝プロ＝ブラック〟であることは本書の他の部分に記したが、グールーの父親はボストン最初の黒人の判事であることは有名で〝人生はまるで大学、リアリティの学位を取得せよ（Cause and Effect）〟、〝お前が成文法を破ろうとするとき（Cause and Effect）〟、もしくは、〝いいか、これが評決である（Conscious to Be）〟といったフレーズを聞くと、彼が「デモかと思った」という言葉を疑う理由がないように思える。

要するに芸術作品という公に問うものでありながら、そこに彼と彼の父親との関係が二重写しのようにして見えるような気がするからだ。（荏開津広）

様々なサウンドを巧みに組み合わせた表現の実験

Artist

Gang Starr

ギャング・スター

Track

A1. Word I Manifest (Special Remix)
A2. Word I Manifest (Instrumental Remix)
B1. DJ Premier In Deep Concentration
B2. Here's The Proof (Vocal)
B3. Here's The Proof (Instrumental)

Title

Words I Manifest

1989年：Wild Pitch Records
12", CD-Single

　プレミアが音で表現したヒップホップなるものはここではイントロでまず様々なサウンドの要素を巧みに組み合わせ、その表現の実験は世界の深みの洗練へと向かう。大袈裟なようだが、それこそグールーの大袈裟なボキャブラリーは反語的な文脈を含みながらラップのレトリックの伝統の一部に沿っているとして、この前後のグールーの試みはそれをプロ＝ブラックであることと重ね合わせながらの父親的な指導力を持つ像へ焦点を結ばせることにあったとは書き過ぎか。このリミックスは、その大袈裟な言葉遣いだからこそそのラップを歴史上の人物のスピーチのように扱うことオリジナルのまま、少し現実のストリートから別の次元に、例えばダンスへと、ずらす。同時にジャズの巨人たち、つまり「ブラック」カルチャーの貢献者とその最前線にいる若者として自分たちを位置付ける試みとなる。オリジナルのMVが若い彼らの高い志を描いて良いので、機会あれば是非観てください。(荏開津広)

ギャング・スター以外で初のプロデュース作品

Artist

Lord Finesse & DJ Mike Smooth

ロード・フィネス＆ディージェイ・マイク・スムース

Track

01. Lord Finesse's Theme Song Intro feat. Grandpa Finesse
02. Baby, You Nasty (New Version)
06. Slave to My Soundwave
10. A Lesson to Be Taught
12. Strictly for the Ladies feat. Patricia (Chocolate)
13. Track the Movement

Title

Funky Technician

1990年：Wild Pitch / EMI Records
CD, LP, Cassette

　インタビューでプリモが音楽の原体験を聞かれるとよく答えるのが、母親との思い出だ。厳格な教師だった母親はそのコレクションを簡単に触らせなかったそうだが、それでもレコードショップに行く度に3枚を選ばさせてくれるのが楽しみだったと振り返る。そうして幼少期から醸造されたレパートリーが直接活かされたかのように、今作は70年代のソウルやファンクからそのまま抽出されたループ・ビートが中心だ。ただ、それが当時のヒップホップの型でもあり、彼も若かりし頃はトレンドの影響を受けるひとりだったのかもしれない。とはいえど、ファンキーマンの異名を持つロード・フィネスにファンクなドラムループを渡すだけでなく、上ネタのループが主役のビート「A Lesson To Be Taught」でフィネスのリリシズムを引き立たせている。プロデュースセンスの芽生えと言えるだろう。今作がギャング・スター以外で、初のプロデュース作品だった。(斎井直史)

Artist

Gang Starr

ギャング・スター

Track

B1. Gotch U (Hunter Mix)
B2. No More Mr. Nice Guy (Fed Up Mix)

Title

Positivity

1989年：Bellaphon
12"

ジャズネタをワンループ調理した好リミックス

DJプレミアがテキサスからニューヨークへと移住した後に本格的に始動した、ギャング・スターの記念すべきファースト・アルバム『No More Mr. Nice Guy』からの2枚目となる独盤シングルカット。カップリングにはファースト・シングル「No More Mr. Nice Guy」、アルバムのみ収録の「Gatch U」、それぞれのリミックスが収められている。ジミー・スミス「Who's Afraid of Virginia Woolf?」のウッドベースをワンループさせた前者とジェームス・ブラウン「Get Up, Get Into It, Get Involved」をメインループと声ネタで再構築した後者、特に前者は初期DJプレミア＝初期ギャング・スターらしいジャズネタをワンループ調理した好リミックスに仕上がっている。また、ネタとしてオマージュされることもあるUS盤のクラシックなジャケットに対し、タイトル曲のMVから切り抜かれた粗い解像度のパントマイミストが完全にホラーな本盤のジャケットにも注目して欲しい。（橋本修）

Artist

Kool DJ Red Alert

クール・ディージェイ・レッド・アラート

Track

Red Alert Chant

Title

(Part 3) Let's Make It Happen

1990年：Next Plateau Records Inc.
CD, LP, Cassette

プレミアのディスコグラフィーの中でも異色の作品

1980年代に圧倒的な人気を誇ったラジオDJはミスター・マジックからクールDJレッド・アラート、ブルックリンからブロンクスへ。その『KISS FM』でのショウのブリッジ的なビートで、プレミアのディスコグラフィの中でも異色の作品。ブラックヒートの1972年のファーストからのホーンに、1974年ケイジーズの『Keep on Bumping & Master Plan』からタイトル曲のコーラス部分 “Who's the man with a master plan?” のサンプルが重ねられ、それにJBズのギターと土台に1970年代ソウル／ファンクを使ってオールドスクール的なオマージュを効かせながら種々の声ネタが乗る。プレミアが期待されていることを十全に発揮してこの偉大なるDJを褒め称える。最初の子供の声はレッド・アラートのラジオのジングル的なもので、「Yeahhhhhh」はテレビ・アニメ『ルーニー・テューンズ』のキャラクター、レッグホーンに着想を得たそうです。（荏開津広）

Artist
Branford Marsalis Quartet
ブランフォード・マルサリス・カルテット
Track
Jazz Thing feat. Gang Starr
Title
Mo' Better Blues SoundTrack

1990年：CBS / SONY
CD, LP, Cassette

流行から何歩も進んでいた先見性には脱帽

デンゼル・ワシントン主演、スパイク・リー監督によるジャズ・トランペッターの人生を巡るヒューマンドラマのサウンドトラック。全編をブランフォード・マルサリス・カルテットが担当した本作には当時「Jazz Music」などのジャズ・サンプリングでシーンを賑わせていたギャング・スターによる「Jazz Thing」を収録。DJ的なセンスでジャズレコードをスクラッチ、カットアップ、ミックスされたイントロから、クール&ザ・ギャング「Dujii」のドラムを下敷きにジャズのワード、フレーズが展開される当時では超ハイセンスな1曲となっている。後に繋がるUKアシッドジャズ・ムーブメント、ジャズ・ヒップホップの先駆的作品として名高い逸品だ。プリモいわく、当時はジェームス・ブラウンをネタとして使ったヒップホップが蔓延っていたことで、違う視点としてのジャズを掘り下げクロスオーバーさせたそう。流行から何歩も進んでいた先見性には脱帽です。(DOMO+PoLoGod.)

Artist
Dream Warriors & Gang Starr
ドリーム・ウォリアーズ&ギャング・スター
Track
A1. I Lost My Ignorance (And Don't Know Where to Find It) (Original Mix) feat. Gang Starr
A2. I Lost My Ignorance (And Don't Know Where to Find It) (Gang Starr Remix) feat. Gang Starr
Title
Follow Me Not / I Lost My Ignorance (And Don't Know Where To Find It)

1991年：Island Records / 4th & Broadway
CD-Single, 12" Promo

『Jazzmattaz』シリーズの布石となった1枚

ジャズとヒップホップの融合が盛んだった90年代初頭。カナダのトロントからも、ジャズ・ラップ/オルタナティヴ・ヒップホップ・デュオが出てきた。レゲエのトースティングの要素も入れて聴きやすく、ファースト『And Now The Legacy Begins』は日本でも好意的に受け入れられた。ギャング・スターとはジャズとコンシャス・ラップとの共通点があり、セカンドにはプレミアのプロデュース曲と、ギャングスターをフィーチャリングした、この「無知な自分を失ってしまった」の2曲を収録。ドナルド・バード「Blackjack」の大胆なサンプリングは、グールーのセンスだろう。プロモ盤にはオリジナルのほか、プレミアのスクラッチを効かせたギャング・スター・リミックスと、グールーとドリーム・ウォリアーズのメンバーによるリミックス。参加人数が同じでややこしいが、このプロジェクトのわかりやすさが、グールーの『Jazzmattaz』シリーズの布石となったとも言える。(池城美菜子)

Artist

Gang Starr

ギャング・スター

Track

01. Name Tag (Premier & The Guru)
02. Step In The Arena
03. Form Of Intellect
04. Execution Of A Chump (No More Mr. Nice Guy Pt. 2)
05. Who's Gonna Take The Weight?
06. Beyond Comprehension
07. Check The Technique
08. Love Sick
09. Here Today, Gone Tomorrow
10. Game Plan
11. Take A Rest
12. What You Want This Time?
13. Street Ministry
14. Just To Get A Rep
15. Say Your Prayers
16. As I Read My S-A
17. Precisely The Right Rhymes
18. The Meaning Of The Name

Title

Step In the Arena

1990年：CBS / SONY
CD, LP, Cassette

〝チョップ＆フリップ〟の萌芽が垣間見える

今となれば想像しにくいが、90年代初頭はあのプレミアでさえボム・スクワッド（パブリック・エネミー＝PEのサウンド・プロデューサー）に影響を受けてPEのような騒々しいレコードを作ろうとした。この通算2作目の「Who's Gonna Take the Weight?」がまさにそれだ。『Rolling Stone』誌の取材で当人もそう語っている。実際、前年にボム・スクワッドが、アイス・キューブ「A Gangsta's Fairytale」で用いたメイシオ&ザ・マックスのファンク・ナンバー「Parrty」をサンプリングした。が、そこはビートのマエストロだ。微妙に異なるブレイクを抜き取り、さらにPE「Rebel Without A Pause」を意識したであろう軋んだサックスで緊張感を演出した。「知識は力だ」から始まるルイス・ファラカンの演説を冒頭に配置、「スピリチュアリティが現実を支える」とグールーはラップした。背景には湾岸戦争があり、彼らの仲間の多くが中東の戦場に送られる厳しい現実を前に彼はリリックを書いたという。ミーターズ、マーヴィン・ゲイ、クール&ザ・ギャングのファンクネスを見事にブレンドし、ESG「UFO」の不穏なサイレンをけたたましく鳴らした「Take a Rest」もPEを彷彿とさせる。一方で、フランスの電子音楽家・ジャン＝ジャック・ペリーを用いた「Just to Get a Rep」で彼らは初めてサンプリングで訴えられるものの、「Beyond Comprehension」におけるソウル・II・ソウル「Keep On Movin'」のピアノのループにはそうした権利問題をかいくぐる創造性、つまり未来の〝チョップ&フリップ〟の萌芽が垣間見えるのだった。（二木信）

Artist
Gang Starr
ギャング・スター
Track
Lovesick (Extended Mix) / Credit Is Due
Title
Lovesick

1991年：Chrysalis
12", Cassette

シングルでは珍しい恋煩いの1曲

『Step In The Arena』からの12インチカットで、グループのシングルとしては珍しく恋愛絡みを歌った1曲。デルフォニクスネタのソウルフルなビートにグールーの穏やかな語り口が絡み、晩年の作品とはまた違ったマイルドな味わい。彼らのシングルだとイントロにブレイクを足した長尺ヴァージョンも何気に珍しかったりする。セカンドには未収録となった「Credit Is Due」も、エディ・ハリスネタが渋い佳曲だ。(VD_BB)

Artist
Gang Starr
ギャング・スター
Track
Check The Technique (Remix)
Title
Step in the Arena 12"

1991年：Chrysalis
12", Cassette

モータウンの名曲をサンプリング

『Step in the Arena』のタイトルカット12インチに収録されたリミックス。一度聴いたら忘れられないモータウンの名曲、マリーナ・ショウ「California Soul」のストリングスをサンプリングしたキャッチーなフックに、オリジナルからホーンとスクラッチをマシマシにしたDJライクなリミックス。セカンド・ヴァースの最終ライン"Dance your ass off hobbes, Check The Technique"でのビートの抜きが痺れポイント。(二宮慶介)

ストリートでのリアル・ライフを詩的にラップ

Artist
J ROCK
ジェイ・ロック
Track
A4. Brutality
A5. The Pimp
B2. Ghetto Law
B5. The Real One
Title
Streetwize

1990年：CBS / SONY
CD, LP, Cassette

若干18歳でデビューを果たしたニューバーグ出身のMC、ジェイ・ロックによる唯一のアルバムは自身のトラックに加え、イージー・モー・ビー、そしてDJプレミアが参加するという無名ラッパーではありえない人選のバックアップで制作された。本作でDJプレミアが手掛けたトラックは4曲。重厚なドラムが印象的な「Brutality」ではフッドで日常的に起こっていた理不尽な警官からの圧力への不満を吐き、「The Pimp」ではストリートライフをジェームス・ブラウン「Take Some...Leave Some」ネタのビート上でライムするバンガーな逸品。さらにミーターズ「Look-Ka Py Py」ネタにキレのあるスクラッチとハードなラップがハマった傑作「Ghetto Law」、「The Real One」もDJプレミアによるものだ。全編を通し、ストリートでのリアル・ライフを詩的にラップした当時のインディーラップでは異色な作品だったと言えるだろう。(DOMO+PoLoGod.)

Artist

Cookie Crew

クッキー・クルー

Track

A Word to the Conscious

Title

Fade To Black

1991年 : FFRR
CD, LP, Cassette

クールなジャズ・ヒップホップ

87年リリースの「Female」や「Born This Way」などのヒット曲で知られる当時のUKラップ・シーンで最も人気が高かったフィメール・ラップ・デュオ、クッキー・クルーに楽曲提供した91年作。この頃のギャング・スターらしいジャズ・サンプルを散りばめたタイトかつクールなジャズ・ヒップホップ・ビートにコンシャスなかけ合いラップ・スタイルが見事なマッチングを果たし、UKでも高い評価を得た名作。(DOMO+PoLoGod.)

Artist

Gang Starr

ギャング・スター

Track

Lovesick (Upbeat Mix)

Title

Lovesick 7"

1991年 : Cooltempo
7"

UK 7" だけの激レア・リミックス

『Step In The Arena』からのカットとなるタイトル曲。そのUK盤7インチのみに収録された激レアなリミックスとなる。ミドルテンポにホーンのレイドバックしたオリジナルに対し、ヤング・ホルト・アンリミテッド「Ain't There Something Money Can't Buy」をサンプリングした倍速ビッグバンド・ジャズのような、ほぼ別曲といって差し支えない仕上がりのリミックス。日本ではクボタタケシ氏クラシックとして広く認知されている。(橋本修)

Artist

Subsonic 2

サブソニック・ツー

Track

Dedicated to the City feat. Keith E / Regardless

Title

Include Me Out

1991年 : Columbua
CD, LP, Cassette

キレッキレのスクラッチを披露

UKのヒップホップ・ユニットの1991年作。「Dedicated to the City」は、共同プロデュースにグールー、スクラッチをプリモが担当。ジャズラップ急先鋒としての当時のギャング・スターのイメージ通り、ジャジーなサックスをバックにプリモがキレッキレのスクラッチを披露している。「Regardless」もサックスネタのジャズラップ曲だが、この直球感はギャング・スター的というよりジャズマタズ的。(吉田雅史)

Artist

Ice-T

アイス・ティー

Track

Lifestyles of the Rich and Infamous (Remix)

Title

Lifestyles of the Rich and Infamous / The Tower

1991年 : Chrysalis
12", Cassette

這うようなベースとスクラッチ

アイス・Tの4作目にして最高傑作『OG: Original Gangster』収録。タイトル曲と「New Jack Hustler」がヒットし、黎明期のギャングスタ・ラップを元NWAの面々と共に決定づけた。この「悪評高い金持ちのライフスタイル」は、シングルとして東のDJイーヴル・ディーとプレミアを招いたリミックスを含めてリリースされた。前のめりな原曲を派手に変えず、這うようなベースラインとスクラッチを加え、腰の据わった仕上がり。(池城美菜子)

1989-1993

Artist

J Rock

ジェイ・ロック

Track

Drug Dealer (DJ Premier Boombox Jeep Mix)

Title

Drug Dealer

1991年：Ghetto Groovz Records
12"

マイナーながら秀逸なリミックス

プリモのキャリア最初期においても、とりわけマイナーな外部仕事と言える本作は、フック部分にアート・ブレイキーネタと自身のスクラッチを巧く挿し込み、初期のギャング・スター作品に通じるジャジーな仕上がりに。J・ロック自身が手掛けた原曲のイナタい作りからはガラリと様変わりし、クールでメリハリの利いたナイスアレンジ。プリモはアルバムでも数曲を手掛けたが、唯一シングル化したのも納得の完成度だ。(VD_BB)

Artist

Wendy & Lisa

ウェンディ＆リサ

Track

Satisfaction (Gangstarr Remix) feat. Guru

Title

Re-Mix-In-A-Carnation

1991年：Virgin
CD, LP, Cassette

プレミア流のジャズ・ファンク

ギャング・スターが、80年代前半から中盤にかけてプリンスのバンド、ザ・レヴォリューションで重要な役割を果たしたデュオのリミックスを手掛けたのが時代を象徴している。ヴァージンUKが90年前後のアシッド・ジャズ／レア・グルーヴの興隆の中で出した6曲入りのリミックス盤に収録。当時ソウル・II・ソウルの要だったネリー・フーパー、ジ・オーブがリミキサーに名を連ねる。プレミア流のジャズ・ファンク。(二木信)

Artist

Slam Slam

スラム・スラム

Track

Free Your Feelings (Gifted Mix) feat. Guru

Title

Free Your Feelings

1991年：MCA
CD-Single, 12", 7"

アシッド・ジャズの隠れた名曲

UKのバンド、スタイルカウンシルのメンバーでポール・ウェラーの元パートナーでもあったソウルシンガー、ディー・C・リーとブロウ・モンキーズのロバート・ハワードによるスラム・スラムが唯一リリースしたアルバムのタイトル曲をギャング・スター名義でリミックス。ここからディー・C・リーとグールーの共演は『Jazzmatazz』へと繋がっていく、アシッド・ジャズ・ムーヴメントの一端を担った隠れた名曲。インストもおすすめ。(二宮慶介)

Artist

MC Solaar

エムシー・ソラー

Track

Qui Sème Le Vent Récolte Le Tempo (Gang Starr Mix) feat. Guru

Title

Qui Sème Le Vent Récolte Le Tempo

1991年：Polydor
CD, LP, Cassette

実にプリモらしいスタイリング

後に『Jazzmatazz』に参加するフレンチ・ラップの代名詞ことMCソラーだが、その初顔合わせがこの1枚である。ルー・ドナルドソンのオルガンをループさせた原曲自体が『Step in the Arena』に収録されていても違和感がないほどで、ソラーとギャング・スターの出会いは必然だった。原曲のムードはそのままに、ジャズのエッセンスをオルガンからホーンに差し替え、ビートを強調した、実にプリモらしいクールなスタイリングだ。(#3F)

Artist
Gang Starr
ギャング・スター
Track
B1. DWYCK feat. Nice & Smooth)
B3. DWYCK (Horny Mix INSTRUMENTAL)
Title
Take It Personal / DWYCK 12"

1992年：Chrysalis
12"

ギャング・スターの中でも指折りの人気曲

ラップ・デュオ、ナイス&スムースを客演に迎えた、ギャング・スターの中でも5本の指に入る人気曲だろう。ナイス&スムースのポッセ・カット「Down the Line」にギャング・スターが参加したことへの応答だった。しかも、ナイス&スムースもサンプリングしたメルヴィン・ブリスの定番ブレイク「Synthetic Substitution」と、クラレンス・ウィーラー&ジ・エンフォーサーズのビートルズのカヴァー曲「Hey Jude」の冒頭のわずかなベースという最小限の構成から最高に心躍る陽気なグルーヴを生み出した。粋なスキル・トレードの賜物である。実際、ファンからの反響もかなり大きかったとプレミアが語っている。それ故にこの曲は後に『Hard To Earn』に、「DWYCK (Horny Mix)」は、通算5作目『Moment Of Truth』リリース直後に「HOT97 FM」でプレミアが行ったギャング・スターのみのDJミックスのブート盤『The Years of Gang Starr』に収録された。（二木信）

Artist
Heavy D & The Boyz
ヘヴィ・ディー・アンド・ザ・ボーイズ
Track
Here Come The Hearvster / Yes Y'all
Title
Blue Funk

1992年：MCA Records / Uptown Records
CD, LP, Cassette

〝タフさ〟の部分を担ったプリモ

彼らのアルバムにおいて珍しく、その後にくる東海岸のタフな音像を比較的早い段階で取り入れた本作。〝タフさ〟の部分を担ったのはDJプレミアとピート・ロックの2人であり、プレミアは2曲を手掛けている。特に「Yes Y'all」は前年にリリースされた『Daily Opetation』収録の「92 Interlude」で使われたビートの再利用で、これについてはプレミア本人が「使用は何度も断ったが、ヘヴィ・Dの押しに負けた」とこぼしている。（橋本修）

Artist
Gang Starr
ギャング・スター
Track
2 Deep (Dodge City Re-Mix Edit)
Title
2 Deep

1992年：Cooltempo
7"

数少ない1小節単位のループモノ

当時からUKでも人気が高くUK盤が多くリリースされていた彼らだが、B面にはドッジとIGカルチャーによるリミックスも収録した7インチ。エディ・ハリス曲のホーンを上ネタとしたミニマルビートが中毒患者を産む1曲。プリモといえばある時期はミニマルというイメージがあるが実際は2小節単位のループが中心で、これは数少ない1小節単位のループモノのひとつ。ドラムも元ネタに入っているそのままで初期プリモの香り。（吉田雅史）

音で世代を繋ぐ大人向けのヒップホップを奏でた3作目

マルコム・Xの写真とネーション・オブ・イスラムのイライジャ・ムハンマドの著書、ターンテーブル、レミントンランドのタイプライター、レプリカの頭蓋骨、鞄からあふれる札束。ヒップホップ・デュオとしてスタイルを確立した『Step In The Arena』から、1年半も経たずにリリースされた3作目のアートワークだ。全体に暗く、奥に何があるか見入っているうちに、左手に大きく写っているグールーが逆にこちらを見下しているのに気がつく。数あるヒップホップの名盤のなかでも、特に芸術的で情報量の多いアートワークだろう。撮影したマット・ガンサーによると、テーマは「最後の晩餐」と「マフィア」だったという。裏ジャケットはリリックで言及されている仲間たち総出で、レオナルド・ダ・ヴィンチの「最後の晩餐」を模している。ル

Artist

Gang Starr

ギャング・スター

Track

01. Daily Operation (Intro)
02. Place Where We Dwell
03. Flip The Script
04. Ex Girl To Next Girl
05. Solioquy Of Chaos
06. I'm The Man
07. 92 Interlude
08. Take It Personal
09. 2 Deep
10. 24-7/365
11. No Shame In My Game
12. Conspiracy
13. Illest Brother
14. Hardcore Composer
15. BYS
16. Much Too Much (Mack A Mil)
17. Take Two And Pass
18. Stay Tuned

Title

Daily Operation

1992年：Chrysalis
CD, LP, Cassette

ネッサンスとフッドの融合が最高だ。前作の評価が高かったため、EMI傘下のクリサリス・レコーズが予算を取ったのかもしれない。

ギャング・スターの2人は、グループ名とは裏腹にハスラー上がりではない。それもあり、リーダーズ・オブ・ニュースクールにいたバスタ・ライムスのリリックから取った「No Shame On My Game」では「好きなギャングスタ・ラップはあるけれど、ほとんどの奴が口だけだ。俺はリアルにこだわる」と明言。ウェスト・コースト発のギャングスタ・ラップ人気が全米で爆発していた92年に、これを言うのはなかなかの勇気だ。タイトルはビジネス用語で「日常業務」。つまり、彼らの日々を切り取った内容だ。インタールードの次の1曲目「The Place We Dwell（＝俺たちが浸かっている場所）」は、ブルックリン讃歌である。「フォート・グリーン、ベッド・スタイ、フラットブッシュ、ブラウンズヴィル……」と地区名を上げるヴァースがある。頭に出てくるフォート・グリーンは広い地区ではない。だが、ギャング・スターの出発に貢献した映画監督のスパイク・リーが『40エーカーズ・アンド・ア・ミュール』のヘッドクォーターを構え、90年代には洋服店の『Spike's Joint』の本店があった。公園を挟んで低所得者向けの団地であるプロジェクトと、逆側にはブラウンストーンの住宅と歴史的な劇場、BAMなど文化施設が多くある独特な地区だった。私は、NY生活の3分の2をここで過ごした。コモンやモス・デフは道でばったり会ったが、ギャング・スターの2人は見かけていない。だが、アパートの隣室でグールーも出演したグループ・ホームのMVの撮影があり、住んでいる建物から一歩も出ないで『BMR』のコラムのネタが転がり込む珍事はあった。

ブラック・モスリムの教義を土台にした価値観と軽々しく銃を使うのを諌めながらも、安酒とマリファナを愛するブルックリン・ライフを謳歌しているのが3作目だ。シングルはグランド・プーバのヴァースをいじった「Take It Personal（お前のことだよ）」と「Ex Girl to Next Girl」。「Ex Girl to Next Girl」は彼女を取っ替え引っ替えする曲ではなく、自分を利用しようとした元カノに「楽しかったけど、もう過去のことだし、次に行くね」と断りを入れている。失恋ソングとも言えないおもしろい曲だ。このコンセプトはジェイ・Zとスウィズ・ビーツの「On To The Next One」（2009年）や、アリアナ・グランデの「Thank You, Next」（2019年）に引き継がれている。ビルボード・チャートの記録に残らずとも、ギャング・スターの生活感情に根づいた言葉は後輩たちの曲の中で生き続けているのだ。

また、「I'm The Man」でグループ・ホームのリル・ダップとジェルー・ザ・ダマジャをフィーチャーし、翌年から本格的に始動したギャング・スターのファウンデーションの挨拶がわりにもなった。本作でプレミアは、原型を残した大胆なサンプリングをしている。オハイオ・プレーヤーズやJBズといったお馴染みのグループから、謎が多いファンク・グループ、スカル・スナップス（「Take It Personal」）、デトロイト・ファンクのシュガー・ビリー・ガーナー（「BYS」）、2023年に逝去したジャズの巨匠、アーマッド・ジャマール（「Soliloquy of Chaos」と「The Illest Brother」）までを引用して奥行きをもたせた。70年代の音楽は当時そこまで〝昔の音楽〟ではなく、音で世代を繋いだ大人向けのヒップホップをギャング・スターは奏でた。この動きはR&Bを巻き込んで90年代後半から顕著になる。2人はほんの数年先を行っていたのだ。その数年の差は歴史的には偉大であり、経済的には損をしたのだ。（池城美菜子）

Artist

Loose Ends

ルーズ・エンズ

Track

A Little Spice (Gang Starr Remix)

Title

Tighten Up Vol. 1

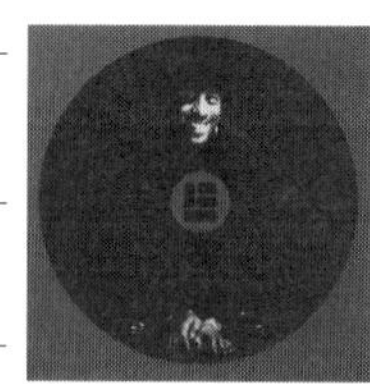

1992年：10 Records
CD, 2 × LP, Cassette

UK ソウルの大名曲をリミックス

元祖UKアーバンソウルグループ、ルーズエンドのリミックス・プロジェクトの目玉として、キャンプ・ローのクラシック「Rockin' It」のネタとしても知られる1984年作の大名曲「A Little Spice」をギャング・スター名義でリミックス。冒頭のマイルス・ディヴィスのサックスループとグールーのスモーキーな声色から、スクラッチを接着剤に、オリジナルの美麗なメロディへ。MUROの傑作ミックス『Diggin Ice 1998』にも収録。（二宮慶介）

Artist

Gang Starr

ギャング・スター

Track

Gotta Get Over (Taking Loot)

Title

V.A. - Trespass Soundtrack

1992年：Sire / Warner Bros. Records
12", CD-Single, Cassette

ジェームス・ブラウンの声ネタ

1992年、ウォルター・ヒル監督の消防隊員がギャング世界へと巻き込まれていくアクション映画『トレスパス』のOSTのための曲、ベースラインの比較的柔らかい響きの上にプレミアが「今でも夢中」と現在でも語る、彼にとってのクラシックでもありアイコニックなジェームス・ブラウンの声ネタがスクラッチされることで、映画を通じてギャングスターを知ることになる観客へのガイドともなるプリモの署名的なプロダクション。（荏開津広）

Artist

Compton's Most Wanted

コンプトンズ・モスト・ウォンテッド

Track

Def Wish II (East Coast Gang Starr Re-Mix)

Title

Def Wish II

1992年：Epic
12"

ワンループへ刷新したリミックス

91年の西海岸公演で知り合い、気軽に電話で話す仲となったMCエイトが率いるCMWの3作目『Music to Driveby』からの第2弾シングルのリミックス。ビートをワンループへと刷新。映画『グッドフェローズ』や『スカーフェイス』のサンプルを外し、エイトの声を前面に。そして、アウトロで彼からのシャウトアウトを受けたプリモは、アルバムからの先行曲「Hood Take Me Under」の彼のフレーズを擦る。（小林雅明）

Artist

Too Short

トゥー・ショート

Track

In the Trunk (Glove Compartment Street Mix)

Title

In The Trunk

1992年：Jive ／ Dangerous Music
CD, LP, Cassette

西海岸 OG へのビート提供

オークランドのレジェンド、トゥー・ショートの7枚目のアルバム『Shorty the Pimp』からのカット。プレミアが手掛けた本リミックスには、ヴァースの前半「Cause I don't sell records in the East」というリリックの箇所で音を抜き、余計にこの部分が目立つ仕掛けが。西海岸に根を張り、ローカルな部分にプライドを持ってラップしていたトゥー・ショートへのリスペクトを示した大人の対応なのか。（渡辺志保）

Artist

Gang Starr
ギャング・スター

Track

Ex Girl To Next Girl (Remix)

Title

Ex Girl To Next Girl

1992年：Chrysalis
12", CD-Single, Cassette

ミニマルなビートにしたリミックス

アルバム『Deily Operation』からのカットとなるグールーの女性遍歴ソング「Ex Girl To Next Girl」。シーザー・フレイザー「Funk It Down」の印象的なホーン・フレーズのループに、「だってあの娘かわいいんだもん」とスクラッチが乗るオリジナルに対し、少し間の抜けたベースラインのみのミニマルなビートに差し替えられたリミックスだが、スクラッチまで録り直す気合の入れように反して、残念ながらこれはオリジナルの圧勝。（橋本修）

Artist

Neneh Cherry
ネナ・チェリー

Track

Sassy feat. Guru / I Ain't Gone Under Yet

Title

Homebrew

1992年：Virgin Records
CD, LP, Cassette

西海岸OGへのリスペクト

ニューウェーブ期にスリッツやニュー・エイジ・ステッパーズにも参加していたネナ・チェリーが、ソロでリリースした2作目。「Sassy」は彼女の自由奔放な歌が素晴らしいが、それもグールーがラップで、プリモがジャジーなトラックでしっかりと固めているからこそ。「I Ain't Gone Under Yet」はサンプリングの圧倒的勝利。印象的なフックとドラムどちらもマザーロードの曲からの引用で、延々とループで聴ける。（つやちゃん）

1989-1993

Artist

Marxman
マークスマン

Track

Drifting

Title

33 Revolutions per Minute

1993年：Talkin' Loud
CD, LP, Cassette

ギャング・スターとして制作

UKラップといえばグライムのイメージが強いが、ブーンバップも古くから盛んだ。4人組グループのマークスマンのデビュー作に収録されたこの曲は、プリモ単体ではなくグールーと共にギャング・スターとしてプロデュースした1曲。ディープなベースや生々しいドラム、サックスが効いたジャジーなサウンドで2人のタッグらしい仕上がり。マークスマンの2MCの落ち着いたラップとも見事な相性を発揮している。（アボかど）

Artist

Gang Starr
ギャング・スター

Track

Gotta Get Over (Taking Loot)
Flip The Script (Remix / Minor Adjustment Mix)

Title

Gotta Get Over (Taking Loot) / Flip The Script

1992年：Chrysalis
12", CD-Single, Cassette

アルバム未収録のリミックス

アイス・T＋アイス・キューブがダブル主演した映画『Trespass』のサントラからのカットとなる表題曲と、『Deily Operation』からのカットとなる「Flip The Script」、アルバム未収録となるそれぞれのリミックスを収録。前者は不穏なループのオリジナルと異なり、疾走感溢れるベースラインのラージ・プロフェッサーによるリミックス。後者はリミックス名の通り、DJプレミア本人がオリジナルにSEを加えたマイナー・アップデートになっている。（橋本修）

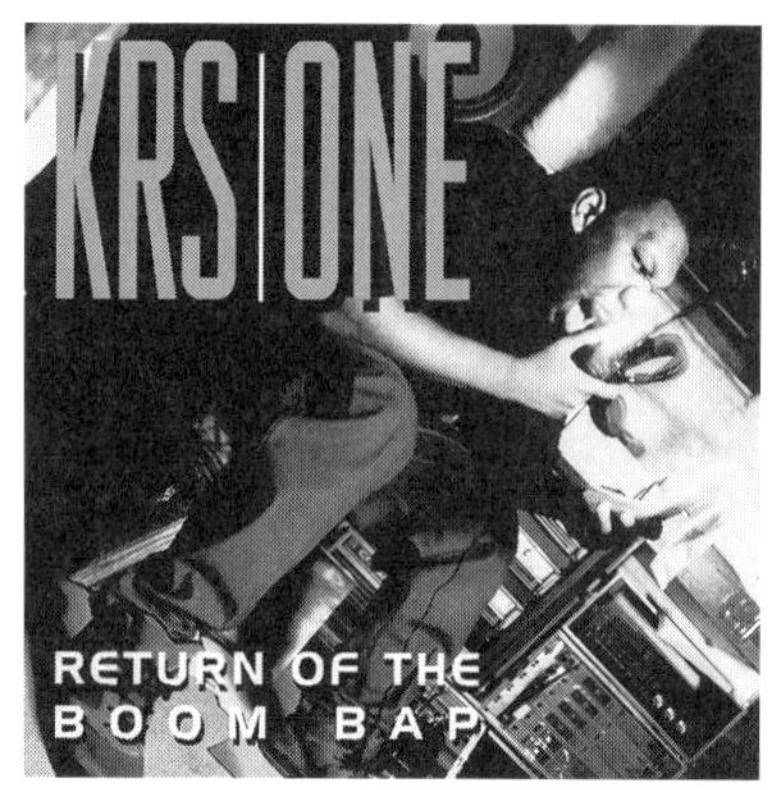

Artist

KRS-One

ケーアールエス・ワン

Track

01. KRS-One Attacks

02. Outta Here

04. Mortal Thought

05. I Can't Wake Up (co-produced by KRS-One)

12. "P" Is Still Free

14. Higher Level

Title

Return of the Boom Bap

1993年：Jive
CD, 2×LP, Cassette

当時のプレミアの勢いを示す粒揃いのビート

ヒップホップ伝道師、KRS・ワンのソロデビュー・アルバム。前年リリースのブギ・ダウン・プロダクションズ（BDP）名義での作品『Sex and Violence』が商業的には芳しくない結果となり、本作ではプレミアの他にキッド・カプリやショウビズといった旬なプロデューサーらを迎え入れ、タイトルが示唆する通りKRS・ワンの本領を発揮すべくビートとガッツリ向き合った内容に。同時に当時のプレミアの勢いを示す粒揃いのビートが並ぶ。オープナーとなる「KRS-One Attacks」は、「I'm Still No.1」や「South Bronx」、「Stop The Violence」などBDP時代の名曲をコラージュさせて完成させて王者の帰還を煽るようなビート。続く「Outta Here」はアルバムの先行曲としてリリースされたもの。ジェームス・ブラウン「Funky President (People It's Bad)」を下敷きにしたビートは、分厚いベースラインがとにかく最高！ シンプルながらもサンプリング技が光る「Mortal Yhought」のフック部分では、BDP「My Philosophy」を使用。怒涛のネームドロップが続く「I Can't Wake Up」はレゲエ・シンガーのホレス・アンディ「Zion Gate」のベースラインを使ったアッパーなフロア・チューン。「"P" Is Still Free」はBDP初期の楽曲を改めて再解釈したもの。アルバムを締めくくる「Higher Level」はファンク色の濃いビートが魅力的で、「自由とは何か」を説くKRS・ワンとのラップとも見事にマッチ。（渡辺志保）

Artist
Mobb Deep
モブ・ディープ
Track
Peer Pressure
Title
Juvenile Hell

1993年：4th & Broadway
CD, LP, Cassette

10代のプロディジーとハヴォック

当時まだ10代のプロディジーとハヴォックから成るラップ・デュオはこの曲でNYのクイーンズから登場。1992年にリード・シングルとしてリリース、翌年デビュー・アルバムに収められた。実はリミックスとしてアルバムに収録されたラージ・プロフェッサーのヴァージョンがオリジナル。20年後、あのケンドリック・ラマーは「Peer Pressure＝同調圧力」を主題として傑作『Good Kid M.a.a.D City』を作り上げた。(二木信)

Artist
Da Youngsta
ダ・ヤングスタ
Track
Wake em Up
Title
The Aftermath

1993年：EastWest Records America
CD, Cassette

フィリー出身の10代ラッパー

1991年にグッドマン兄弟と従兄弟のタリクで結成されたダ・ヤングスタはフィラデルフィア出身で1992年から95年までに4枚のアルバムをリリース。プレミアのこの曲は最も成功したセカンドのもの。1992年の「Pass da Mic」の「Money's growing like grass with the mass appeal」のラインがギャング・スターの「Mass Appeal」に使われている。90年代初頭に現れた10代のラッパーのなかでもストリート色が強い。(荏開津広)

デビューが早すぎたウータン・クラン一派の神童

Artist
Shyheim A/K/A The Rugged Child
シャイヒーム
Track
On and On (Premier Remix)
Title
On and On

1993年：Virgin
12"

ゴースト・フェイス・キラーの従兄弟で、ウータン・クラン一派の神童と騒がれたシャイヒームのデビュー作『A.K.A. Rugged the Child』からのファースト・シングル。声変わり前の14歳ながら、ハードなラップでニューヨークでは大人気だった。この「On & On」もオーディオ・トゥー、ビッグ・ダディ・ケイン、ビギー、2パックの声をサンプリングしてハードコア。幼い声で毎日のように周りで人が死んでいく様子をラップし、殺伐とした現実を浮かび上がらせる。12インチにはプレミアのリミックスのヴォーカルありとインストが収録。プレミアはピアノのループで「ずっと続く（on and on）」雰囲気を強調。『A.K.A. Rugged the Child』の「Buckwylyn」ではギャング・スターの「Just to Get a Rep」をサンプリング。いま聴くと、90年代前半のインナーシティの子どもが直面していた貴重な記録だ。デビューが早すぎたシャイヒームはその後、刑務所に入ったり出たりの生活となる。(池城美菜子)

Artist

Das EFX

ダス・エフェックス

Track

Kaught in Da Ak (Remix - Clean)

Title

Kaught in Da Ak 12"

1993年 : EastWest
12"

プリモ流の再構築テクニック

マーリー・マールの手によるクレイグ・Gの「Droppin' Science」のビートをリスペクトし下敷きにしているが、さすがなのはプリモ流の再構築テクニックだ。ルー・ドナルドソンの元ネタのブレイクビーツとギターの単音リフを使いながらも、元々3音のメロディで構成されるギターリフをチョップし1音のみ使用。結果メジャーコード感が消え緊張感が生まれ、ドレイとスクープの双生児ラフヴォイスが疾走する。(吉田雅史)

Artist

Boss

ボス

Track

Drive By (Rollin' Slow Remix)

Title

Deeper

1993年 : DJ West
12", CD-Single, Cassette

ファットなドラムがグルーヴ牽引

ミシガン州デトロイト出身のフィメール・ラッパー、ボスによるシングル『Deeper』のB面に収録。冒頭のスクラッチから早速プリモの仕事ぶりを体感できる。ファンキーなノリとイルなサンプルが特徴的な原曲と比べて、リミックスではファットなドラムがグルーヴを牽引している印象で、こちらの方が魅力的という声にも頷けるだろう。ちなみに原曲は彼女が発表した現状唯一のアルバム『Born Gangstaz』に収録。(高久大輝)

Artist

Da King & I

ダ・キング&アイ

Track

Flip Da Scrip Remix

Title

Krak Da Weazel

1993年 : Rowdy Records
12", CD-Single, Cassette

日本でもコアな人気を集める1曲

ダラス・オースティン主催のレーベル、ロウディ・レコーズに所属し、イズィー・アイスとDJマジェスティから成るニューヨークのラップ・デュオ、ダ・キング&アイが唯一残したアルバムからのカット「Krak Da Weazel」の12インチに収録されたリミックス。ザ・ジャズ・クルセイダーズ「Rubie P. Gonia」のホーン部分を印象的にループさせ、ジャジー&ファンキーに仕上げている。日本でもコアな人気を集める1曲。(渡辺志保)

Artist

Red Fox

レッド・フォックス

Track

Ya Can't Test Me Again

Title

As a Matter of Fox

1993年 : Elektra Records
CD, 2 × LP, Cassette

ベースラインを選ぶ耳と使う腕の妙

レッド・フォックスは1980年代半ばジャマイカからニューヨークにやってきたディージェーのひとり。シャバ・ランクスのアメリカデビューで、ラガヒップホップがブームになった1990年代前半にリリースされた。プリモはアルバムのラストナンバーをプロデュース。ルーツレゲエヴァイブス満タンの野蛮なベースラインにニューヨークのストリートを感じさせるタイトなドラムブレイクが絡む作りがめっちゃかっこいい。(宮崎敬太)

Artist

Chi-Ali

チ・アリ

Track

No Surrender No Retreat

Title

Relativity Rap Up Vol.2 Sampler

1993年：Relativity
Cassette Promo

ヒップホップの原風景が凝縮された鳥肌モノ

リラティヴィティ・レコードのサンプラーカセットにファット・ジョーやビートナッツ、コモンといった涎もののメンツに混じって収録された1曲。ブラック・シープにフックアップされネイティヴ・タンの一員としてシーンに登場、当時若干16歳でリリースしたファースト・アルバムが話題となったチ・アリだったが、この曲でも予告されていたセカンド・アルバムがリリースされることはなかった。肝心のビートは、シャンシャン鳴るシンバルが重ねられたせいで若干印象が異なるが、ラファイエット・アフロ・ロック・バンドの超有名な「Hihache」ブレイクを使った唯一のプリモ曲とも言われている。ドラムとベースラインのみのヴァース部はヒップホップの原風景が凝縮された鳥肌モノのカッコ良さで、ファーストと比べ声変わりを迎えたチ・アリのラップも青臭いハードなスタイルを披露。ヒップホップのゴールデンエイジの煌めきに遠い目になってしまう1曲だ。(吉田雅史)

History of Gang Starr ギャング・スターの軌跡

はじめグールーとプレミアのコンビではなかった

ギャング・スターの始まりは、グールーとDJプレミアのコンビではなかった。しかも、プレミアは「俺は3代目なんだ」とまで言う。それはどういうことなのか。ラッパーのビッグ・シュグが具体的に説明してくれる。「初期のグループのメンバーは、グールー、俺、それに俺の弟でDJのスワヴ・Dだった」。これが初代ギャング・スターである。同い年の彼とグールーが地元で知りあったのは、グループ結成以前で、16歳だった1978年だったという。

グールーが、マサチューセッツ州ボストンのロクスベリーで、本名キース・エドワード・イーラムとして生を受けたのは同じ1961年で7月17日のことだった。父親はボストン地方裁判所における初の黒人判事にして黒人初の裁判長となった人物で、一家はセキュリティガードが常駐するような家に住んでいた。そのため、キースは出入りしていたクラブの常連からは「判事の倅」と呼ばれていた（筆者が本人から直接訊いた話では、彼の姉は国連職員）。そんな名家育ちの彼がよくつるんでいたのは、地元ではギャング・スター・ティー（Gang Star Tee）なるストリート・ネームで知られていたトレーシーであり、件のビッグ・シュグであり、ストリートの連中ばかりだったが、キースは家族を喜ばせるため、79年に名門モアハウス大に入学し、奇しくも大学のあるアトランタでシュグと再会する。彼は、15、6歳の頃にラップを伝授されていたため、本格的にラップを演ろうとしていたキースにラップを教え、彼らは、ギャング・スターを結成する（仲間のストリート・ネームから抜き出したGang StarのStarにrを加えたとの説もある）。

ところが、やんちゃなシュグが刑に服すことになり、グループでの活動は頓挫。しかし、1982年12月にはブルックリンに拠点を作ったキースは翌年経営学を修め、大学を卒業すると、ボストンに里帰りし、音楽活動に一層力を入れ、キーシー・E（Keithy E）なるMCネームで、ビートボクサー／ラッパーのデイモー・Dスキー（Damo d-ski）に、マイキー・ディーことDJ 12 B Downとビートマスター・ジェイも加えた4人でクルーを組む。

1985年にボストンで、地元出身のヒップホップ・アーティストをフックアップすべく、マグナス・ジョンストンがヒップホップに特化したラジオ番組『Lecco's Lemma』を始めると、その翌年キーシー・Eは仲間たちと録ったデモ・テープを数本録り、その中からマグナス宛に送った『Keithy E. With Beatmaster Jay』が彼らに番組出演をもたらした。その録音を聞く限り、キーシーが、自分を含む全員込みでギャング・スターと呼んでいるというより、キーシーとその仲間たちのうち、仲間たちの方が自分たちはギャング・スターというクルー、あるいは、ギャング・スター・クルーの一員だという言い方をしている。

デモを内緒でワイルド・ピッチに送っていた

ニューヨークの拠点を利用し、レーベルとの契約に奔走していたキーシーは、その甲斐あって、ワイルド・ピッチというかなり小さなレーベルと契約し（ビートマスター・ジェイが抜け）3人組となったギャング・スターとして1987年にドナルド・D制作の「The Lesson」でデビュー。2代目ギャング・スターの誕生である。翌年には45キング制作による「Believe Dat!」と「Movin7 On」の2枚のシングルを発表する。ところが、その頃には、デイモーとマイキーが仲違いしてしたり、2人とも地道な活動に痺れを切らしたりしていて、慣れないニューヨークを離れ、地元ボストンに引き揚げてしまう。マイキーは早くも同年(1988年)に、4人組のギャングスター・パシー(Gangst☆rr Posse)としてシングルを発表。ギャング・スターの継承者という含みがあったのかもしれないが、91年にアルバム・デビューする頃には、さすがに(ギャング・スターは使えないとの判断からか)ザ・パシーNFXへ改名する。

バイト先からギャング・スターの加入を促された

一方、キーシーはひとり取り残されながらも、いぜんやる気まんまんで、ギャング・スターの新メンバーを求めていた。そこで、ワイルド・ピッチが声をかけたのが、テキサス州ヒューストンのレコード店サウンドウェイヴスのバイヤーだった。というのも、彼が店のバイトで、ワックスマスター・Cなる名で曲を作っていたクリスのデモ・テープを、本人には内緒でワイルド・ピッチに送りつけていたからだった。

クリスとはクリストファー・エドワード・マーティン、DJプレミアの本名である。彼は1966年3月21日にヒューストンのフィフス・ワード(ゲトー・ボーイズのブッシュウィック・ビルやウィリー・Dの地元でもある)で生まれた。4歳上と2歳上の姉がいる。両親とも教師。美術を教えていた大の音楽好きの母親に6歳でライヴに連れていってもらったことがきっかけでジェームス・ブラウンのファンになる。小学高学年になる頃には、休暇にはジャズ・ミュージシャンだった(母方の)祖父をブルックリンに訪ね、13歳の頃には移住を真剣に考え出した。中学高校とフットボールをやっていたが、オートバイの事故で負傷してから興味を失い、関心は音楽に移っていった。

その祖父が連れて行ってくれたタイムズ・スクエアで目にしたBボーイによるブレイキンがヒップホップ初体験。そこに『Flashdance』などを通じてブレイクダンス流行の大きな波が来たところで『Wild Style』を観直し、「プロとしてこれをきわめてやる」と決意したのだった。そして、テキサスのプレーリー・ヴュー大学に入った年に、クリスはワックスマスター・Cと名乗り、MCズ・イン・コントロールを、ボストン出身のトップスキー、シュガートップ、スタイリーと結成、後にインナーサークル・パシーに改名する。

バイト先のバイヤーからクリスにギャング・スターへの加入を促されたのはちょうどその頃だった。彼は興味を示すものの、トップスキーと共に活動することを考えていたので固辞する。ところが、ワイルド・ピッチもキーシーもプリモのデモ・テープがかなり気に入っていたらしく、結局クリスはトップを連れてNYに行く。だが、トップのラップだけはどうしても認めてもらえない。その一方、クリスは意を決し、マーリー・マールにデモを渡すことに成功する。最初は平均以下との評価も、何度か新しいものを聴いてもらううちによくなってゆく。例えば、そのなかの1曲「Let My DJ Get Hyped」が整えられ、「DJ Premier In Deep Concentration」となる。トップにチャンスを与えたいと願うクリスに対し、レーベルはクリスだけが欲しいの一点張りだったが、キーシーと初めて顔を会わせた時も、彼はその旨を説明した。膠着状態のまま数ヵ月が過ぎたところで、トップは夢をあきらめ、従軍してしまう。結果的に取り残されたクリスはギャング・スター入りを決める。ただレーベルから、ワックスマスター・Cという名は好ましくない、と判断された彼は、DJプレミアと名乗ることにする。これは彼が挙げたいくつかの候補名から、彼の母親が選んでくれたものである。一方、キーシーも、キーシー・Eに加え、グールーなる新たなMCネームも名乗り、それは、Gifted Unlimited Rhymes Universalの頭文字4つを並べたものだと説明するようになる。

こうして2人は互いのケミストリーを探りあいながらすぐに創作活動に乗り出し、3代目ギャング・スターが始動した。といっても、プレミアはまだ学業が残っていたし、グールーはニューヨーク市の里親制度を利用する子供たちの面倒をみる仕事をしていて、アーティストとしてフルタイムで活動していたわけではなかった。そんな2人が最初に作った「Word I Manifest」のビートは、プレミアが少しの間大学に戻り、テキサスで作ったものを、グールーに送る形で作られていった。そして、1989年4月に、『No More Mr. Nice Guy』で、ギャング・スターとしてアルバム・デビューを果たす。後年、この作品を振り返り、グールーは「デモ」、プリモは「レジュメ・アルバム」と評す。2代目と3代目のギャング・スターの楽曲が混在しているのだから、それもいたしかたない。とはいえ、デビュー曲「Positivity」に続いてシングル・カットされた「Word I Manifest」では、当時猫も杓子もジェイムズ・ブラウンをサンプルするなか、プレミアはジャズのサンプルにはまっていたため、それが意識的に活かされた曲であり、彼の私淑するマーリー・マールもすぐに番組でプレイしたのだった。

ネタをまったく別に料理してリリックを載せる

さらに、この曲のMVを観て、『No More Mr. Nice Guy』を買ったのが、まさに当時公開中で大きな話題となっていた『Do The Right Thing』の監督スパイク・リーだった。ジャズ・ミュージシャンが主人公の次回作を準備中だった彼は、アルバムの2曲目に入っている「Jazz Music」に耳を惹かれ、映画用の新曲を彼らに依頼する。ブランフォード・マルサリスらジャズメンとのコラボで生まれたその曲「Jazz Thing」は、90年に『Mo' Better Blues』として完成した映画のエンド・クレジットでフルに使われた。ちなみに、この仕事でマルサリスと親しくなった2人は、彼が92年からTVの仕事でハリウッドに住み、ブルックリンの家を空けているあいだ間借りし、翌年『Hard to Earn』完成する頃まで、その家で一緒に生活することになる。

すると、今度は「Jazz Thing」をクリサリス／EMIが気に入り、創作上の自由を与えなかったワイルド・ピッチから離脱していたギャング・スターと契約を交わす。そして、心機一転、91年1月に2作目の『Step into Arena』をリリースする。評点（5点満点中）3.5点をつけた

「The Source」誌は、「DJプレミアは、ジャズ、フュージョン、ブルーズ、ファンクの要素をヒップホップ的な感性と織りあわせ、完全に独自のサウンドとスタイルを作りあげていて、ヒップホップの最重要プロデューサーとしての地位を確保するだろう」と書いている。

このアルバムから5曲をシングル・カットした後の92年3月に発表した新録曲「DWYCK」で、2人は初めてヒットを実感したという。そこで、同年5月に発売される3作目のアルバム『Daily Operation』へのこの曲の収録を求め、レーベルに直談判するが聞き入れてもらえなかった(リリースからほぼ2年後の94年3月発売の4作目『Hard To Earn』にようやく収録されることに)。彼らが『Daily Operation』を作っていた91年は、無許諾でギルバート・オサリバンの楽曲をサンプリング使用したビズ・マーキーが訴えを起こされ敗訴し、ヒップホップのサウンド作りに対する考え方の根幹を揺るがした年でもある。しかし、ギャング・スターはすでに別次元にあった。シングル・カット第1弾となる「Take It Personal」のセカンド・ヴァースをグールーはこう始める。「ラップはアートだ、ループは独り占めできないぞ、いかに繋ぐか、ライムはどんなスタイルでいくか、そこだよ、だから、自分のビートをパクられたとか言う気持ちになったら、頼むから、足を洗ってくれ」。彼に言わせれば、問題はサンプルの是非ではなく、サンプルのネタ被りでつべこべ言う前に、同じネタをまったく別に料理して独自のリリックを載せるのが基本だというわけだ。

こうしてギャング・スターがチームとして磐石の構えを見せた、この92年にグールーはジャズマタズ(Jazzmatazz)のプロジェクトに着手する。「俺たちはジャズ・ラップに分類分けされたくなかったから、ジャズマタズを創り出し、ギャング・スターを守った。ジャズ・ラップが流行った時期に出てきた連中はみんないないだろ。先を読まないと」。ヒップホップ曲でその演奏がサンプルされているようなベテラン及び同時代のジャズ・ミュージシャンとグールーを中心とするMCたちのラップやシンガーによるコラボとなる(そもそも、この路線を望んで、クリサリスは契約してきた)93年の『Jazzmatazz Vol.1』を振り出しに2007年発表のVol.4の補遺版まで続き、95年のVol.2、2000年のVol.3にはプレミアも参加する。

各々がソロとしての道筋を見出だしたが大喧嘩

そのプレミアもこの93年には、アイス・T「Lifestyles of the Rich and Infamous」のリミックスを手始めにギャング・スター及びレーベルメイト以外の楽曲を手掛けるようになる。ワイルド・ピッチ所属時には契約上、外部仕事はできなかったのだ。グールーより5歳年下のプレミアは「ギャング・スターになんとしても加入したかったというわけではなく、ただ、ビートの作り手になりたかっただけだった」。

また、この93年には、ザ・ヴァイカーとビッグ・シュグがギャング・スター・ファウンデーションを立ち上げる。これはギャング・スターと創作活動を経験したアーティストで構成されるコレクティヴだ(ただし、縛りは緩い)。同年には、その中の3組の楽曲を収めた3曲入りのサンプラーが、グールーの立ち上げたインディ・レーベル、イル・

LE BOSS

キッドからリリースされる。ここからファウンデーションの新人が送り出されるのかと思いきや、アルバム・デビューを果たしたのは96年のバハマディアだけで、サンプラー初出のジェルー・ザ・ダマジャもグループ・ホームも、94年、95年にどちらもペイデイ（グールーとプレミアの元マネージャーが働いていた）からリリースされるのだった。

各々がソロとしての道筋を見出だしたこの年、グールーとプレミアは、コンビ始まって以来初めて大喧嘩をしてしまう。その翌日にグールーが書いたのが『Hard to Earn』に収録される「Now You're Mine」だ。さらにそこには、セルアウト批判の「Mass Appeal」や「Suckas Need Bodyguard」といった名曲も含まれることになるが、アルバムが完成するや、2人はルームメイトの関係を解消し、94年3月に発売されると、そこから4年もの間ギャング・スターとしての活動は休止してしまう。

セールス面ではギャングスター作品はピーク

そんな2人が次なる新作の制作に着手する頃には97年5月になっていた。「その間待ち続けていた忠実なファンのためにも強力な曲でなければいけない」との意気込みで作られた「You Know My Steez」が先行カットとして同年11月にリリース。この曲を含む通算5作目となるアルバム『Moment of Truth』は、98年3月31日にリリースされるや、ビルボード２００で最高6位をマークし、ギャング・スター史上商業的にもっとも成功したアルバムとなる。

この5作目と翌99年発売の、サントラ提供曲やシングル・カプリング曲を加えた2枚組のベスト盤『Full Clip』は、どちらもゴールド・ディスクに輝き、セールス面ではギャング・スター作品はピークを迎える。一方、グールーは２００１年からは、ボールドヘッド・スリック名義でソロ活動を始める。彼によれば、契約上基本的にギャング・スターとジャズマタズ作品でしかグールー名義は使えないからだという。また「当時の俺は、自分のキャリアやこれからの生活に不安を覚えていて、自暴自棄になって酒ばっかり飲んでた」と後年打ち明けてもいる。「ギャング・スター最後のアルバム」として、その翌年（２００２年）に着手した『The Ownerz』のレコーディング時のグールーの様子をプレミアは次のように明かす。「彼はブースに入ると、リリックを書いた紙を上下逆さまに置いたまま、ライムしていたけど、パンチインの必要などなかった……飲んでいようが素面でいようが、彼の仕事はばっちりだった」。とは言いながらも、彼は、アルコール依存からの脱却に挑んでいたグールーへの助力を惜しまなかった。

アルバムが最終調整に入ったころ、メジャー・レーベルのやり方に抱いていた違和感が大きくなった、というグールーは、その頃には彼の相談相手となっていたプロデューサーのソーラーから勧められるまま、自主レーベル、7グランド・レコードを立ち上げ、２００４年から始動する。「俺はギャング・スターとして有名になり、一時代を築いた。でももう終わったんだ。素晴らしい伝説を残してな。ＤＪプレミアという天才的な才能に恵まれたように、まったく新しい天才、ソーラーと新しいことを始める〝時〟だったんだ」と２００６年に語った。そして、プリモによると、グールーと最後に話したのは、「２００４年

3月30日」で、彼から最後に受信したEメールの日付は、その翌日だったという。

病室で昏睡状態のグールーにこう語りかけた

それから、2年9ヵ月近くが過ぎた2006年の年末には、2度目のベスト・アルバム『Mass Appeal: the Best of Gang Starr』がリリースされる。ギャング・スターは正式に解散したわけでも、消えてなくなったわけでもなかった。だが、そこから3年以上の年月が過ぎ去った2010年2月28日、グールーが心停止の状態で病院に搬送されたと報じられる。2005年から彼のツアーの専属DJだったドゥーワップによると、2009年の中頃、癌と診断されたと彼から打ち明けられた、という。この年の7月から彼は入退院を繰り返していたが、心停止した彼は目覚めることなく、多発性骨髄腫（いわば、血液の癌）により4月19日に帰らぬ人となる。48歳だった。

しかし、ギャング・スターはここで終わったわけではなかった。彼の死後ソーラーのウェブサイトでグールーの遺言的な手紙が公開される。そこでは、プレミアを指すであろう「元DJ」という表現が2回使われ、グールーの死後、彼がまかせた弁護士を介すことなく元DJは、彼の関わった作品には一切触れられないなどとあった。つまり、すべてソーラーに託したというのが要旨だった。だが、グールーがいつこれを書いたのか、また、彼には相続人にあたる息子（当時9歳）が存在する、と不審な点が多く、彼の家族はソーラーに訴えを起こす。

2014年、ロックランド・カウンティの裁判所は、ソーラーに対し、グールーとギャング・スターに関するあらゆるビジネスに関わることを排除すると共に、横領した現金、生命保険の給付金、ロイヤルティ、払い戻した預金などあわせて約17万ドルの返却を言い渡した。それでもソーラーを訝しんだプリモは、グールーのアカペラ30曲分の存在を突き止め、彼と交渉し買い取った。「救出作戦のような気がした」「身代金がいくらでも、払うつもりだった」とプリモは後に語っている。こうして彼が着手したのが実に16年振りとなるギャング・スターのアルバムである。プリモは、19歳になったグールーの息子にも声をかけた。レコーディング無経験の彼に吹き込んでもらった言葉の最後のフレーズが、アルバムのタイトル『One of the Best Yet』となった。プレミアは、病室で最後に会った、昏睡状態のグールーにこう語りかけたという。「俺たちは永遠にギャング・スターだからな」。（小林雅明）

引用元及び参考資料

Gang Starr Beginning's by Redbull Music Academy (Mar 2013)
Big Shug : Second Time Around by MVRemix Urban (July 2007)
Dj Premier HipHop Jam Interview by Blackout HipHop (Nov 2010)
DJ Premier: The XXL Icon Interview by XXL (Dec 2010)
Gang Starr's 'Moment Of Truth' at 25 by Rock The Bells (Mar 2023)
DJ Premier breaks down Gang Starr's unrelenting legacy by The FADER (Nov 2019)
DJ Premier | Red Bull Music Academy (2007)
Gang Starr's DJ Premier Discusses Estranged Relationship With Guru by MTV (Apr 2010)
DJ Premier Opens Up About Guru's Death, Solar, Gang Starr Reunion & More by VIBE (Apr 2010)
Guru & Solar by Hip Hop Dictionary (Jul 2006)
DJ Premier Has a Lot to Say About Gang sTARR'S First New Album in 16 Years by Rlling Stone (Nov 2019)

DJプレミアという「ルーツ」

日本は、アジアでもっとも早くヒップホップを発展させた国だ。ほかのアジア諸国が何年かの時差を置いてアメリカ本土のヒップホップに追いつこうとしていたこととは対照的に、日本はリアルタイムで交流を行った唯一の国である。１９９０年代前半にアメリカのヒップホップの最前線で活動していたアーティストらが同時代の日本のヒップホップ・アーティストと交流していた姿は、隣国のヒップホップ・ファンが羨ましさを覚えるのに十分であった。

すなわち、ＤＪプレミアが１９９０年代にすでに日本のヒップホップと交流していたという事実は、当時の日本音楽市場の威信を物語っている。実際に、日本のヒップホップを象徴する存在だったジブラは、ＤＪプレミアと「The Untouchable」で共演することで、自らのキャリアに大きな正統性を与えるのに成功している。またＤＪプレミアは、スチャダラパーやR&Bアーティストのシャイエンにもリミックスを提供している。これらすべてが１９９０年代に起こっている。

一方、韓国では、ダイナミック・デュオがＤＪプレミアと共同で曲を製作している。２０１４年にリリースされた「AEAO」というトラックは、韓国のヒップホップ・アーティストがＤＪプレミアと制作した最初のトラックであった。興味深いのは、このトラックが２０２３年に入ってリバイバルヒットしている点だ。TikTokチャレンジのおかげである。「AEAO」の人気は、韓国のテレビニュースにも報道されるほどで、ＤＪプレミアはこの現象を自分のインスタで共有している。

しかし、日本と韓国のアーティストがＤＪプレミアと楽曲を制作したという事実よりさらに重要な点がある。それは、ＤＪプレミアによるサウンドメイクの方法論が、両国のヒップホップの多方面において、波及力を有しているということである。ニューヨーク・ヒップホップのスタイルは、日本のヒップホップだけでなく、韓国のヒップホップの初期のサウンド形成に大きな影響を及ぼしており、その中でもＤＪプレミアはもっとも核心的な人物であった。彼のカットアンドペーストの手法と、リリカル・スクラッチは、ニューヨーク・ヒップホップとほぼ同義語として語られており、日韓の多くのアーティストがこれらをベースに自分たちのスタイルを発展させてきた。

もちろん、ヒップホップはニューヨークだけでなくロサンゼルスにも存在している。また、ニューヨークにおいてもＤＪプレミアだけでなく多くの実力を持つヒップホップ・プロデューサーが存在する。しかし、長い間ヒップホップを愛してきた日韓のヒップホップ・マニアにとって、ＤＪプレミアこそが「根源」であり「基準」であるということに異論はないだろう。ヒップホップは年月が経つにつれて変わり続けている。それでもなお我々には永遠に変わらない「ルーツ」がある。それこそがＤＪプレミアだ。（キム・ボンヒョン）

CLASSIC
12-INCH
PUMP
YA
FIST
FAT JOE
GROUPHOME LIVIN' PROOF
JAZZMATAZZ
GURU
CLOCKERS
kollage
JAY-Z
REASONABLE DOUBT
KRS ONE
FIRING SQUAD
1994
nas
DREAM WARRIORS
KEEP STEPPIN'
omar
DADDY'S HOME
SUCKAS NEED
BODYGUARDS
the notorious
GROUP HOME
JERU THE DAMAJA
The Sun Rises

1 9 9 4 - 1 9 9 6

1994-1996

いつどこで誰と組んでも、期待のハードルを軽々と超える作品を生み出したプリモ

ヒップホップの黄金期と呼ばれる最後の時期にあたる90年代初頭から中盤にかけて、ビルボードチャートを賑わすようなラッパーやヒット曲の商業的な成功を受け、ヒップホップシーンの拡大が一気に加速する。単なる一発屋というのではなく、アーティストとレーベルはしっかりタッグを組み、ヒットを量産する戦略的な活動を展開する。例えばパフ・ダディ率いるバッド・ボーイ・レコードやGファンクの成功を背景にしたデス・ロウ・レコードの快進撃が、その象徴だと言えるだろう。

一方でストリートに根差し、スキルとコンペティションに裏打ちされたハードコアなヒップホップの進化／深化が停滞することはなかった。売れ線のスタイルを「セルアウト」と批判し、「keep it real」を掲げリアルなヒップホップを謳うラッパーたちと共に、並走するビートメイカーたちも存在感を増していく。ピート・ロック、ラージ・プロフェッサー、D.I.T.C.の面々、RZA、ビートマイナーズ、ハヴォック、そしてドクター・ドレーといった固有名が屹立する時代。そのなかにあってプリモはもちろん、センターに陣取る存在だった。

3つの観点からこの時期のプリモの活動を整理しておこう。ひとつ目は、大衆にアピールできるラッパーたちとの仕事。代表的なのは、A面が大ヒットとなったメロウな「Juicy」、B面にプリモがプロデュースした「Unbelievable」という1994年のシングルで大成功を納めたノトーリアス・B.I.G.の例だ。パフ・ダディのスター誕生戦略は、メロウでスムースな楽曲でヒットを仕掛けつつ、同時にストリートのプロップスも勝ち取ることだった。そこで白羽の矢が当たったのはプリモだった。スタブ音のフリップと極太ドラムで構成された「Unbelievable」は、彼のクリエイティビティとグルーヴが最大限に発揮された1曲だった。

ナズについても同様だ。セカンド・アルバム『It Was Written』（1996年）は、わかりやすいシングル曲でマスへアピールしたが、このアルバムのストリートサイドを担ったのは、プリモがプロデュースした「I Gave You Power」だった。そもそも誰もがクラシックと認

める『Illmatic』の「N.Y. State of Mind」と「Represent」はナズの最もハードコアな側面が示された楽曲であり、それを引き出したのはプリモのハードでタイトなドラムサウンドと、毎回聴き手を唸らせるアイディアに満ちた上ネタ使いだった。ナズに限らず、これらを前にしたラッパーはみな触発され、スキルとアツさが同居したライムを用意せざるをえなくなる。結果、楽曲のクオリティは、弁証法的に高まる。プリモのこの役割は、この後もジェイ・Zとの仕事などで発揮されていく。

この時期のプリモの2つ目の大きな仕事は、ギャング・スター・ファウンデーションの勢力を一気に拡大することだった。ギャング・スターの4枚目『Hard To Earn』のみならず、ジェルーの2枚のアルバム、グループ・ホームのファースト、ビッグ・シュグのシングルなどが連続してリリースされる。恐るべきは、4枚の全編プロデュース作を見るだけでも、大量のビートがすべて革新的でなにかに挑戦しており、駄作がないということだ。共通するプリモスタイルは、「Come Clean」に代表されるネタの抽象性、「Livin' Proof」に代表されるミニマルさ、そしてチョップしたキック、スネア、ハットで構成されるコンプの効いたアタックの強いドラムの3点に集約できるだろう。

全編プロデュース作品はギャング・スター以外では珍しいが、それだけにプリモのヴィジョンが色濃く反映されている。作品ごとに明らかにやろうとしていることが異なるのだ。例えばジェルーのファーストでは、「Da Bitches」以外に音楽的なビートは見られず、ジェルーの言葉と拮抗するインパクト大のサウンドとリズムを探求した結果、非常に現代音楽的な、いわばヒップホップ・コンクレートとでも呼びたくなる作品となっている。一方のグループ・ホームのアルバムはプリモ作のなかではメロウといえる「Up Against The Wall」や「Suspended In Time」といった音楽的なビートと、「Inna City Life」や「Livin' Proof」といった緊張感溢れるビートが共存しており、それはそのまま彼らのグループ名に象徴されるように、ゲットーでのリアルライフの哀愁と厳しさに対応している。

この時期のプリモの3つ目の大きな仕事は、KRS・ワンやビッグ・ダディ・ケインといったベテランを、間違いないビートで現役プレイヤーとして復活させたことだ。この時期にはギリギリ入らないが1997年のラキムの復活も同様だ。プリモなくしては、彼らがこんな風に評価されることはなかったかもしれない。メジャーからアングラまで、若手からベテランまで、東から西まで、ハードコアでラフなヒップホップの勢いとクリエイティビティが必要なところなら、プリモはどこにでも現れる。いつどこで誰と組んでも、期待のハードルを軽々と超える作品を生み出してしまう。プリモはヒップホップ黄金期の最後の輝きを、そのようにして支え続けた。(吉田雅史)

プリモのサンプリングアートのひとつの完成形

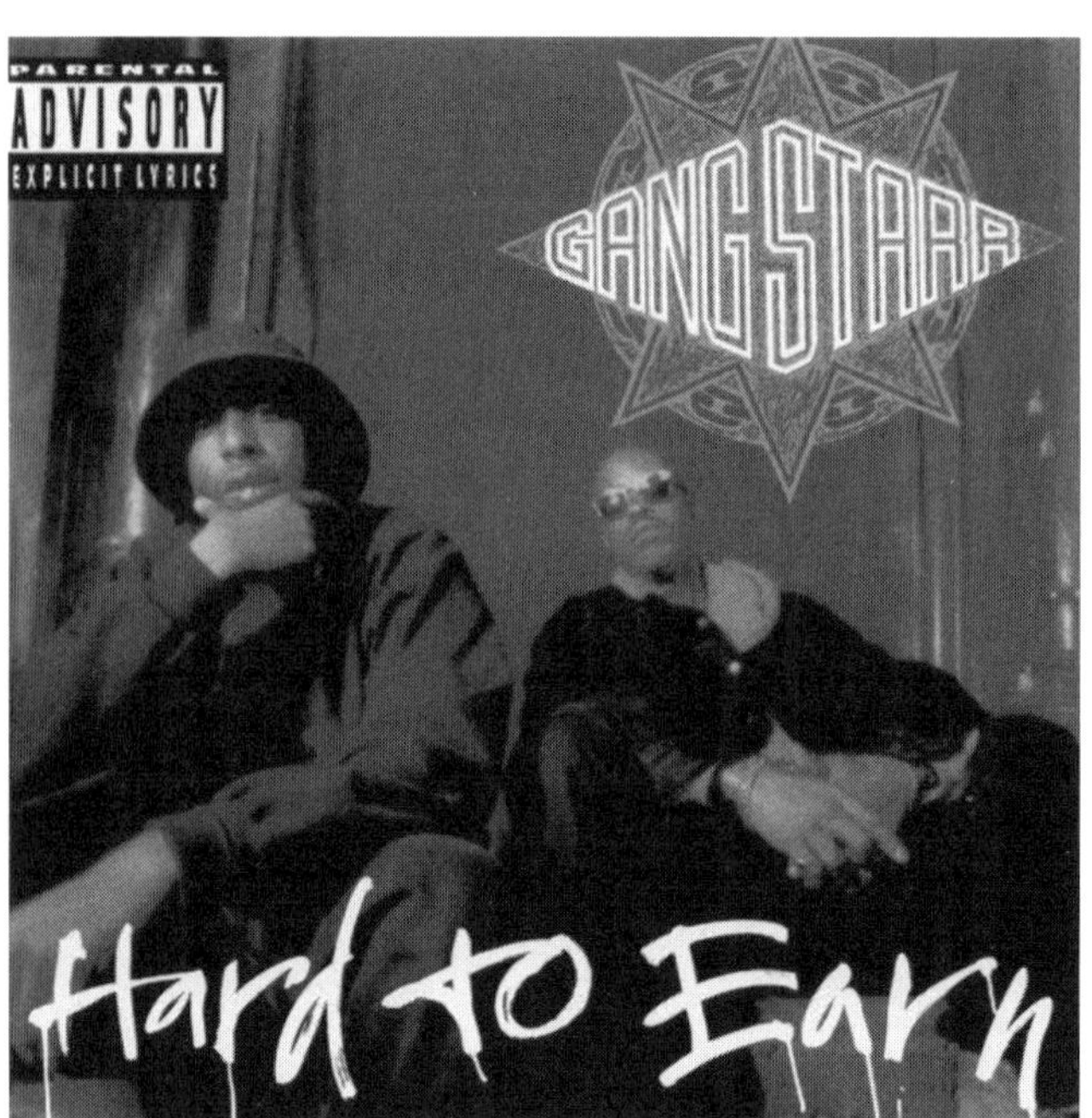

Artist

Gang Starr

ギャング・スター

Track

01. Intro (The First Step)
02. Alongwaytogo
03. Code Of The Streets
04. Brainstorm
05. Tonz 'o' Gunz
06. The Planet
07. Aiiight Chill…
08. Speak Ya Clout
09. DWYCK
10. Words From The Nutcracker
11. Mass Appeal
12. Blowin' Up The Spot
13. Suckas Need Bodyguards
14. Now You're Mine
15. Mostly The Voice
16. F.A.L.A.
17. Comin' For The Datazz

Title

Hard to Earn

1994年：Chrysalis
CD, 2×LP, Cassette

ギャング・スター通算4枚目のフルアルバムである本作がリリースされた1994年から1995年にかけては、ウータン・クランらの大成功を経て、ナズやモブ・ディープといったクイーンズ勢やブートキャンプ・クリックらを中心に煙たくダークなビートがリアルなヒップホップの象徴となった時期だ。本作でもイントロ後の「Alongwaytogo」からして、彼らの作品群のなかでも特に重心の低いビートが、当時のニューヨークを取り巻くハードコアな雰囲気を伝えてくれる。ヴァースに入った後のクインシー・ジョーンズのネタのベースラインとストリングスの緊張感は頭抜けているし、その上でストリートワイズのレッスンを講じるグールーのフロウは抑制されているからこそ凄みが滲んでいる。

ここで注目しておきたいのは、この曲のフックで目立っている残響音の効いたSE音だ。実は本作だけでなくギャング・スター・ファウンデーション絡みの他の作品においてもこの時期のプリモは、「ヒップホップのビートでいままで誰も使ったことのないサウンドをいくつ発掘できるか?」といったゲームを戦っているようなのだ。例えば「Brainstorm」や「Tonz 'O' Gunz」では得体の知れないSE的なサウンドがループの中心となっているし、前作に続きジェルーとグループ・ホームのヴァースでクルーとしての存在感を示す「Speak Ya Clout」でも、冒頭ジェルーのパートの効果音ループが印象的だ。これはなんとウェザー・リポート曲の8分過ぎに深く沈んでいたところをプリモがサルベージした形だ。レコードを隅々まで聴いてからネタをチョイスするJ・ディラをも想起させるプリモのディグ精神が表れている好例と言えるだろう。また、スクラッチにおいてもファブ・ファイブ・フレディ「Change The Beat」(1982年)のラストで一瞬鳴る「ピー音」(放送禁止用語をマスクする音)を擦ってしまうという荒技を「Code Of The Streets」で披露し、ヘッズの度肝を抜いた。

本作からのシングルカットはどれもギャング・スターのキャリアにおいても人気を博すクラシック揃いだ。半音ずつ下降するストリングスループの緊張感がストリートの掟を歌ったライムとリンクする「Code Of The Streets」、ベースラインとドラムだけのミニマルビートをナイス&スムースと共に乗りこなす「DWYCK」、ヴィック・ジュリスの爽やかなフュージョン曲のループと1拍目をキックが打たないという革新的リズムの融合を試みた「Mass Appeal」、ベースラインとストリングスがエモいダークさを演出する「Suckas Need Bodyguards」。これはアルバム全体に言えることだが、どの曲も互いに似ていないユニークな曲調を持っていて、かつプリモの挑戦、あるいは実験の跡を何かしら見つけることができるのが何より本作のビートの魅力だ。

それは、ドラムの打ち込み方にも表れている。前作から曲単位で見られたものの、本作においては、ドラムは元のブレイクビーツを単音にバラして打ち込み直す、いわゆるブレイクビーツのチョップがほぼ全曲で行われている。前作の「Take It Personal」ではスカル・スナップスの定番ブレイクの組み替えが衝撃的だったが、本作では「ALONGWAYTOGO」と「Code Of The Streets」「DWYCK」のなんと3曲で同じメルヴィン・ブリス「Synthetic Substitution」(1973年)のブレイクを使ってドラムを組んでいる。「DWYCK」はアルバムに先立って制作されているものの、一瞬「怠慢なのか? それともネタ切れ?」と勘ぐりたくもなるが、ちょっと待ってほしい。ブレイクビーツをそのままループで使わず、単音に分解して組み替えるというチョップ&フリップ(詳しくは別コラム参照)の手法を用いているからこそ、同じ素材でリズムパターンの異なるビートを構築可能なのだ。むしろプリモはこの手法を実験し、その創造性を見せつけるかのように同じ元ネタを選んでいるようにも見える。本作ではその他にも「Suckas Need Bodyguards」や「Tonz 'O' Gunz」「Comin' for Datazz」で定番ブレイクを組み替え、プリモ流の新解釈が披露されている。

さらにはこのブレイクビーツの単音打ち込みと同時にもたらされているサウンドの変化にも着目したい。本作でのエンジニアは長年のパートナーであるエディ・サンチョだ。本作リリースの1994年から、2012年辺りに「MPC60 II」から「MPC Renaissance」にメイン機材が変わるまで20年弱の期間にわたって通底する特徴的なドラムサウンドが確立されたのが、プリモとエディのタッグで作り上げた本作のサウンドだと言ってもいいだろう。コンプレッサーによってアタックが強く、粒が立っていて、元ネタのドラムブレイクと比較すると明らかに音質がブッとくなっているキックとスネアが確立されている。あらゆる点において、プリモのサンプリング・アートのひとつの完成形が本作といえるだろう。(吉田雅史)

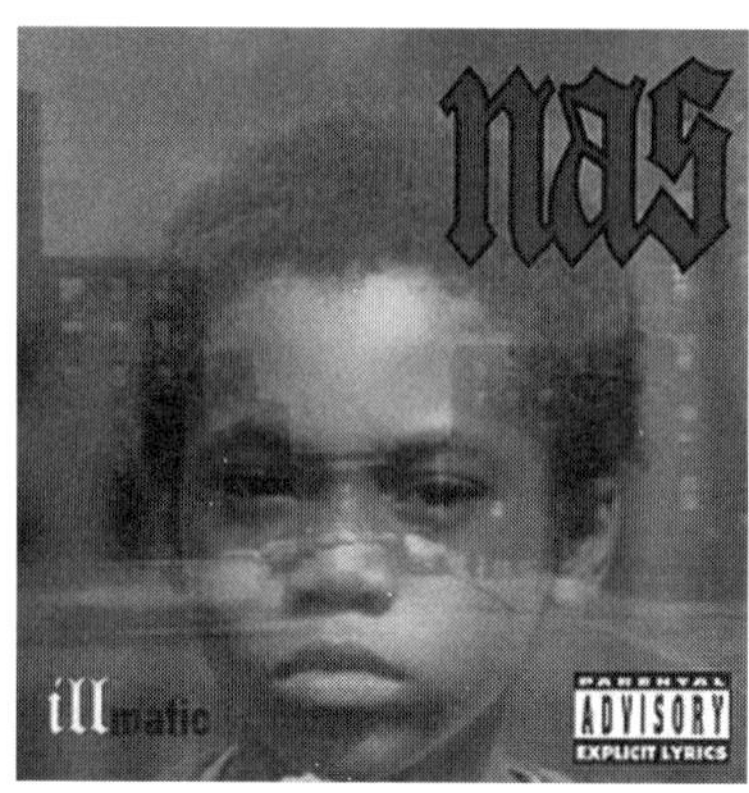

Artist

Nas

ナズ

Track

02. N.Y. State of Mind

06. Memory Lane (Sittin' in da Park)

09. Represent

Title

Illmatic

1994年 : Columbia
CD, LP, Cassette

言葉を際立たせる、彫刻のようなビート

誰にでも人生に一度か二度、その前後で景色の見え方が変わってしまう経験が訪れる。このアルバムの出現で、ヒップホップ側から見た景色も、新参の音楽として過小評価していた〝外〟の人たちの扱いも一変。なにしろ、クィーンズの低所得者向け団地（プロジェクト）で生きる20歳の青年が吐き出す写実的なリリックが、文学の域に入っていたのだから。言葉を際立たせる、彫刻のようなビートを作ったのはプリモのほかピート・ロック、ラージ・プロフェッサー、LESらニューヨーク・ヒップホップの先鋭。ナズはラージ・プロフェッサーが作ったメイン・ソースの「Live at Barbeque」のヴァースですでに注目を浴び、その名は日本のヘッズにまで届いていた。

プレミアは2曲目の「NY State of Mind」と「Represent」を担当。どちらもシングルではなかったが、いまでは全曲がクラシックだ。「ニューヨークにいるときは犯罪ばかり考えている」がパンチラインの「NY State of Mind」は、トラックにドナルド・バードとジョー・シャンバーズを使用したジャズ・ベースの曲。プレミアがビートを作っている横で、ナズはリリックを考え、ワン・テイクで決めたという。より音を絞った「Represent」ではリー・アーウィンズの「Thief of Baghdad」を使い、ジェイ・Zやシャバズ・ザ・ディサイプルのリリックを引用。思慮深いナズの佇まいで誤解されがちだが、ここに出てくる青年は、ドラッグを売り、マリファナと酒で酩酊しながら、同時に自分の周りの環境を醒めた視線で伝える不良である。２０２４年で30周年。ナズがバリバリの現役で『King's Disease』と『Magic』シリーズも素晴らしい点がさらに凄い。（池城美菜子）

Artist

Big Daddy kane

ビッグ・ダディ・ケイン

Track

Show and Prove feat. SCOOB, Sauce Money, Shyheim, Jay-Z, Ol Dirty Bastard

Title

Daddy's Home

1994年：MCA Records
CD, LP, Cassette

1994年のたまらないマイク・リレー

1994年のたまらないマイク・リレー。スクーブはカンサス・シティのギャング出身で2000年代になってから活動を再開、14歳でデビューしていたシャイヒームが長きに渡る入所期間前の全盛期の捌き、ジェイ・Zの今では聴けないフロウなどなどを生かす鳴りの、しかしPAによっては低音とラップだけになりそうな?トラック。オール・ダーティの締めているのかどうなのかも微妙なところもマイク・リレーの醍醐味。（荏開津広）

Artist

Gang Starr

ギャング・スター

Track

The ? Remainz (Street Version)

Title

Suckas Need Bodyguards

1994年：Chrysalis
12", CD Single, Cassette

ボブ・ジェームスをサンプリング

ギャング・スターの4作目『Hard To Earn』からシングルカットされた『Suckas Need Bodyguards』のB面に収録。数多くのヒップホップ・アーティストから愛されたボブ・ジェームスの「Look Alike」をサンプリングした緩やかなビートだが、攻撃的なA面「Suckas Need Bodyguards」と同様に、生半可なMCの存在価値を問うグループのリリックも冴えている。『Hard To Earn』と合わせて聴くべし。（高久大輝）

プレミアにとって初めてのゴールドディスク

ビギーのデビューアルバム『Ready to Die』を完成させる最後のピース、そしてプレミアにとって初めてのゴールドディスクとなったこの楽曲。当時、プリモは非常に多忙で時間に余裕がなかったが、ビギーからどうしてもビートを提供して欲しいと言われ、即席的に他の楽曲から「スタブ」と呼ばれる瞬間的なヒット音のみをサンプリングし音階を変えて演奏したのがこのビートの始まり。まさにプレミアを象徴するチョップ&フリップスタイルを確立した重要な1曲でもある。このスタジオセッションの中で、何時間も歌詞を書かず、落書きばかりしていたビギーの様子を見て不安に思ったプリモが声をかけたところ、ビギーはそのままブースに入り一発で1曲丸ごと録り切ってしまったらしい。フックでプレミアのスクラッチが奏でる通り、ビギーは信じられないくらいヤバいラッパーですね。2022年にはUSのジャズバンド、ブッチャー・ブラウンがカバーしていたりもする。（John）

Artist

The Notorious B.I.G.

ザ・ノトーリアス・ビーアイジー

Track

Unbelievable

Title

Ready to Die

1994年：Bad Boy Records / Arista Records
CD, LP, Cassette

雑音(スタティック)までループさせた実験的とも言える試み

ジェルー・ザ・ダマジャはブルックリンのMC。1989年の時点ですでにグールーとデモ3曲を作り、ギャング・スター「Words I Manifest」のMVにも姿をみせ、91年の彼らの「I'm the Man」で客演、翌年には欧州ツアーにも加わる。その時彼はサウンドチェックでプリモが擦っていたオニクス「Throw Ya Gunz」のフレーズ「Uh oh, heads up 'cause we're dropping some shit,」をフックに使った曲作りを懇願。もうひとつのサンプル用にプリモ選出の候補から2人が選んだのはシェリー・マン「Infinity」だった（プリモいわく「誰かチクったやつがいて」、この曲の無許諾使用で初めて裁判を起こされることに）。

このネタで即ループを作ってもらったジェルーは、そのまま帰りの車でそのビートを鳴らしながら、リリックを作っていた。そのなかで彼は「俺はや

Artist

Jeru The Damaja

ジェルー・ザ・ダマジャ

Track

01. Intro (Life)
02. D.Original
03. Brooklyn Took It
04. Perverted Monks In Tha House (Skit)
05. Mental Stamina
06. Da Bichez
07. You Can't Stop The Prophet
08. Perverted Monks In Tha House (Theme)
09. Ain't The Devil Happy
10. My Mind Spray
11. Come Clean
12. Jungle Music
13. Statik

Title

The Sun Rises in the East

1994年：Payday
CD, 2×LP, Cassette

らないギャングバンあるいは撃たないバンバン、容赦ないリリックスが俺が捌く唯一のドープ」、「俺は（ライムを）キックする、まるでランラン・ショウ製作のカンフー映画」と、銃や暴力ではなく、知性とライムだけが武器であると表明。こうして完成したのが「Come Clean」。93年10月に発売されるやいなや、水道管を叩く音、あるいは滴る水滴の音のようなあのループはなんだ？と話題になった。

こうしたセンスは「Come Clean」発表後に決まった本作の制作に着手することでより鮮明になる。その行程はグールーのやり方に倣ったのか、タイトル決め→ビート作り→ライミングの手順で進められた。例えば、アルバムからの先行カット「D.Original」では、セシル・テイラー「Cell Walk for Celeste」のピアノの不協和音をループしたまさにオリジナルなビートで（そのヒントは、ここでサンプルされた客演のビズ・マーキーのフレーズを含むマーリー・マール「We Write a Song」にありそうだが）、件の客演曲「I'm the Man」で自分のA.K.AがDirty Rotten Scoundrelだと表明したにも関わらず（「Come Clean」も初出はこの名義だった）、同名のR&Bグループが登場したため、自分が元祖だと主張している。

ビートに関しては、2人ともサンプリングがおもしろくなり、雑音でも何でもサンプルするうちに、いっそのこと雑音（ザーと聴こえるスタティック・ノイズ）をループしてしまえと、タイトルもそのままに「Statik」が生まれた（フックとして使われているポジティヴ・K「How the F*?#! Would You Know」のフレーズも笑える）。実験的とも言えるこうした試みは、ロイ・エアーズ・ユビクィティ「Sensitize」のヴァイブラフォンをほぼ信号音にまで変容させ、サンプル&ループし、マイケル・ジャクソンの「Billie Jean」のドラム・パターンをチョップした「Mental Stamina」でも聴きとれる。

そして、こういったビートに拮抗するように、ジェルーのリリックも出だしから「Pugilistic linguistics / Check out the mystics, we're fantastic」と語彙と含意と押韻にこだわりまくっている。

さらに、クルセイダーズ「Chain Reaction」をチョップした「You Can't Stop the Prophet」では、ファイヴ・パーセント・ネーションの思想に強く影響されたジェルーが預言者として姿を現し、無知や欺瞞、怒りや絶望や敵意と対決してゆく模様が物語られてゆく。

その一方で、ピッチを落としたクルセイダーズ「Whispering Pines」のホーンのフレーズがループする「Da Bichez」で、彼としては、リスペクトしかない女性（Queens）とはまた別に、物欲最優先だったり女の武器を使って男を操ることしか考えていない女性をBichezとして区別したところ、ヒップホップにおける女性蔑視の例としてやり玉に挙げられた。

これらの曲で構成されたアルバムの「Intro (Life)」では、映画『北斗の拳』の冒頭数秒の箇所からのサンプルの上で、"Life is"で始まる（英語吹替版の）映画のナレーションの途中までがジェルー自身の声で読み上げられる。このトラックでサンプル&ループされているキッド・ダイナマイトの「Uphill Peace of Mind」のドラム・ブレイクとミロスラフ・ヴィトウスの上物の組み合わせは、4曲目の「Perverted Monks in Tha House (Theme)」、8曲目の「Perverted Monks in Tha House (Skit)」でも繰り返されている。自身のクルーPerverted Monksをレペゼンしたいジェルーの意志を、プリモが汲み取ったのだろう。

ちなみに、アルバムの表題にある"The Sun"とはジェルーのことで、本作のアートワークは、イースト・ニューヨークからヒップホップ・シーンに登場した彼が熱く燃えているため、マンハッタンの各所が炎に包まれてしまった様子をイメージしたようだ。（小林雅明）

Artist

M.O.P.

エム・オー・ピー

Track

B. *Rugged Neva Smoove (Premier Remix)*

D2. Downtown Swinga

Title

Rugged Neva Smoove

1994年 : Select Records
CD, 2 × LP, Cassette

異素材を見事にまとめ上げた傑作リミックス

M.O.P.とプレミアの関係性で特筆すべきは、とにかくプレミアが惚れ込み、しつこいくらいに自身のラジオ番組でオンエアしたことで、遂に彼らのプロデュースに漕ぎつけた、という点だろう。そうして最初の邂逅を果たした「Rugged Neva Smoove (Premier Remix)」は、ドクター・ピリオドが手掛けたロック色の強いオリジナルに対し、同じくどっしりと重いドラムに合わせたジョー・ザヴィヌルの流麗なエレピ、滾る2MC、という異素材を見事にまとめ上げた傑作リミックスに仕上がった。同時収録のジョン・カサンドラ「Down Home Ups」を展開そのままに切り刻んだ「Downtown Swinga」はこのシングルのみの収録ながら、もう少しプレミア色の強いバウンシーなトラックで、94年当時は、〝ザ〟プレミア・サウンドのこちらの方が重宝されていたように記憶している。「Downtown Swinga」は後に続く3部作の序章であり、プレミアとM.O.P.のタッグを象徴する楽曲。(橋本修)

Artist

Omar

オマー

Track

Keep Steppin' (D.J. Premier Mix) feat. Uptown

Title

Keep Steppin'

1994年 : RCA
12", CD-Single

色気の強い真夜中のグルーヴ

ファンキーで軽快な原曲が白昼だとすれば、真夜中のグルーヴに衣装替えをした、プリモ仕事の中でも特に色気の強い1曲。ボブ・ジェームスのエレクトリック・ピアノをサンプリングしたビートはまるで「Mass Appeal」の生き別れの兄弟のようだ。主役のしゃがれた歌声はよりセクシーに響き、ヘッズだけでなく本来のオマーのファンもしっかり満足させる、ヒップホップ・プロデューサーによるR&Bリミックスの手本とも言える曲。(#3F)

Artist

Arrested Development

アレステッド・ディベロップメント

Track

Ease My Mind (Premier's Radio)

Title

V.A. - Kickin Da Flava

1994年 : EMI Music Canada
CD, Cassette

歌フロウと声ネタの絡み

アトランタのメロディックラップの先駆者、スピーチを擁するアレステッド・ディベロップメントによる1曲。原曲は穏やかでメロウなものだったが、このプリモのリミックスではミニマルなループとタイトなドラムでまた異なる魅力を生み出している。ビートに組み込まれた「ア〜オ!」という声ネタとスピーチのソウルフルな歌フロウとの絡みには、モダンなトラップを想起する瞬間も。互いの持ち味を引き出し合った好コラボだ。(アボかど)

Artist

Buckshot LeFonque

バックショット・ルフォンク

Track

01. Ladies & Gentlemen, Presenting...
02. The Blackwidow Blues
03. I Know Why The Caged Bird Sings
04. Mona Lisas (And Mad Hatters)
05. Wonders & Signs
06. Ain't It Funny
07. Some Cow Fonque (More Tea, Vicar?)
08. Some Shit @ 78 BPM (The Scratch Opera)
09. Hotter Than Hot
10. Blackwidow
11. Breakfast @ Denny's
12. Shoot The Piano Player
13. No Pain, No Gain
14. Sorry, Elton
15. ...And We Out

Title

Buckshot LeFonque

1994年：Columbia
CD, 2 × LP, Cassette, Minidisc

さらなるジャズへの傾倒を加速させた出会い

ギャング・スターとジャズ・シーンの関係を取り持ったのは、映画監督スパイク・リーだと言われている。まだルーキーの域に留まっていた2人を映画『Mo' Better Blues』（1990年）のサントラに起用し、総合プロデューサーであるジャズ・サックス奏者ブランフォード・マルサリスに引き合わせたのだ。大物2人の期待と激励に応える形で、ギャング・スターはジャズにオマージュを捧げた名曲『Jazz Thing』を提供して、大いに知名度を高める。この出会いは、ギャング・スターのさらなるジャズへの傾倒はもちろんメジャーレーベルとのディールへの道も加速させたと言われている。

さて、スパイク・リーの仲介で知り合ったマルサリスとプレミアが、音楽ジャンルの細分化や排他性を克服するべく、名うてのミュージシャンたちを招いてスタートしたスペシャル・ユニットが「バックショット・ルフォンク」だ。その名は、ジャズ・サックス奏者キャノンボール・アダリーが、本業とは趣を異にするポップスやR&Bのレコーディングに関わっていた50年代に使用していたエイリアスに由来。そのファースト・アルバムとなる本作もジャズとヒップポップ、そしてソウル、レゲエ、アフリカ音楽、さらに90年代のポップ・ミュージックを融合した、まさにユニット名を体現する1枚に仕上がっている。ちなみに「Breakfast @ Denny's」に参加しているアップタウンは、トミー・ボーイからヒットシングル「Dope On Plastic」をリリースしたことで知られるラッパーで、バックショット・ルフォンクのセカンド・アルバムでもマイクを握っている。（吉田大）

1994-1996

Artist

Showbiz & A.G.

ショウビズ&エージー

Track

Next Level (Nyte Time Mix)

Title

Goodfellas

1995年 : Payday / FFRR
CD, 2 × LP, Cassette

レーベル・メイトのD.I.T.C.クルー

言わずもがなブロンクスからのロード・フィネス、ダイアモンド・D、ファット・ジョーなどとのD.I.T.C.クルーの一員の1994年のアルバム。ちなみに当時プレミアと彼らはレーベル・メイトでかなり親交があったらしい。ここでの〝次段階〟とは、サウンド・プロダクションの科学についてであり〝ネタ〟の重要性や機材の名前がのっけから並べられる。これもまたヒップホップの詩学でもあるのだ。(荏開津広)

Artist

Dream Warriors

ドリーム・ウォリアーズ

Track

It's a Project Thing / I've Lost My Ignorance feat. Guru

Title

Subliminal Simulation

1994年 : Pendulum Records
CD, 2 × LP, Cassette

細部に溢れ出すプリモのビート哲学

アシッドジャズの文脈でヨーロッパでも評価されたカナダのジャズヒップホップバンド。ややこしいが本作に「I've Lost My Ignorance」として収録されている楽曲は、91年リリースのアナログだと、Gang Starr Remixと表記されている。聴き比べるとオリジナルは生演奏でスムース。ジャズマタズを彷彿とさせる座組だが、プリモが組み立てたビートのグルーヴは極上だ。「It's a Project Thing」はスクラッチで〝節〟を感じさせる。(宮崎敬太)

Artist

The D&D All-Stars

ザ・ディーアンドディー・オールスターズ

Track

1, 2 Pass It (Remix) feat. Doug E. Fresh, Fat Joe, Jeru the Damaja, KRS-One, Mad Lion and Smif-n-Wessun

Title

1, 2 Pass It / Look Alive

1995年 : Arista Street
12"

D&Dに所縁のあったMCがパス・ザ・マイク

ギャング・スターのアルバムをはじめ数々のヒップホップ名盤を生み出し、プリモの創作拠点でもあったマンハッタンのD&Dスタジオ。95年の時点でここに所縁のあったMC6組が次々にパス・ザ・マイクしてゆく。プリモが次にマイクに向かうMCにまつわるリリックや楽曲の短いフレーズを紹介代わりに擦ってから、すぐに本人が登場する(例えば、「Bucktown」のイントロを少しだけ聴かせてから、スミフ・ン・ウェッスンが出てくる)、そんな期待を高め、確実に応えてくれる展開はオリジナルもリミックスも同じだ。

なお、このリミックスでは、プリモ自身が手掛けたオリジナルのウワモノとして使われていたチャールズ・ミンガス「Mood Indigo」のベースが、ジュニア・マンス「Lil' Darlin」でのボブ・ベイン率いるアンサンブルのブラスに差し替えられたことで、ハードコア一徹なサイファーだったものが、少しリラックスしたフリースタイルの競演へと様変わり。(小林雅明)

Artist
Das EFX
ダス・エフェックス
Track
02. No Diggedy
05. Real Hip Hop (Original Version)
Title
Hold It Down

1995年：EastWest Records America
CD, 2×LP, Cassette

"不足"のあるベースがレゲエ的な魅力を

クレイジー・ドレイズとスクープから成るラップ・デュオの特徴のひとつはラガ/ダンスホールの感覚だ。通算3作目のこの2曲は、そんな彼らの訛りの効いたフロウを引き立てている。肝はベースではないか。ライムスターのマミー・Dは、1998年4月号増刊のヒップホップ専門誌『FRONT』のインタビューでプレミアの音作りについて考察しているが、そこで「Real Hip Hop」でサンプリングされたノーマン・コナーズ「The Creator Has a Master Plan」のベースを自分も使おうとしたが、「これだけじゃ物足りない」と感じたと明かす。が、プレミアが何も足さずに用いたことに驚愕してその"見切り"に敬意を表し、「DWYCK」も同様に見切りの凄さだと述べる。「No Diggedy」でロイ・エアーズ・ユビキティ「Hummin'」のベースの一部のピッチを落としループしたのも見切りの美学の産物。そうした"不足"のあるベースがレゲエ的な魅力を醸し出している。(二木信)

Artist
Jeru The Damaja
ジェルー・ザ・ダマジャ
Track
The Frustrated Nigga
Title
V.A. - Pump Ya Fist (Hip Hop Inspired By The Black Panthers)

1995年：Polygram
CD, LP, Cassette

力強いシンプルなワンループのビート

ギャング・スター・ファウンデーションに所属し、プレミアとの交友も深かったジェルー・ザ・ダマジャによる「The Frustrated Nigga」。1996年リリースのセカンド・アルバム『Wrath of the Math』にも収録された1曲。黒人への弾圧について、ジャングルの虎や黒猫などの比喩をうまく利用しながら堂々と語るリリックのスキルが、力強いシンプルなワンループのビートの上で光っている。(MINORI)

Artist
Guru
グールー
Track
Lifesaver (DJ Premier Remix)
Title
Lifesaver (Single)

1995年：Chrysalis Records / EMI
12", CD-Single

メロウな原曲を流麗に調理

95年発表『Jazzmatazz vol.2』に収録のメロウ・チューンを12インチ・カットに際してプレミアが調理。誰もがつまづく人生の苦難に対してのグールーによるコンシャスな提言に加え、原曲でも印象深かったA"ベイビー"エヴァンスによるコーラスが、流麗なピアノのループにマッチして楽曲の美しさをより引き立てる。グールーが示したジャジー・ヒップホップの可能性に新たな側面を加えた1曲と言っていいだろう。(高橋圭太)

Artist

KRS-One

ケーアールエス・ワン

Track

01. Rappaz R. N. Dainja

03. MC's Act Like They Don't Know

08. Wannabemceez feat. Mad Lion

Title

KRS-One

1995年 : Jive
CD, 2 × LP, Cassette

ビートとリリックの重さのバランスが良い

クリフォード・ブラウンの「Yesterdays」をサンプリング、カーティス・ブロウの「The Breaks」最初の一節をリリックで大胆に引用したアルバムのリードシングル「MC's Act Like They Don't Know」は、殺伐とした雰囲気のループにKRS・ワンの周りを威嚇するようなラップが映える1曲。フック部分のスクラッチが特徴的な「Rappaz R. N. Dainja」は、一見キャッチーにも聴こえるが、リリックではがっつりヒップホップ業界を批判。クール・ハークや、グランド・ウィザード・セオドアなど、ヒップホップ界の大御所たちによる、KRS・ワンへのリスペクトの言葉が収録されたイントロで始まる。ビートとリリックの重さのバランスが良く、社会的であるのにくどさを感じない秀逸な1曲だ。マッドライオンを迎えた「Wannabemceez」では、心地良く跳ねるドラムの上で、お金や名声などに翻弄されない、本物のMCの姿とは何かを訴えている。(MINORI)

Artist

Guru

グールー

Track

Skit A (Interview) / Watch What You Say feat. Chaka Khan and Branford Marsalis

Title

Jazzmatazz, Vol. 2: The New Reality

1995年 : Chrysalis
CD, 2 × LP, Cassette

トランペットが特徴的なジャズビート

グールーの2作目のソロ・アルバム『Jazzmatazz, Volume II (The New Reality)』。「Watch What You Say」ではグールーのレイドバックしたラップ、チャカ・カーンのソウルフルな歌声、トランペットが特徴的なジャズビートが心地よく絡み合っている。ジャジーな雰囲気たっぷりでありながら、キックとベースの太さが際立っているのもプレミアならでは。打ち込みと生演奏がうまく融合した、本プロジェクトならではの心地よさが魅力。(MINORI)

Artist

Born Thugs'n Harmony

ボーン・サグスン・ハーモニー

Track

1st of Tha Month (DJ Premier's Phat Bonus Remix)

Title

1st of Tha Month

1995年 : Epic
12", CD-Single

華やかな原曲をミニマル化

ゴスペルとラップを合わせた唯一無二のスタイルをもつボンサグ。デビュー作『E.1999 Eternal』のファースト・シングル「1st of Tha Month」は、生活保護の小切手が届く月初の歓びがテーマのゲットー・アンセム。イージー・Eに捧げた「Crossroad」で爆発的に売れたが、この曲ですでにヘッズの心は摑んでいた。プリモのリミックスはDJユーニークが作った華やかな原曲をミニマル化、6人それぞれのフローを生かしている。(池城美菜子)

Artist

Fat Joe
ファット・ジョー

Track

The Shit Is Real / Success (DJ Premier Remix)

Title

Jealous One's Envy

1995年：Relativity / Violator
CD, LP, Cassette

ファット・ジョーのセカンドに2曲

D.I.T.C.の若頭（当時）、ファット・ジョーのセカンド・アルバムに2曲を提供。「The Shit Is Real」は前作からの既出リミックスで、12インチで発表されていたものを改めて収録。ネタ元はアーマッド・ジャマル「The World Is a Ghetto」。「Success」は本アルバムに収録されているオリジナルをプレミアが調理。ウェザー・リポート「Mysterious Traveller」、グローヴァー・ワシントン・Jr.「Hydra」の大ネタ使い。（渡辺志保）

Artist

Chubb Rock, Jeru The Damaja, O.C.
チャブ・ロック，ジェルー・ザ・ダマジャ，オー・シー

Track

Return of the Crooklyn Dodgers

Title

Clockers Soundtrack

1995年：MCA
CD, LP, Cassette

説得力ヴォイスの持ち主トップ3MC

ヤング・ホルト・アンリミテッドの元ネタの「チーン」というベル音に当時のヘッズは「なんなんだこの音は！」とざわついた。ジョージ・クリントンの驚異のサンプリング用レコードのブレイクの上で説得力ヴォイスの持ち主トップ3MCたちがヴァースを回し、前作のバックショットやスペシャル・エドの声ネタがフックで擦られるという超豪華仕様。最近ではロバート・グラスパーが「Twice」でオマージュしている。（吉田雅史）

Artist

Blahzay Blahzay
ブラーゼイ・ブラーゼイ

Track

Danger (Remix)

Title

Danger Pt. II

1995年：Fader Records
CD, LP, Cassette

ブルックリンの奥深さを堪能

オリジナルはブルックリンのDJ／プロデューサー・PFカッティンとラッパー・アウトラウドの代表曲。みんな大好きジェルー・ザ・ダマジャ「Come Clean」と、Q・ティップ（ビースティ・ボーイズ「Get It Together」）の声ネタも相まってアンダーグラウンドヒットした。それをさらにプリモがリミックスするというブルックリン・クリエイティヴの奥深さを想像すると、入れ子構造に脳内もクラクラさせられる。（宮崎敬太）

Artist

Big Shug
ビッグ・シュグ

Track

Treat U Better (co-produced Guru)

Title

Treat U Better

1995年：Chrysalis / EMI
12", Cassette

グールーと共同プロデュース

ビッグ・シュグが1995年にリリースした、自身初の12インチ「Treat U Better」。グールーと共同プロデュースしたドラマチックなストリングスの音色とジャジーで繊細なドラムが、ビッグ・シュグの渋く表情豊かな歌声に美しく絡みついた1曲。力強く安定感のあるラップとはまた一味違う、彼の優しい歌声を堪能できる数少ない作品。ソウルフルな歌ものヒップホップで、彼が〝歌えるラッパー〟であることを証明する1枚。（MINORI）

1994-1996

造られたエンターテインメントではなくストリートからの声

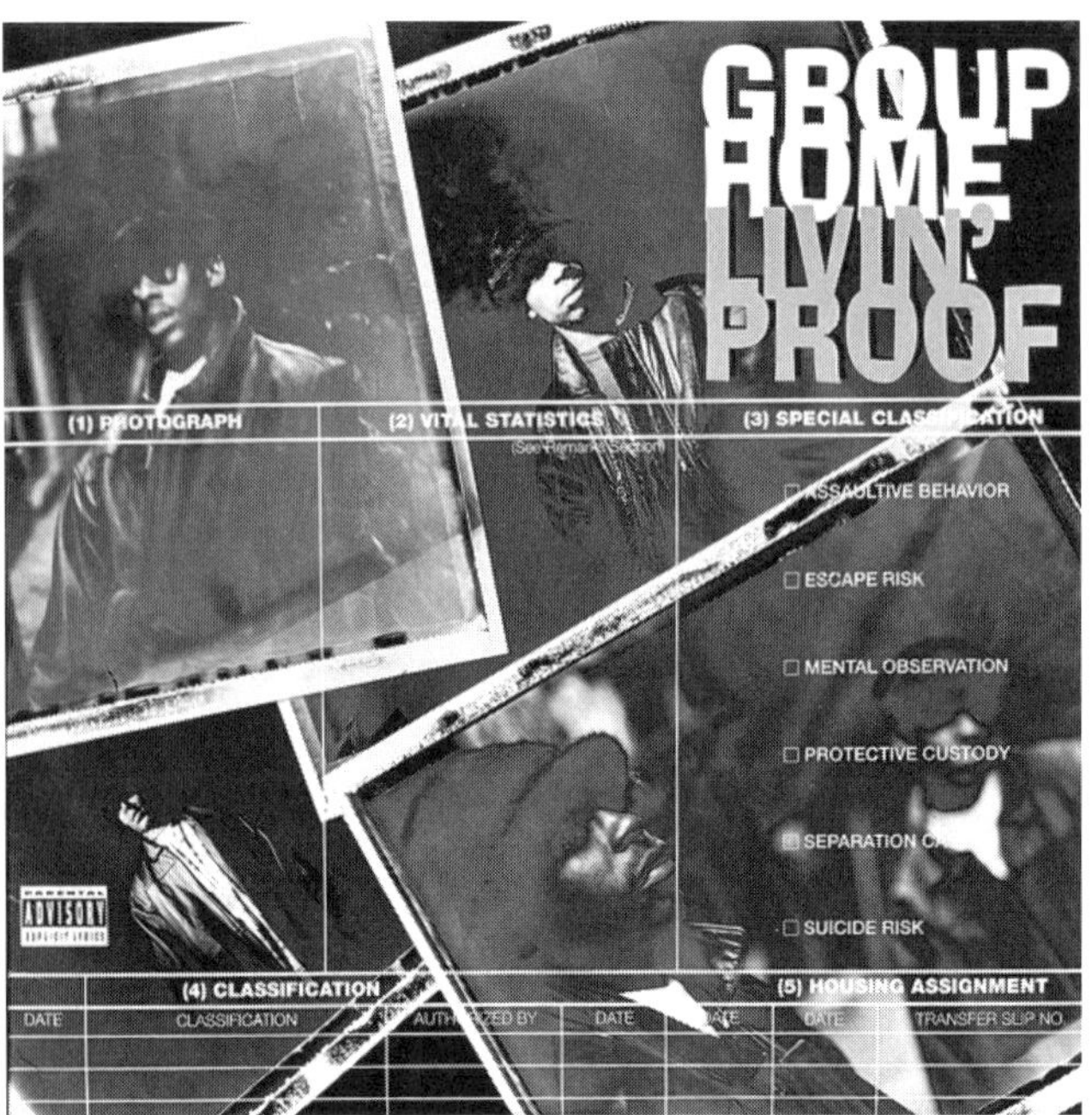

Artist

Group Home

グループ・ホーム

Track

01. Intro
02. Inna Citi Life
03. Livin' Proof
04. Serious Rap Shit
05. Suspended In Time
06. Sacrifice
07. Up Against The Wall (Low Budget Mix)
08. 4 Give My Sins
09. Baby Pa
10. 2 Thousand
11. Supa Star
12. Up Against Tha Wall (Getaway Car Mix)
13. Tha Realness

Title

Livin' Proof

1995年：Payday / FFRR
CD, 2 × LP, Cassette

〝自分のライフ・ストーリー、ビジネスのみチャンスは潰さなかった／大言壮語しママに家を追い出されて／子供たちを配下におきストリートに行かせ、この道に沿って進ませた／彼らに腹を満たす方法を教え、平和への途を模索した――〟

アルバム・タイトルにもなったグループホームのシングル・カットのひとつ、「Livin' Proof」の冒頭のリル・ダップのヴァースが聴き手に思い知らせるその契機となるのは、ラップの本質のある一面についてだ。そのことはDJプレミアを知ること、ギャング・スターというヒップホップの黄金時代の創造に寄与した唯一無比のグループについて語ることと結ばれている。

1990年代、DJプレミアとグールー双方をマネージメントしていたペイデイ・レコードを運営していたパトリック・モクシーは「プレミアは工芸の名人のようだ。彼はヒップホップを愛しているが、同時にニューウェイヴやヘヴィメタル、そしてジャズに魅せられた人物で、学問のようにそのすべてを勉強したのだ」という。母から受け継いだ音楽への愛と止まらぬ好奇心は、近年のプレミアのインタビューでつい口にするように、例えば、初めて「The Bridge」を聴いた際ブレイクと同時に〝Scratchin'〟がピッチ・ダウンされ繰り返し鳴らされることで生まれる効果を彼に忘れさせない。1970年代のディスコ・サウンドを構築する重要な一部分であるとそのまま聴けばすっと理解できるホーンの響きがピッチ・ダウンされエフェクトをかけられ壮麗であるべきその響きに加えられた歪みや圧力を感じさせ、時には異世界的な媒介となって通常の手続きと一体化しルーティンの支配する現実感覚から私たちリスナーを引き剥がす一助になるが、プレミアはそうした音世界と彼が現在でも強調する「ストリートの重要性」を結びつけ「ヒップホップ」のいうならば「現場」を聴覚において創造する。

プレミアは今でも「ビギーや2パックからヒップホップを知ったというのもいいが『ワイルド・スタイル』のサントラやマーリー・マールのレコードへ戻れ」と発言しているが、それはそこにサウンドとしてヒップホップの定義の始まりがあり、それらを聴いて構造を知り分析することが重要であるということだ。そう断言できるのは彼がヒップホップ以前の音楽を熟知している故であり、例えば、ジェンダー／セクシャリティの揺さぶりもそのサウンドに込めていたプリンスに夢中だったプレミアは、音楽というより音の響きとそこに絡む言葉が何を言わんとしているかということ、その相互関係に極めて敏感だ。(「女性用のパンティを履いてハイヒールを身につけたアーティストを自分が聴いているということはわかっていた」)。

グループ・ホームのリル・ダップはグールーが目をかけたギャング・スター・ファウンデーションの一員である。1990年代当時から塀の内外を往復していてマラカイもグールー死後行われたインタビューで彼への率直な感謝を繰り返している。どうやら、リル・ダップがその〝ビジネス〟の縄張りとしていた183丁目通りとアンドリュー大通り交差点近辺にマラカイと共にいたので、彼らは超絶技巧やスムースな押韻を披露するラッパーではない。事実アルバム『Livin' Proof』からの数枚のカットはアンダーグラウンドのクラシックとは認定されても、多くはプレミアのトラックへの評価でこのブルックリンとブロンクス出身の2人のラップについてではなく、昨今のネットでは〝ろくにラップもできない〟と手厳しい評価もある。だが、プレミアが「その本質においてラッパーとはいえない」といいながら、彼のクリエイティビティのピークのひとつを示すトラック群を彼らに渡したのは、ラップはその本質において造られたエンターテインメントではなくストリートからの声であるという彼の確信ゆえではないか。

「Livin' Proof」のラムゼイ・ルイスのサンプリングは、オリジナルにあるように美しく流れ消散していくのではなくカットされ機械的に、例えば、クラフトワークのキーボードのフレーズのように響き繰り返され、そのうえではリル・ダップの〝ビジネス〟、つまりは〝売人〟の半生が語られ、マラカイの叫びがそれを追う。ヒップホップは通常のルートでは決して辿り着くことのない場の、疎外の物語を響き渡らせる装置なのだ。(荏開津広)

Artist

Scha Dara Parr

スチャダラパー

Track

Cracker MC's (DJ Premier Remix)

Title

The Cycle Hits-Remix Best Collection

1995年：Ki/oon
CD

すべての凡庸な表現へのディス・ラップ

オリジナルは、1993年、彼ら3枚目のアルバム『Wild Fancy Alliance』に収められた一種のディス・ラップ。当時の日本語ラップの試みのうちストリート出身をチラつかせながらステレオタイプな物言いに終始するラッパー（がいたとして?）、彼らへの批判と同時に当時のテレビやラジオなどで日本語で流通するすべての凡庸な表現への嫌味ともとれる。季節の変化から自然崇拝的な態度の過剰な発展?はジャングル・ブラザーズのセカンドの歌詞なども含むのか、時を数えていくのはファンクなどにある〝カレンダー〟テーマからヒントをもらったのか。オチはテレビ・ドラマ『北の国から』を挿入。タイトルは「前田のクラッカー」というお菓子のCMソングから。当時の日本の「サブカル」シーンとスチャダラパーの共振も示すようだが、それはまた別の話。プレミアのリミックスはこのリリックの両義的にとれる攻撃性を優れて際立たせる。その後は日本のBの確立へ。（荏開津広）

Artist

Group Home

グループ・ホーム

Track

Suspended in Time (Groovy Remix Street) feat. Groove Theory

Title

Suspended in Time / Tha Realness

1996年：Payday / FFRR
12"

盟友のデビュー作をリミックス

プレミア道ど真ん中のデュオ、グループ・ホームのデビュー作のリミックス。ペイ・デイからの12インチ収録の「Groovy Remix」は、当時グルーヴ・セオリーにいたアメール・ラリューによる可憐なヴァースで「時間が止まったように」というコンセプトは強めつつ、プロダクションは原曲とあまり変化はない。アメールは翌年ソロになり、ネオ・ソウルとジャズ色を強めていく。00年にはグールーの『Jazzmattazz』にも参加。（池城美菜子）

Artist

Special Ed

スペシャル・エド

Track

Freaky Flow (DJ Premier Remixes)

Title

Freaky Flow

1996年：Profile Records
12"

ジェルーのパンチラインを再構築

89年ヒット曲「I Got It Made」やクルックリン・ドジャースの活動ですでに有名ラッパーだったスペシャル・エド、95年サード・アルバムからの後発シングル「Freaky Flow」のリミックスをDJプレミアが担当。オリジナルで引用されたジェルー・ザ・ダマジャ「Come Clean」のパンチラインをプリモが再構築すると別物になるのがこの曲のおもしろさ。当時もDJプレイされていたのは断然プリモのリミックスだった。（DOMO+PoLoGod.）

Artist

Jeru The Damaja

ジェルー・ザ・ダマジャ

Track

01. Wrath Of The Math
02. Tha Frustrated Nigga
03. Black Cowboys
04. The Bullshit
05. Whatever
06. Physical Stamina feat. Afu-Ra
07. One Day
08. Revenge Of The Prophet (Part 5)
09. Scientifical Madness
10. Not The Average
11. Me Or The Papes
12. How I'm Livin'
13. Too Perverted
14. Ya Playin' Yaself
15. Invasion

Title

Wrath of the Math

1996年：Payday
CD, 2×LP, Cassette

デビュー作と同様、2作目も全曲プロデュース

ブルックリンのラッパー＝ジェルー・ザ・ダマジャの2作目は、デビュー作と同様、彼と高校時代からの仲であるDJプレミアが全曲をプロデュース。

現代のラップ・リスナーにとって主題的に最もすんなり入ってくるのは、軽快なピアノが可愛らしい「Tha Bullshit」のヴァース部分ではなかろうか。イントロから聴けばメインストリームのヒップホップの商業化を揶揄した曲であるとわかるが、ヴァース部分の「ロールス・ロイスに飛び乗る」「俺がやることはすべてカネのため」といったラインはあまりに聴き慣れたものであり、そうした表現に安心感さえ覚えてしまうのが皮肉なものである。ピアノといえば、同曲とは逆に重めのピアノ音が響く「Not Tha Average」では、低音に合わせたジェルーのライミングが心地良い。

女性が自分のヌーディティを自由に決めるのが当然の現代からすると「Ya Playin' Yaself」などは古臭くも聞こえるかもしれない。しかし、表題曲で語られている、ただ〝在る〟ことに集中する態度などは、意外にも現代的なテーマなのがおもしろい。

本作がリリースされたのは2パックが亡くなった翌月の1996年10月。そのパックを揶揄していたデス・ロウ・レコードや、「One Day」で批判の対象となっているショーン・コムズ率いるバッド・ボーイ・レコードが隆盛を極めていた、つまりヒップホップの商業化が加速していた当時にあって、本作はビルボードのR&B／ヒップホップ・チャートで3位にまで上り詰めている。（奥田翔）

ファウンデーション構成員のデビュー作

Artist

Bahamadia
バハマディア

Track

01. Intro
04. Rugged Ruff
05. interlude
13. True Honey Buns (Dat Freak Shit)
14. 3Tha Hard way

Title

Kollage

1996年：Chrysalis
CD, LP, Cassette

地元フィラデルフィアでDJとして活動していたところをグールーによりフックアップされ、一時期はギャング・スター・ファウンデーションにも属していたバハマディアのデビュー作。イントロやインタールードを含む5曲をプレミアが手掛けるが、ファウンデーション構成員のアルバムとしては初めて多くの外部プロデューサーを招いている。淡々としたフロウと、時折聴かせるメロディアスなヴォーカルで、唯一無二のクールネスだったバハマディアだが、プレミアもそのことを十分理解しており、「Rugged Ruff」ではメインループとフックで3音のみのピアノをチョップし、ストイックなビートを作ったりもしたわけだが、それ以上にBPM70台のたった半小節のループが、メロウにも不可思議にも聞こえる「True Honey Buns」こそが本作における新境地。しかし正直なところ、その煙たく、地下臭のするビートマイナーズのほうが相性が良いと思うのは筆者だけではないはずだ。（橋本修）

ジェイ・Zの本格デビュー作を3曲

Artist

Jay-Z
ジェイ・ジー

Track

06. D'Evils
10. Friend or Foe
13. Bring It On feat. Big Jaz & Sauce Money

Title

Reasonable Doubt

1996年：Roc-A-Fella Records / Freeze Records / Priority Records
CD, 2 × LP, Cassette

マーシー・プロジェクツのハスラーから世界の億万長者へ――本作リリース前から地元のヒップホップ専門ラジオ局＝HOT97の企画「Battle of the Beats」で頭角を現していたジェイ・Zことショーン・カーターは、26歳の時分、本作で本格デビューを果たすこととなる。

2013年時点（『Magna Carta Holy Grail』リリース後）で本人が最も気に入っているアルバムだと認めた本作で、DJプレミアは3曲を担当。なかでも「D'Evils」における、金銭の追求が心身を蝕むさまを表したスヌープ・ドッグ「Murder Was The Case」のサンプル部分は、「生き残るには後悔と共に生きていかなければならない」と繰り返す最終曲「Regrets」にも繋がる重要な部分だ。その背景には、ハスリングについて語るならば、そうした心情をも伝えるのが自分の役目だ、という彼の哲学がある。ジェイ・Zを〝その他大勢〟から隔てるスキルと観察眼、細部に拘った語り口を存分に体感できる一作。（奥田翔）

Artist

Nas

ナズ

Track

I Give You Power

Title

It Was Written

1996年：Columbia
CD, LP, Cassette

ピアノとストリングスをチョップ

ファーストから一転して売れ線に走ったとの声もあったナズのセカンドだが、そのなかでもハードコア風味をキープしているのは、このプリモやハヴォックのビート曲のおかげだ。ナズの真骨頂、銃の視点で歌うリリックに寄り添う緊張感溢れるワンループはアーマッド・ジャマル楽曲の5分辺り、終盤に一瞬顔を出すピアノとストリングスを見事にチョップして仕上げている。サンプリング・スナイパーとしてのプリモの面目躍如。（吉田雅史）

Artist

D'Angelo

ディアンジェロ

Track

Lady feat. AZ (Clean Street Version) / (Just Tha Beat Mix)

Title

Lady

1996年：EMI
12", CD-Single, Cassette

大胆に斬り込むようなウワネタ

ディアンジェロとラファエル・サディークのコンビによる原曲をプレミアがアレンジ。大胆に斬り込むようなウワネタが派手なグルーヴ感を演出していて心地いい。本曲はディアンジェロのファースト・アルバム『Brown Sugar』からのカットであり、このケミストリーが次作の「Devil's Pie」へと続く。なお、このリミックスのMVはデビュー後間もないエリカ・バドゥやフェイス・エヴァンスらがカメオ出演する豪華仕様。（渡辺志保）

Artist

Big Shug

ビッグ・シュグ

Track

Crush (Street)

Title

Crush / Official

1996年：Payday / FFRR
12", CD-Single, Cassette

ファットな低音と想像もしない元ネタ

ビッグ・シュグのソロ・デビュー・シングル「Treat U Better」に続くセカンド・シングルであり、代表曲である。例えば、90年代のブーンバップにおける〝ファットな低音〟という形容は、この曲のためにあるようなものではないか。ロウの量感に厚みがあり、体幹がブレない。しかも、そこでサンプリングされているのがリヒャルト・シュトラウスの「ツァラトゥストラはこう語った」だという、まさか想像もしない元ネタ。（つやちゃん）

Artist

Group Home

グループ・ホーム

Track

Supa Dupa Star (June 1994 Demo Version)

Title

Livin' Proof

1995年：Payday / FFRR
12", CD-Single, Cassette

あの名曲のデモ・バージョン

〝US本国よりも日本のほうが売れた〟でお馴染み、グループ・ホームのデビュー・シングル「Supa Star」のデモ・バージョンが収録された本盤。本編とは脈絡のないドラマチックなイントロ、同一サンプリング・ソースの組み換えなど、後にDJプレミアのシグネチャーとなるスタイルを初めて大々的に使用したのがこの「Supa Dupa Star」になるだろう。ラップも同様にリル・ダップのワンヴァース以外はすべて録り直している。（橋本修）

Artist

M.O.P.

エム・オー・ピー

Track

01. Intro
03. Firing Squad feat. Teflon
04. New Jack City feat. Teflon
05. Stick to Ya Gunz feat. Kool G Rap
08. Brownsville
09. Salute
11. Downtown Swinga ('96)

Title

Firing Squad

1996年：Relativity Records
CD, LP, Cassette

身震いする粗暴さとインテリジェンスが融合

ギャング・スター・ファウンデーションの一員であるリル・フェイムとビリー・ダンズによるニューヨークのラップデュオ・M.O.P.。彼らの地元・ブラウンズヴィルは、ジェントリフィケーションによってクリエイティヴな街になったと言われている現在のブルックリンにおいても、いまだに犯罪率の高い危険な地域と言われている。本作がリリースされた90年代の治安を想像すると身震いしてしまう。『Firing Squad（銃殺刑執行部隊）』というタイトルからもわかる通り、とても不穏でハードな作品。本作の魅力は若かりし2人の粗暴でハイテンションなラップと、プリモの洗練されたインテリジェンスが完全に融合していること。弦のような不思議な音をサンプリングした「Brownsville」は現代音楽のようだが、ハットとビートは冷徹で街の緊張感をグルーヴで醸し出す。他にも「Stick to Ya Gunz」「Downtown Swinga（'96）」など聴きどころしかない名作。（宮崎敬太）

Artist

D'Angelo

ディアンジェロ

Track

Me and Those Dreamin' Eyes of Mine (Two Way Street Mix) / Me And Those Dreamin' Eyes Of Mine (Just Tha Beat Mix)

Title

Me and Those Dreamin' Eyes of Mine

1996年：EMI
CD-Single, 12", 7"

ヒップホップとネオ・ソウルの融合

ディアンジェロの比類なきデビュー・アルバム『Brown Sugar』からのシングル・カットのリミックス12インチ。エリック・サーモンとプレミアがそれぞれ2ヴァージョンを担当。シンプルにビートとベースを強調したD1も捨てがたいが、原曲のゴージャスな演奏に力強く弾けるビートを融合したC1が素晴らしい。90年代に模索されたハードなヒップホップとメロウなR&B／ネオ・ソウルの融合のひとつの到達点だろう。（二木信）

Artist

Rawcotiks

ロウコティックス

Track

Hardcore Hip-Hop (Street Mix II)

Title

Hardcore Hip-Hop

1996：FREEZE
12", CD-Single

ドミニカ系2MCグループ

ラテン系住民が多く住むNYワシントンハイツを拠点とするドミニカ系2MCグループによる12インチ。プレミアがプロデュースしたとされる「Hardcore Hip-Hop（Street Mix II）」は珠玉。ロウコティックスは、本作のヒットに後押しされる形でヒップホップ雑誌「The Source」の名物コーナー「Unsigned Hype」に登場して注目を集めて、2000年前後まで活動を続けるも、残念ながらアルバムリリースには至っていない。（吉田大）

チョップ&フリップの革新性とその構造

ビートメイキングの世界で革命を起こしたDJプレミアのなかでも最も重要な手法

DJプレミアは、革命家だ。もし彼がいなかったら、ヒップホップにおけるビートメイキングの世界は、今とは全然違うものになってしまったかもしれない。ここでは、彼の革命のなかでも最も重要な手法である「チョップ&フリップ」について見ていきたい。まず「チョップ」とはサンプリングネタである原曲を「切り刻む」ことを指す。そして「フリップ」というのは、チョップしたサウンドをコインのようにはじく、あるいは軽く投げる、つまりサンプラーでチョップしたフレーズを（元ネタとは異なる）任意のタイミングで打ち込む、という意味になる。このコラムで考えたいのは、プリモのビートメイキングのテクニックとしての狭義の意味での「チョップ&フリップ」だが、そもそもヒップホップのDJやサンプリングという手法自体が、広義の意味で「チョップ&フリップ」にほかならない。DJやビートメイカーは、任意のブレイクやフレーズを切り取って、ループさせるのだから。ということで、まずは90年代までのヒップホップのビートの変遷について駆け足で見ておきたい。

自分の思いのままに叩いてオリジナルのブレイクビーツを発明する。それでこそ「ビートメイカー」

ヒップホップは1970年代に生まれ、その黎明期のビートを支えたのはDJと2台のターンテーブルによるレコードの2枚使いだった。DJクール・ハークによるブレイクビーツをループさせる「メリー・ゴーラウンド」がそれだ。

ヒップホップが現場だけのものでなくなり、録音されてレコードになる際には、初めはシュガーヒル・アンド・ザ・ギャングの「Rapper's Delight」（1979年）のようにスタジオバンドの演奏をバックにし、やがてドラムマシンが普及するとラン・DMC「Sucker MC's」（1983年）のようなビートがラップを支えるようになる。80年代中盤からSP-1200やS900といったある程度の秒数のサンプリングが可能なサンプラーが普及し始めると、ここで初めてビートメイカーたちはヒップホップの初期衝動に戻ることとなる。DJたちの2枚使いによるブレイクビーツのループが、サンプラーという機材でも再現可能になったからだ。彼らは例えば『Ultimate Breaks Beats』収録のブレイクビーツを思い思いにサンプリングするようになる。同時に誰にも発見されていないブレイクビーツを求めディグを続ける。

しかしある時点で発想の転換が生じる。それらのブレイクビーツを、自分の思いのまま、ドラマーのように叩くことで自分オリジナルのブレイクビーツを発明することになるのではないか。それでこそ「ビートメイカー」なのではないか。これはサンプラーが普及する以前にマーリー・マールが先んじて持っていた発想だったが、サンプラーというテクノロジーを背景にブレイクビーツをキック、スネア、ハットの単音に「チョップ」して自分のリズムパターンで打ち込むのが「ビートメイカーの自我の誕生」とでもいえる出来事だった。具体的に

【図1】

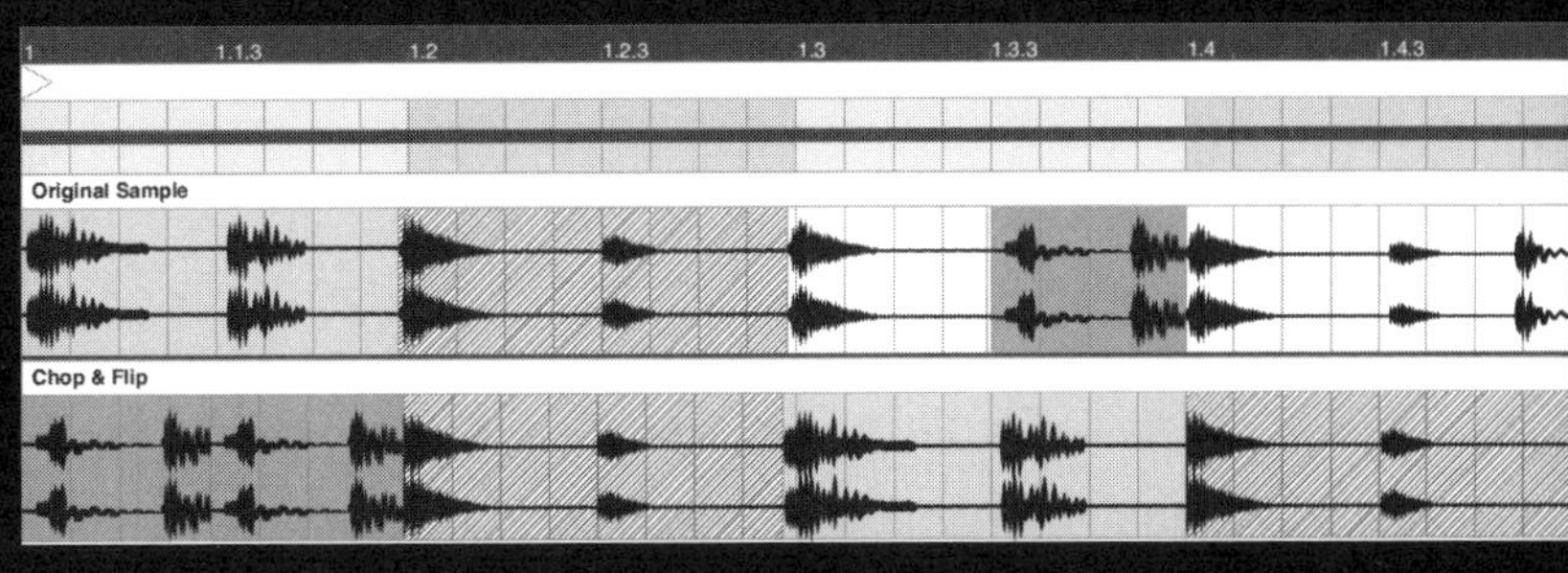

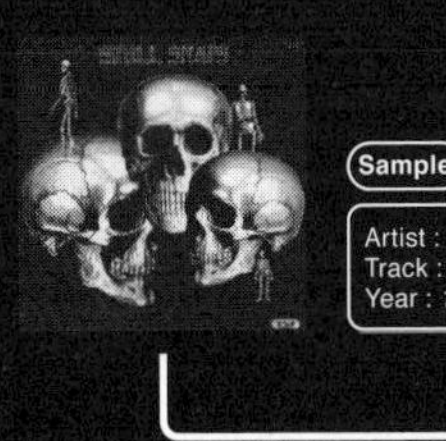

Sample

Artist : *Skull Snaps*
Track : *It's a New Day*
Year : *1973*

Track

Artist : *GANG STARR*
Track : *Take It Personal*
Year : *1992*

は1992~1993年頃の作品から目立ち始め、ATCQのサード『Midnight Marauders』（1993年）が代表的作品とされている。プリモのギャング・スター作品で見ると、1991年の『Step In The Arena』はブレイクビーツまんま使いだが、1992年の『Daily Operation』となると「Take It Personal」のようにブレイクビーツをチョップして並び替える手法のビートが現れる。1994年の『Hard To Earn』ともなると、多くのドラムのキックやスネアのパターンはチョップされMPCのパッドで打ち込み直されている。MPC60IIのスイング設定をするクオンタイズの特徴により、たとえば16分音符で1拍目の直前に置かれるキックがプリモ印の〝ハネ〟ているリズムを表現するわけだ。一般的に「チョップ&フリップ」というとウワネタを指す印象があるが、このようにドラムについても原理は同じだ。ブレイクビーツを切り刻んで独自のリズムパターンを作り上げるというわけだ。

人間が叩いたブレイクビーツそのままではありえないはずのリズムパターンを実現

1980年代にマーリー・マールが、当時のデジタルディレイ機器を用いてドラムのサウンドをサンプリングできることを発見／発明したとき、スネアやキックといったドラムの単音しか打てなかったのは当時のテクノロジーでは長い時間サンプリングすることができなかったからだ。1秒ほどのサンプリングタイムという制約のなかでビート

【図2】

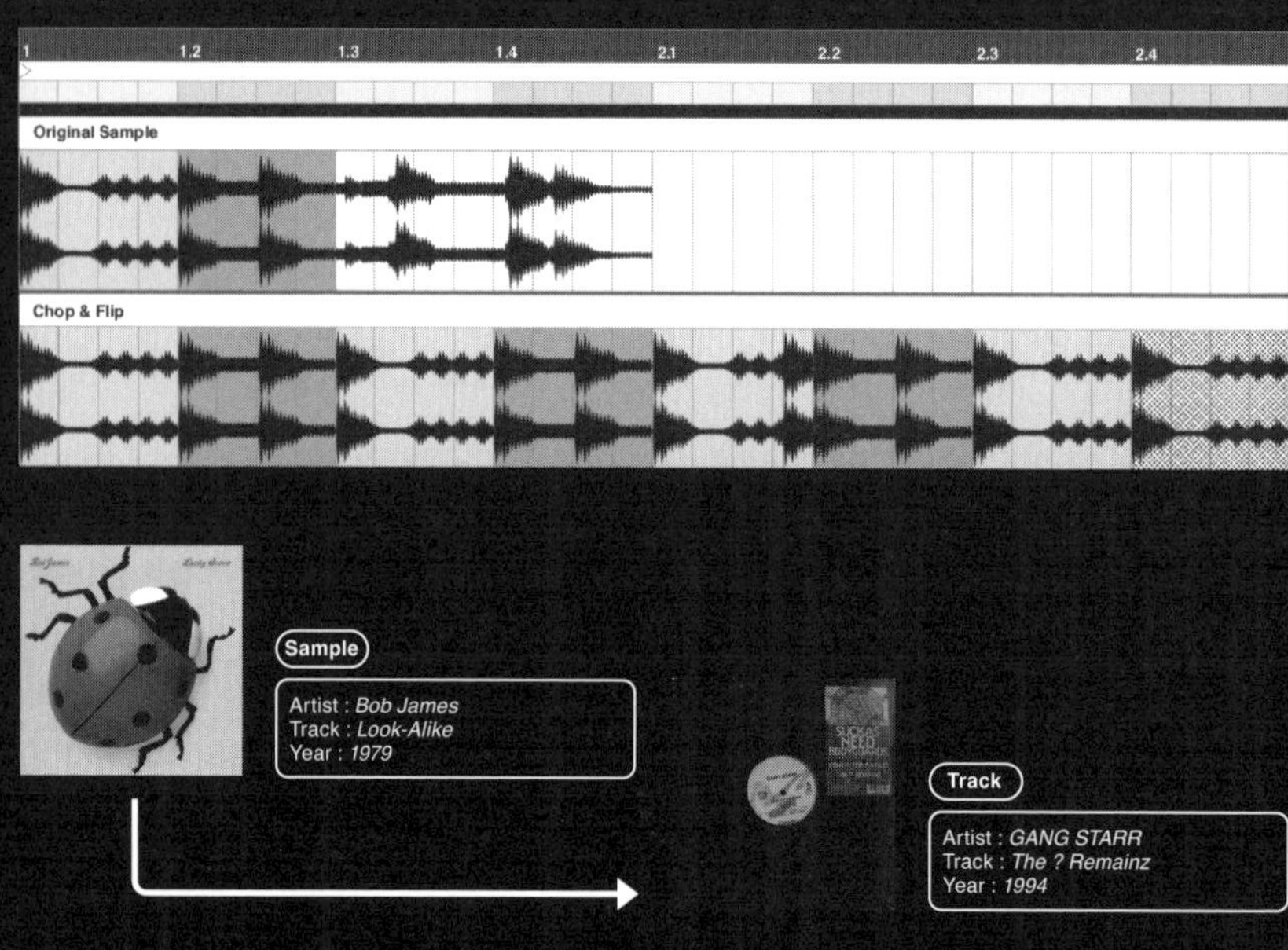

を制作する。ウワネタも、マーリー・マールが手掛けたMCシャン「The Bridge」のサイレンのような逆回転音や、BDPの「South Bronx」のホーンなどいわゆる「スタブ」音と呼ばれるごく短いサウンドが基本だった。だから「チョップ&フリップ」はこの当時への先祖帰りのようでもあるのだが、一旦数小節程度の長いフレーズをMPC60IIやS950でサンプリングしておいてから（MPC60IIのサンプリングタイムは標準で約13秒）、これを切り刻んで各パッドにアサインし、ピッチも調整しつつ、ドラムに合わせてパッドを叩きながら様々な組み合わせパターンを試していく、というのがプリモの手法だ。

ではギャング・スターのアルバムにおいて「チョップ&フリップ」は具体的にどのようにして作品に表れてくるのだろうか。サード『Daily Operation』（1992年）あたりから「Flip The Script」や「B.Y.S.」のようにいわゆるプリモのミニマルなスタイルが聴こえてくるようになるが、先述の「Take It Personal」ではチョップしたドラムの組み換えが見られる。【図1】のように、スカルスナップスの定番ビートを組み換えているが、肝となるのは3拍目後半の2発のキックを冒頭に2回繰り返している点だ。元ネタの時代、70年代のソウルやファンクバンドのドラマーが、1拍目にこのようなイレギュラーなキックのパターンを演奏することは考えづらい。プリモはそれを逆手に取り、人間が叩いたブレイクビーツそのままではありえないはずのリズムパターンを「チョップ&フリップ＝組み換え」によって実現し、この曲のトレードマークにしてしまったというわけだ。

【図3】

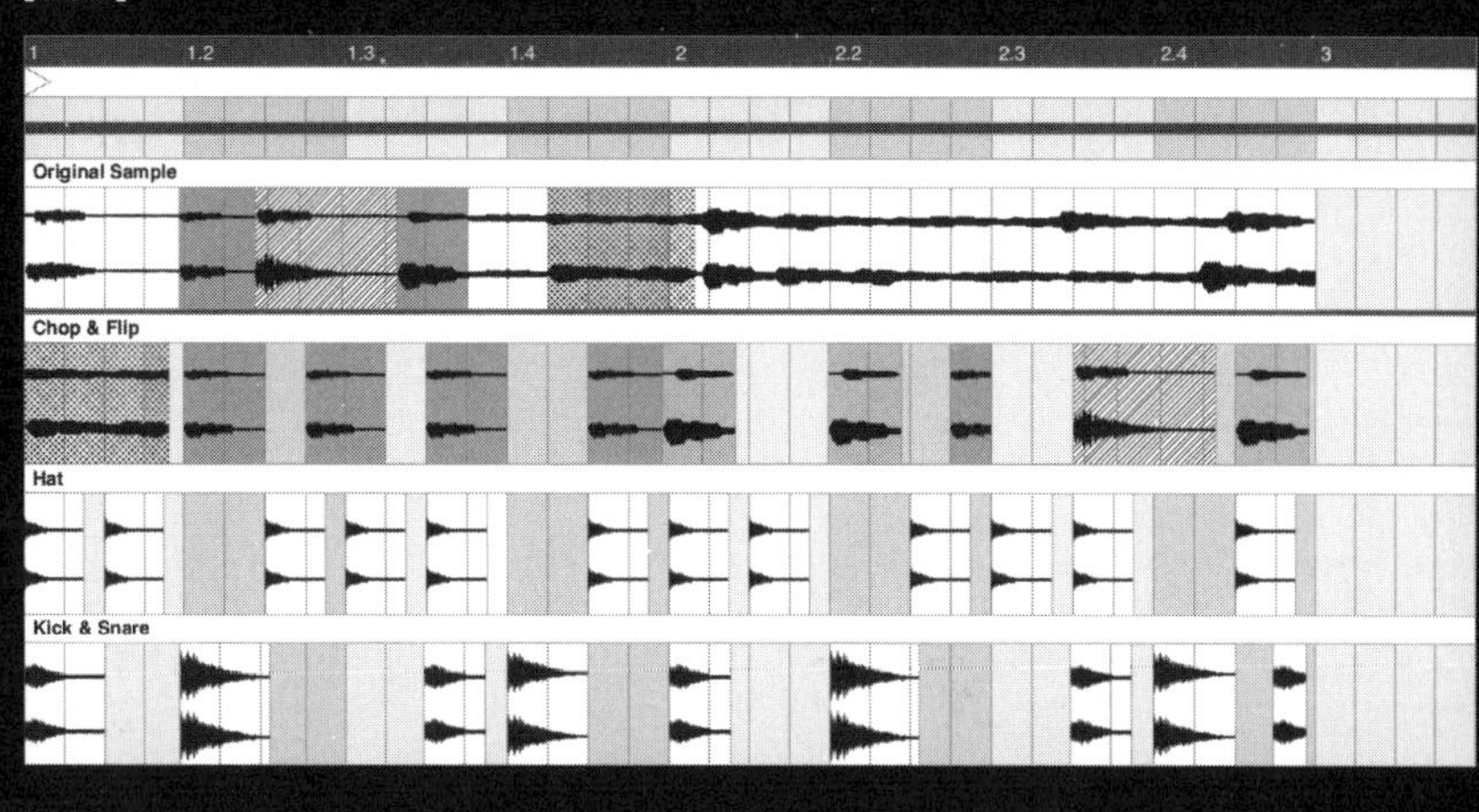

Sample

Artist : *Joe Simon*
Track : *Drowning in the Sea of Love*
Year : *1972*

Track

Artist : *GANG STARR*
Track : *Moment of Truth*
Year : *1997*

制約があったからこそ逆にプリモのクリエイティヴィティは一層引き出され名曲が数多く誕生

次に『Hard To Earn』からのシングルカット「Suckas Need Bodyguards」（1994年）のB面収録の「The ? Remainz」を見てみよう。一聴すると「チョップ&フリップ」を駆使したビートにも聞こえるが、【図2】のようにボブ・ジェイムスの元ネタのピッチを半音上げ、2拍分ワンループしているシンプルなものだ。だが注目したいのは2小節4拍目だ。ここではループしている2拍分の前半の1拍を、ピッチを1音下げてフリップしている。このように、ピッチを上げ下げした断片を組み合わせることで、元ネタとは異なる新たなフレーズを組み上げているという意味で、この曲もプリモの「チョップ&フリップ」の先駆けと言えるだろう。たとえばビギーの「Unbelievable」（1994年）は、短いスタブ音のピッチの上げ下げでヤバいビートを組んでしまう代表例だ。

そして遂にプリモのビート制作の基本姿勢が「チョップ&フリップ」となるアルバムが、『Moments of Truth』（1998年）だ。収録曲の中でも最もラディカルな例として「You Know My Steez」を見てみよう。【図3】の通り、ジョー・サイモン曲の冒頭のギターのフレーズをチョップ、4つの短いサウンドに分割してMPCのパッドに配置し、リズムに合わせてギタリストのように弾いて（フリップして）いる。基本は半音分、原曲からピッチを下げているのだが、1小節目では半音3つ分下げたサウンドを連打し、2小節目の前半は半音ピッチを上げることでフレーズを作り変えている。元ネタのサウンドテクスチャーは引き継いでいるのだから、一聴すればサンプリング元は識別できるはずだが、プリモはまったく別のフレーズを弾き直してしまっている。元ネタのBPMがどうであれ、自分のビートのテンポに強制的に整列させ、打楽器の一部のようなグルーヴを生み出してしまうのだ。

『Moments of Truth』が「チョップ&フリップ」による制作となった背景には、サンプリングクリアランスの問題もあるだろう。収録曲の「Royalty」の最後にプリモ自らが怒りモードで訴えかけているように、当時のプリモはサンプリングの元ネタを暴露されることで権利者からのいくつもの訴訟を抱えていた。プリモはリスペクト精神に基づいたヒップホップの文化を金のために破壊するなと声を荒げているが、「チョップ&フリップ」の多用は、フレーズを細切れにしてピッチも変化させることによって元ネタの特定を防ぐという彼なりの対抗策でもあったのだ。結果、そのような制約があったからこそ逆にプリモのクリエイティヴィティは一層引き出され、「チョップ&フリップ」による名曲が数多く誕生したのだから、これは実にヒップホップ的な出来事でもある。

本来持たざる者の音楽としてのヒップホップが有する「価値転倒」の側面を体現

プリモの「チョップ&フリップ」はビートメイキングの世界になにをもたらしたのだろうか。「神は細部に宿る」と言うが、逆に「細部から神々しい作品を産んでしまう」のがプリモのマジックだ。詳細はディスクレビューを参照してもらいたいが、たとえばナズの「N.Y. State Of Mind pt.II」のビートで、プリモは誰も見向きもしないイージーリスニングのピアノ曲の極々〝細部〟を「チョップ&フリップ」して、恐ろしい緊張感を持ったビートに変えてしまった。これを魔術と言わずして、なんと呼べばいいだろうか。これは本来持たざる者の音楽としてのヒップホップが有する〝価値転倒〟の側面だ。そうしてプリモは、どこまでもヒップホップらしさを体現してみせる。

最後にひとつだけ補足として、「Nas Is Like」（1999年）のようにネタをチョップし、ドラムに合わせる際にベースラインを足す手法にも触れておきたい。良いビートメイカーは、ピート・ロックに代表されるようにベースラインが上手い。プリモ曲には手弾きのベースを足しているケースは決して多くないのだが、ギャング・スターの「B.Y.S.」（1992年）「Moment of Truth」（1998年）「Zonin'」（2003年）、D.I.T.C.「Thick」（1999年）、ナズの「N.Y. State of Mind, Pt.II」（1999年）、アフーラ「Defeat」（2000年）といった例を、そして元ネタに入っているベースラインを見事に活かしている例として、バンピー・ナックルズ「Part of My Life」（2000年）やロイス・ダ・ファイヴナイン「Boom」（2000年）あたりを挙げておこう。これらのベースラインは「チョップ&フリップ」で実験に走るプリモのビートを引き締める、手綱のような役割を担っている。プリモ流の手綱捌きにも、耳を澄ましてみよう。（吉田雅史）

1 9 9 7 - 1 9 9 9
BORN AGAIN
Rakim
The Master
I am...
JAY-Z
FAT JOE
BELLY
GANG STARR
YOU KNOW MY STEEZ
MOMENT OF TRUTH
The Untouchable
ZEEBRA
NECESSARY ROUGHNESS
RAKIM
SYMPHONY 2000
the dirty version

未来のエレクトロニック・ミュージックにも影響を与えたサンプリング・アート

1997年から1999年までの3年間のプレミアの創作と活動はいかなるものだったのか。一筋縄ではいかないこの問いについて考えるときに思い出す言葉がある。それは、ヒップホップが50周年を迎えた2023年にインタビューする機会に恵まれた名著『ヒップホップ・ジェネレーション』(押野素子訳)の著者、ジェフ・チャンの印象的な回想だ。彼はヒップホップ前夜の60年代後半から2001年までの約30年間の歴史を丹念な調査と溢れんばかりの情熱、そしてヒップホップの革命性への理念をもって描き出し、2005年にその原著を出版している。

しかし、そこではプレミアやギャング・スターのみならず、2パックとノトーリアス・B.I.G.(以下、ビギー)の物語もすっぽり抜け落ちていた。もちろん、ジェフ・チャンが西海岸のオークランドからこの音楽文化に参入した背景と、彼のヒップホップと政治という問題意識やライティング・スタイルを考えれば、プレミアについて論じない選択は理解できなくもない。だが、90年代の最も重要な2人のラッパーである2パックとビギーの物語を描かなかったのはなぜだろうか。彼はその問いに対して次のように語った。「あの悲劇によって、世界をより良くできるというヒップホップのアイディアが壊れてしまったと感じ、悲劇の真の意味を理解しようと向き合うまでに何年もかかってしまった」。

1996年に2パックが、1997年にビギーが相次いで銃弾に倒れ、この世を去った悲劇はこの約四半世紀の間に幾度となく語られてきた。厳密には本稿の主題からは外れるその話題をこれ以上広げはしない。が、プレミアが90年代中盤に確立した、鬱な響き、マイナー調の音色を、現状を打開するかのような力強いファンクに変換するサウンド・プロダクションを深化させて数々の名曲を生み出し、本人がギャング・スターの「最も重要なアルバム」と断言する『Moment of Truth』を発表した、ビートメイカーの独創性という点におけるキャリア絶頂期は、ギャングスタ・ラップの暴力の悲劇の記憶が生々しい時代だったことはあらためて確認しておきたい。

2018年に音楽メディア『Rolling Stone』で公開された「DJ Premier: My Life in 15 Songs（DJプレミアが語る、キャリアを代表する15曲）」という記事で、プレミアはこの時期から2曲を選んでいる。そのうちのひとつは、ビギーの死後に発表された2枚組のアルバム『Life After Death』に収録された「Ten Crack Commandments」だ。パフ・ダディが惚れ込んでビートをゲットしたこの曲ではチャック・Dの「1、2、3、4」というカウントがサンプリングされているが、この引用を提案したのはビギーだった。それに対してプレミアは、ドラッグ・ディーラーが成功するための10箇条をラップし、アルコール、ドラッグ、セックスを話題とする曲に自身の声が使われることをチャック・Dは良く思わないはずだと反対する。しかし、ビギーは譲らなかった。案の定ビギーの死後しばらくしてからチャック・Dが無断使用に訴えを起こすが、最終的にプレミアとは和解している。1990年前後に多大な影響を受けた黒人解放の気高い理念を持つチャック・Dに敬意を払いつつ、90年代後半に商業的な成功に邁進したパフ・ダディともビジネスをする。90年代後半のヒップホップの緊張関係と変遷のある局面を象徴するエピソードだろう。ちなみに、この時期から彼が、選んだもう1曲は、ディアンジェロ「DEVIL'S PIE」だ。

ミュージック・コンクレート的なユニークさも指摘されてきたプレミアのプロダクション／サンプリング・アートは時にヒップホップ以外のプロデューサーの大いなるヒントになってきた。そのなかで最も重要なアーティストのひとりは、1982年生まれの電子音楽家、ワンオートリックス・ポイント・ネヴァー（以下、OPN）ことダニエル・ロパティンだろう。ライターのアボかど氏が自身のnoteに公開した「Oneohtrix Point Neverとヒップホップ」という記事でも紹介しているように、10年代を通してアンビエント、ノイズ、ドローンなどを含むエレクトロニック・ミュージックの新しい領域を切り拓いてきたOPNは、レッドブル・ミュージック・アカデミーのインタビューにおいて「僕にとってプレミアは永遠の存在」とまで言っている。さらに、技術的なノウハウや機材さえ持たない高校生の頃に『Moment of Truth』に魅了されていまでも集中して聴いていると語り、そのなかでも「Robin Hood Theory」をフェイバリットに挙げている。プレミアのメロディ・センスやカットの美学、エイリアンのような非対称性が若きダニエル・ロパティンを突き動かしたのだ。実際、後にザ・ウィークエンドのプロデュースでも知られることになる彼が2011年に発表した『Replica』というアルバムの「Sleep Dealer」はプレミアのチョップ&フリップの応用として聴ける。

すなわち、90年代後半のプレミアのプロダクション／サンプリング・アートがなければ、その後のエレクトロニック・ミュージックそのものが異なった歴史を歩んだかもしれないと考えることもできる。ストリートの暴力の悲劇の直後の90年代後半に、プレミアがどのような創造性を発揮していたのかを改めて聴く価値はあるだろう。（二木信）

Artist

The Notorious B.I.G.

ザ・ノトーリアス・ビーアイジー

Track

04. Kick in the Door feat. The Madd Rapper
05. Ten Crack Commandments

Title

Life After Death

1997年：Bad Boy Entertainment
2 × CD, 3 × LP, 2 × Cassette

セカンドにも2曲でがっつりコミット

ファーストに続きセカンドにも2曲でがっつりコミット。「Kick in the Door」はスクリーミング・ジェイ・ホーキンス曲のブラスをループ、8小節目には『禁断の惑星』のサントラのSE音をブッ込む。MPC60のスイング設定が効いたキック位置によるドラムの上でビギーのフロウがハネまくる〝これぞスイング感〟な1曲。「Ten Crack Commandments」は、元々ラジオ局HOT97のアンジー・マルティネスの番組のためにジェルー・ザ・ダマジャがラップしたプロモ曲だったが、ビギーがこのビートでラップしたがっているとパフ・ダディ経由で聞かされ、ジェルーの了承の元で生まれた曲。チャック・Dが数字を数える声ネタも印象的だが、凄いのはレス・マッキャンの鍵盤の単音をスクラッチして構成した上ネタだ。DJイングを活かしたビートは今では本当に稀だが、左手でターンテーブルを、右手でMPCを操るプリモの真骨頂たる1曲だ。（吉田雅史）

Artist

The Lady of Rage

ザ・レディ・オブ・レイジ

Track

Some Shit
Microphone Pon Cok feat. Madd 1

Title

Necessary Roughness

1997年：Death Row Records / Interscope
CD, 2 × LP, Cassette

ジャズ・ファンクをループ

「Some Shit」はシドニー・ポワチェ主演の映画『The Lost Man』OSTからの1970年代のブラックスプロテーションだと一聴判別できサンプリングを使って、「Microphone Pon Cok」はチャールズ・マクファーソンのジャズ・ファンク「Don't Explain」の冒頭をややピッチ・アップしてのループ。どちらもラキムに憧れたレディ・オブ・レイジらしい。デス・ロウ組ですが、クィーンズからの猛者でございます。（荏開津広）

Artist

Buckshot LeFonque

バックショット・ルフォンク

Track

Music Evolution (DJ Premier Version)

Title

Music Evolution

1997年：Columbia
CD, LP, Cassette

2つの曲をチョップ & フリップ

ブランフォード・マルサリスによるジャズ・バンドの96年作「Music Evolution」にはDJプレミア・リミックスが収録されており、テロニアス・モンク「Locomotive」とリック・ウェイクマン「Theme From the Burning」2つの曲をチョップ&フリップし、見事なひとつの楽曲として仕上げた名リミックスだ。ちなみにラップ担当はアップタウン名義で活動していたフィフティ・スタイルによるもの。（DOMO+PoLoGod.）

Artist

Sauce Money

ソース・マネー

Track

Against the Grain

Title

V.A. – Soul in the Hole Soundtrack

1997年：Loud Records / Relativity Records

CD, 2 × LP, Cassotte

ロカフェラ創成期メンバーの初作

サントラ提供曲で、ロカフェラ創成期メンバー、ソース・マネーの実質的デビューをお膳立て。チャールズ・ライト&ザ・ワッツ・103rd・ストリート・リズム・バンドネタの、ユルめのビートに主役の淡々とした語り口が渋い1曲だ。ソース・マネーはジェイ・Zと同じく、プリモとはビッグ・ダディ・ケインのポッセカット「Show & Prove」からの付き合いで寵愛を受けたが、いまいち開花しなかったのは少し残念。(VD_BB)

Artist

Howie B

ハウィー・ビー

Track

Take Your Partner by the Hand (DJ Premier Remix) feat. Robbie Robertson

Title

Take Your Partner by the Hand

1997年：POLYDOR

12", CD Single

これぞプリモ流サッドネス

原曲は『Tuen The Dark Off』収録、7分超えのレディオヘッド的なストーリー性高いロック～ジャズナンバーをヒップホップ調にアレンジしたものがこちら。基本的な構成は踏襲、ジャジーな鍵盤とポエトリーも活かしながら、リズムを強化し悩殺スクラッチで仕上げたプリモならではの華麗なワーク。リズムだけでなくヴォーカルも前景化することで演者の身体がせり出し、泣きの要素が増幅している。これぞプリモ流サッドネス。(つやちゃん)

Artist

O.C.

オーシー

Track

02. My World

03. War Games feat. Organized Konfusion

07. *Win The G feat. Bumpy Knuckles*

10. M.U.G. feat. Freddie Foxxx

Title

Jewelz

1997年：Payday / FFRR

CD, 2 × LP, Cassette

NYのトップ・プロデューサーが全面バックアップ

常に技巧派、リリシストと表現されるOCによる97年セカンド・アルバムはニューヨークのトップ・プロデューサー、DJプレミア、ビートマイナーズ、D.I.T.C.の全面バックアップによりアンダーグラウンドな姿勢を保ちつつ、「Dangerous」の様なパーティーチューンでメインストリームにもアプローチした作品となった。本作でDJプレミアが貢献した作品は4曲。元ネタのバリー・ホワイト「Killer's Lullaby」からは想像ができないほどに再構築された「My World」、ピアノループと抜き差しで存在感をアピールした「War Game」、ドラムブレイクとベースラインのみとシンプルな「Win The G」、ミシェル・ルグラン「The Saddest Thing of All」のフレーズをチョップしメインループに添えた「M.U.G.」と技巧派MCに対してきっちり技巧派なビートを提供した鳥肌物な作品が並んでいる。腰を据えてじっくり聴き込んで聴き込んでもらいたい。(DOMO+PoLoGod.)

2小節2拍目のスネアの直前の一瞬の空白

Artist

Janet Jackson
ジャネット・ジャクソン

Track

B1. Together Again (DJ Premier 100 in a 50 Remix)
B2. Together Again (DJ Premier Just the Bass Vocal)

Title

Together Again

1997年：Virgin
CD-Single, 12", 7", Cassette

90年代中盤のヒップホップ・ソウルの流行を背景に、プリモもいくつか歌モノを手掛ける。本リミックスはアップテンポなハウスのリズムでメジャーキーのメロディが印象的な原曲とはまったく異なり、非常にメランコリックなミドルテンポの楽曲となっている。それもそのはず、プロデューサのジャム&ルイスから2インチリールで送られてきたアカペラは原曲とはまったく別のヴァージョンで、プリモは一から新曲を制作するように取り組んだという。

フィリーソウルのビリー・ポールのストリングスとヴィブラフォンのワンループに手弾きのベース、プリモらしいコンプの効いたドラムというシンプルな構成だが、肝となるのはビリー・ポールのネタのチョップの仕方だ。2小節2拍目のスネアの直前の一瞬の空白。この間はドラムのリズムに合わせるためにサンプルをチョップしたために生じたものだが、この間を埋めずに活かしたプリモの直感よ。偶然性にクリエイティビティは宿る。（吉田雅史）

緊張感と詰まり感のあるループ

Artist

Rakim
ラキム

Track

04. It's Been a Long Time
10. New York (Ya Out There)

Title

The 18th Letter

1997年：Universal Records
CD, 2 × LP, Cassette

ラキムにとって実に5年振りのリリースとなった、ファースト・ソロ・アルバムである本作。DJプレミアが手掛けたのはこのうち2曲。「It's Been a Long Time」はエリック&B.ラキムの「I Know You Got Soul」からサンプリングした、タイトルフレーズのスクラッチが印象的。ここでのラキムはこれまでに経験した苦労と成功を歌っており、プレミアの緊張感と詰まり感のあるループがその言葉に説得力を持たせています。「New York (Ya Out There)」はラキムとプレミアによるニューヨークシティ讃歌。ラキムがヒップホップ誕生の地としての街の様子をラップし、そこに対してプレミアが、お馴染みであるエリックB.&ラキムやジェームス・ブラウン、モブ・ディープ、ビズ・マーキー、映画『ワイルドスタイル』などの複数の音源からニューヨークに向けてシャウトしているヴォーカルサンプルをスクラッチで刻んでいます。両楽曲共に、ラキムのシーン復帰を成功に導いた重要なプレミアワークです。（John）

Artist

Jay-Z

ジェイ・ジー

Track

01. Intro / A Million and One Questions / Rhyme No More
06. Friend or Foe '98

Title

In My Lifetime, Vol. 1

1997年：Roc-A-Fella / Def Jam
CD, 3×LP, Cassette

異なる2曲を接着させて完成させた至高の1曲

前年に衝撃的なデビューを飾ったジェイ・Zのセカンド・アルバム。ストリートと商業的な路線の狭間ギリギリを攻める作品でもある。プレミアは2曲を提供。イントロとしてアルバムの幕を開けるのは、「A Million and One Questions」と「Rhyme No More」という異なる2曲を接着させて完成させた至高の1曲。この構成はジェイ・Z本人のアイデアによるもので、アナログ・テープを使って収録&制作し、実際にテープ部分を切り貼りして2曲を組み合わせたそう。当時、プレミアも気に入っていたというアリーヤ「One In a Million」のヴォーカルが絶妙なスパイスに。「Friend or For '98」は前作からの続編で、引き続きプレミアがビートを担当している。最後、ジェイ・Zのリリックの中にはザ・ノトーリアス・B.I.G.「Unbelievable」への言及が。言わずもがな、こちらもプレミアが手掛けたマスターピース。当時はすでにビギー亡き後。ジェイ・Zによる粋なワードプレイだ。（渡辺志保）

Artist

Zeebra

ジブラ

Track

マイクの刺客 / The Untouchable

Title

The Untouchable

1997年：NEXT LEVEL RECORDINGS / FILE RECORDS
12"

気概と理想を歌うリリシズムと見事に合致

ファイル・レコード内のヒップホップ部門＝ネクスト・レヴェルが企画した日本のラッパーと当時一世を風靡していたアメリカのプロデューサーの共作の中の1曲。この曲とA面のライムスター×バックワイルドから成る本作の他に、リノ×ビートマイナーズ「回帰線」とマイクロフォン・ペイジャー×ショウビズ「鬼哭啾啾」の両A面の12インチがあり、背景には前年の『さんピンCAMP』の成功と国内のアンダーグラウンドの活況があったと考えられる。当人も『ZEEBRA自伝』でシーンの顔役として期待される中でこの曲を「やらせてもらったことは大きかった」「励みになった」と書いている。ビリー・ホリデイの楽曲のマイナー調のピアノと跳ねるファンク・ビートの結合は、都会の雑踏の中で抱える葛藤を乗り越え、日本の主流社会に己とヒップホップを認めさせるという気概と理想を歌うリリシズムと見事に合致した。その後コンピレーション『Next Level Vol.1』（2000年）に収録。（二木信）

Artist

Jeru the Damaja

ジェルー・ザ・ダマジャ

Track

Me, Not the Paper (Remix Dirty)

Title

Me or the Papes

1997年：Payday
12", CD-Single, Cassette

原曲と比べダーティーな仕上がり

ジェルー・ザ・ダマジャのプリモがプロデュースした2作目『Wrath Of The Math』に収録された「Me, Not the Paper」のリミックス・ヴァージョン。アルバム収録の軽やかなグルーヴを持った原曲と比べて、煙たくダーティーなビートに仕上がっている。ピアノのループもまったく別の表情だ。また、ビートだけでなくリリックも差し換えられているのだが、ストリートの痛みと信念の滲むリミックスの方が個人的には好み。（高久大輝）

Artist

Gang Starr

ギャング・スター

Track

So Wassup?! (Down & Dirty Version)

Title

You Know My Steez

1997年：Noo Trybe Records / Virgin Records
12", CD-Single, Cassette

ドラマチックな鍵盤とシンセ音

『Moment Of Truth』からの大人気シングル「You Know My Steez」のB面に収録したら、こっちも予想以上に人気が出た、とプレミア自身が語っていた「So Wassup?!」。シグネチャーとも言えるキック音に重なるドラマチックな鍵盤とシンセ音が、シンプルながらもドラマチックに楽曲を盛り上げる。当時はシングルにのみ収録されていたが、後に活動10周年記念版『Full Clip: A Decade of Gang Starr』に収録された。（渡辺志保）

緊張感溢れるビートはまさにプリモマジック

もともと『Hard To Earn』に収録予定だったギャング・スターの「Doe in Advance」は、オハイオ・プレイヤーズの1小節分の元ネタにドラムを補強的に加えただけのほぼワンループのみで構築。にもかかわらず、原曲の爽やかなソウルは雲散霧消し緊張感溢れるビートなのはまさにプリモマジック。対するモブ・ディープのファーストのアウトテイク「Cop Hell」は、4ビートジャズのフリーキーなサックスとウッドベースに、ファット・ラリーズ・バンドのブレイクビーツの組み合わせ。若かりし頃のプロディジーとハヴォックがハードなニュースクールノリで、タイトル通り過激なラインをまくし立てる。当時、ピート・ロックのように、フックでホーンをディレイで飛ばす手法が流行っていたが、ボムスクワッド的なこのフリーキートーンがプリモのアンサーのようにも。オリジナルであることを志すプリモのスタンスが透けてみえるよう。（吉田雅史）

Artist

Gang Starr / Mobb Deep

ギャング・スター／モブ・ディープ

Track

A1. Doe in Advance (Main Mix)
B1. Cop Hell (Main Mix)

Title

Doe in Advance / Cop Hell 12"

1997年：Not On Label
12" White

1997-1999

Artist

M.O.P.

エム・オー・ピー

Track

02. Breakin' the Rules
08. I Luv feat. Freddie Foxxx
09. Salute Part II feat. Gang Starr
11. Handle Ur Bizness (DJ Premier Remix)
14. Downtown Swinga '98

Title

First Family 4 Life

1998年 : Relativity
CD, 2×LP, Cassette

プレミア自身が初めてラップを披露

M.O.P.のサード・アルバムでは4曲をプレミアがプロデュース。ちなみにM.O.P.がプロデュースした「Down 4 Whateva」ではスクラッチも担当し、単曲仕事以外にもエグゼクティヴ・プロデューサーも務めている。「Breakin' the Rules」はプレミア自身が初めてラップを披露したレアな1曲であり、フレディ・フォックスを迎えてラップ愛をスピットする「I Luv」はジェームス・ブラウン「Get on the Good Foot」の声ネタを用いたビートを展開している。「Salute Part II」はグールーと共にギャング・スター名義で参加。グールーのラップで幕を開ける泣きの1曲で、印象的なリフ部分はメル&ティム「Keep The Faith」から。「Handle Ur Bizness (DJ Premier Remix)」はもともと本アルバムに先駆けてリリースされたEP収録のリミックス・ヴァージョン。そして「Downtown Swinga '98」は既発同名曲のアップデート版(3度目)!(渡辺志保)

Artist

Jermaine Dupri

ジャーメイン・デュプリ

Track

Protectors of 1472 feat. Snoop Dogg, Warren G and R.O.C.

Title

Life in 1472

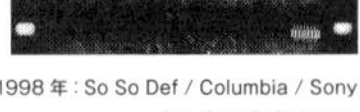

1998年 : So So Def / Columbia / Sony
CD, 2×LP, Cassette

最後の1小節に別ネタをブッ込む

一時はディディのバッドボーイ・エンターテイメントと並ぶほどのソー・ソー・デフの成功を牽引したアトランタのジャーメイン・デュプリが東のプリモと西のラッパー勢を迎えた三国同盟シット。定番ブレイクの「Blind Alley」にブルー・マジック曲のストリングスとハープのネタを合わせているが、プリモらしいのは一時期の得意技、2小節ループを3回半、最後の1小節に別のネタをブッ込む手法による異化効果だ。(吉田雅史)

Artist

Nut Nut

ナット・ナット

Track

Nut Nut Mix Show

Title

Nut Nut Mix Show

1997年 : Freeze Records
12"

展開モノ好きにはたまらない逸品

本作同様プレミア絡みで知られるロウコティックスやニーク・ザ・エクソティックなど、渋すぎる12インチのリリースで好事家にはお馴染み、トッド・テリーがオーナーを務めるフリーズ・レコーズよりリリースした唯一のEP。「Hands In The Air」は、ナズ「Represent」を彷彿させるメイン・ループから、ピアノ・リフが特徴的なフックへガラリと展開する佳曲で、世に多く存在するであろう(?)展開モノ好きにはたまらない逸品。(橋本修)

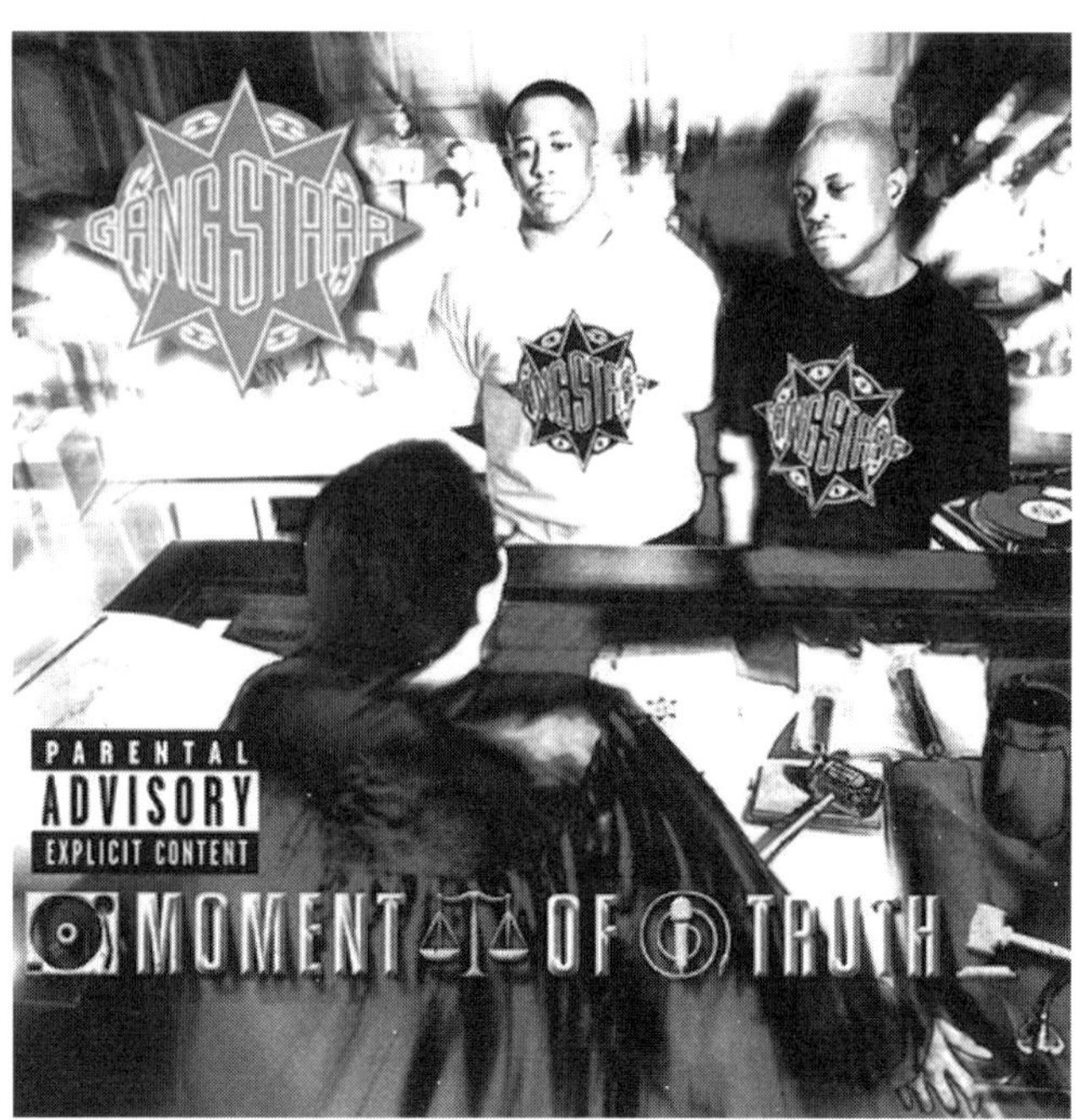

ギャング・スターにおいて最も重要なアルバム

Artist

Gang Starr

ギャング・スター

Track

01. You Know My Steez
02. Robbin Hood Theory
03. Work
04. Royalty feat. K-Ci & JoJo
05. Above The Clouds feat. Inspectah Deck
06. JFK 2 LAX
07. It's A Set Up feat. Hannibal
08. Moment Of Truth
09. B.I. Vs Friendship feat. M.O.P.
10. The Militia feat. Big Shug, Freddie Foxxx
11. The Rep Grows Bigga
12. What I'm Here 4
13. She Knowz What She Wantz
14. New York Strait Talk
15. My Advice 2 You
16. Make 'Em Pay feat. Krumb Snatcha
17. The Mall feat. G-Dep, Shiggy Sha
18. Betrayal feat. Scarface
19. Next Time
20. In Memory Of...

Title

Moment of Truth

1998年：Noo Trybe Records / Virgin
CD, 3×LP, Cassette

1998年はヒップホップの転換の年だったという仮説は成り立つかもしれない。例えば、それまでの価値観やスタイルを刷新、あるいは否定した次のような重要作が出ている。ヒップホップ・フェミニズムの新しい地平を切り拓いたローリン・ヒル『The Miseducation of Lauryn Hill』、南部への冷遇を濃厚なファンクとサザン・ソウルで覆したアウトキャスト『Aquemini』(『The Source』の5本マイクを獲得)、2パックとノトーリアス・B.I.G.の暴力の悲劇を連帯で超克しようとしたブラック・スター『Mos Def & Talib Kweli Are Black Star』、その後のソウルクエリアンズのプロダクションを準備したア・トライブ・コールド・クエスト『The Love Movement』、ジェイ・Zが初めてビルボード・チャートで1位を獲得した『Vol. 2... Hard Knock Life』(冒頭曲はプレミアのプロデュース)などだ。

そんな〝転換の年〟に90年代の〝東海岸ヒップホップの良心〟を象徴する存在であったギャング・スターの通算5作目はリリースされ、グループ史上初のゴールド・ディスクとなった。プレミアはそれから約20年が経った２０１７年にジャーナリスト、ロブ・マークマンとおこなった対談や、『Wax Poetics』のインタビューにおいて、本作が「ギャング・スターにおいて最も重要な（大切な）アルバムだ」と断言している。

彼らが商業的成功を摑んだことは重要であっただろうし、言うまでもなく、一部でチョップ&フリップと呼ばれたプレミアのプロダクションの完成形と言える3曲のシングルが収録されたことも大きい。

ジョー・サイモンの楽曲の温もりのあるギターを自らカッティングするように組み替え、グランドマスター・フラッシュ&ザ・フューリアス・ファイヴ「Flash It To The Beat」の重厚なブレイクビーツの引用でオールドスクールへの敬意を示してスタイルを哲学する「You Know My Steez」。さらに、R&Bデュオのケー・シー&ジョジョを客演に迎えながらもポップ・ソングを拒絶し、土臭いスロウ・ファンクのエレクトリック・ピアノの一瞬を音響の美と捉えて拡張した「Royalty」。そして、数多くのカヴァーがあるスタンダード「Windmills of Your Mind」のソウル・カヴァーと、60年代後半のアメリカのTVで放映されたゴシップ・ソープ・オペラのおどろおどろしい効果音を用いつつ、フレディ・フォックスとビッグ・シュグとのファンクネスを湛えたハードコアなマイク・リレーに仕立てた「The Militia」。この3曲の意表を突いた創造性はあまりにもスペシャルで非の打ちどころがない。しかし、どれほど素晴らしい3曲でも、それだけで20曲入りの1時間18分に及ぶ音楽作品を傑作にすることはできない。

プレミアが「最も大切なアルバム」と言うのは、彼と相棒のグールーにとって本作が非常にパーソナルな作品でもあるからだ。というのも、グールーは制作当時、のっぴきならない複数の問題を抱えていた。ひとつは酷いアルコール依存症だ。それはプレミアを激しく罵倒するほどで両者の関係を悪化させ、プレミアはギャング・スターを一時脱退している。さらに、グールーは銃の所持で逮捕され、5年もの懲役刑を受ける可能性があった。ジャケットで２人が裁判官の前に立っているのはそうした深刻な裁判を抱えていたからだった。しかも、２人の身の回りでは死が相次いでいた。プレミアは収監の恐怖に怯える相棒の心情をよく理解していたし、弁護士からの説得もあり、グループに復帰して制作を再開、アルバムを完成させることになる。

「JFK 2 LAX」（「ジョン・F・ケネディ国際空港からロサンゼルス国際空港まで」の意）では空港での逮捕の経緯と同時にアフリカ系アメリカ人を不当に扱う刑事司法制度への憤りが綴られ、イントロでは動揺したグールーの実際のヴォイス・メールが使われた。そして彼が勝訴したのちに書かれたのが表題曲だった。グールーは、フィリー・ソウルの名プロデューサー・コンビ、ギャンブル&ハフが手掛けたビリー・ポール「Let's Fall in Love All Over」の美しいストリングスをループしたシンプルな楽曲のセカンド・ヴァースで収監の恐怖を生々しく歌った。こうして「最も大切なアルバム」のタイトルは〝真実の瞬間〟となった。

このように両者の人生経験が直接的に反映された楽曲の多くは華やかさよりも静謐さが優先され、プレミアのビートやループはグールーのフロウに寄り添うようにシンプルだ。すなわちエモーショナルで、内省的で、スピリチュアルで、人生の教訓に溢れた作品だ。グールーは、プレミアがお気に入りに挙げる「Robbin Hood Theory」では貧しい人々への富の分配に言及し、「B.I. vs Friendship」ではビジネスと友情の違いを見極める大切さを説いた。現在から振り返れば、こうしたストリートの掟（Code of the Streets）を実直に伝えようとする作風は、２０００年を目前にした転換期における、90年代の〝東海岸ヒップホップの良心〟を総括する試みだったと解釈できるかもしれない。（二木信）

Artist

Jay-Z

ジェイ・ジー

Track

A Million and One Questions (Premier Remix)

Title

A Million and One Questions 12"

1998年：Roc-A-Fella Records
12"

ビート・スイッチの先駆け

これぞB面クラシック！『In My Life Time, Vol.1』の冒頭を飾る、ラティモア「Let Me Go」のイントロ使いの名曲を自らの手でリミックスしたヴァージョン。今曲のポイントはなんと言ってもサード・ヴァース突入と共に大転換し、突如シリアスなムードへと一変させるところ。今でこそビート・スイッチは当たり前の手法にまでなったが、本盤のリリースは1998年。この大胆なアイディアもプリモの大きな魅力だ。（二宮慶介）

Artist

Gang Starr

ギャング・スター

Track

You Knoe My Steez (Three Men And A Lady Remix) feat. The Lady of Rage & Kurupt)

Title

The Militia 12"

1998年：Noo Trybe Records
12"

原曲と微妙に異なる改変作

5作目『Moment of Truth』収録の言わずと知れた名曲に、デス・ロウ所属のザ・レディ・オブ・レイジとクラプトが新たに参加したリミックス楽曲で、ヴァイナル・カット。オリジナル同様、ジョー・サイモン「Drowing in the Sea of Love」をサンプリングしたトラックではあるものの、フレーズを微妙にフリップし直したこのバージョンでは、MC陣3者3様のスキルが楽しめる。後にベスト盤にも収録された。（高橋圭太）

Artist

N'Dea Davenport

エンディア・ダヴェンポート

Track

Bring It On (Premier & Guru Mix) feat. Guru

Title

Bring It On

1998年：V2
2×12"

プリモ流ヒップホップ・ネオソウル

ブラン・ニュー・ヘヴィーズの初代歌姫の処女作からのシングルで、『Jazzmatazz』での客演の縁もあり、ギャング・スター総出でリミックス。派手な着せ替えはせず、ネオ・ソウルのオーガニックな肌触りは残したままドラムのアタックを強くしてヒップホップのグルーヴに寄せた、素材の良さを活かした仕上がりは絶品なのだが、いかんせんイントロが短く使いずらい。US盤はインスト収録の2枚組なので、DJ諸氏は必ずUS盤を手に入れるように。（#3F）

Artist

Paula Perry

ポーラ・ペリー

Track

Extra, Extra!! (LP Version) feat. Nikki D and Que 45

Title

Extra, Extra!!

1998年：Motown/ Sony
12", CD-Single, Cassette

一瞬のフレーズをフリップし調理

プリモの裏クラシックたる1曲。マスタ・エース・インコーポレイテッドの作品参加からキャリアを開始したブルックリン出身の彼女のフロウを引き立たせるのは、ハーヴィー・メイソン曲のエレピとベースの一瞬のフレーズをフリップした一聴してスカスカのミニマルビートで、下降するベースラインによって見事に4小節がワンセットのループとなるプリモマジック。ちなみにPUNPEEのフェイバリット・プリモワークのひとつ。（吉田雅史）

Artist

Funkmaster Flex

ファンクマスター・フレックス

Track

Freestyle by Gang Starr

Title

The Mix Tape Volume III 60 Minutes Of Funk (The Final Chapter)

1998年：Loud
CD, 2×LP, Cassette

グールーが短いヴァースをかます

ファンクマスター・フレックスの公式ミックステープアルバムの第3弾で、超豪華メンツと共に召集。ほとんどドラムとベースのみの簡素なビートのうえでグールーが短いヴァースをかます即席ジョイントだが、プリモワークとしての聴きどころは得意の声ネタスクラッチ。「Royalty」のグールーやレッドマン（多分）が「ファンクマスター・フレックス」とライムしている箇所と、ナズの「フレックス」の単語をコラージュ。（吉田雅史）

Artist

Krumbsnatcha

クラムスナッチャ

Track

Closer to God

Title

Snatcha Season Pt.1

1998年：M.I.A. Recording Corp.
CD, LP, Cassette

声ネタチョイスのセンスとユーモア

パンッと抜けるスネアの鳴り、複雑なチョップから生み出された上モノの浮遊感とグルーヴはまさにプリモ印。銃撃されて死にかけた経験をラップしたこの曲に、プロディジー（モブ・ディープ「Shook Ones Pt. II」）、ラキム（エリックB.&ラキム「Eric B. Is President」）、スヌープ・ドッグ（「Murder Was the Case」）の豪華な声ネタで物語を紡ぐセンスにも脱帽。ギャング・スター・ファウンデーションスターの元メンバー。（宮崎敬太）

Artist

Jay-Z

ジェイ・ジー

Track

Intro - Hand It Down feat. Memphis Bleek

Title

Vol. 2... Hard Knock Life

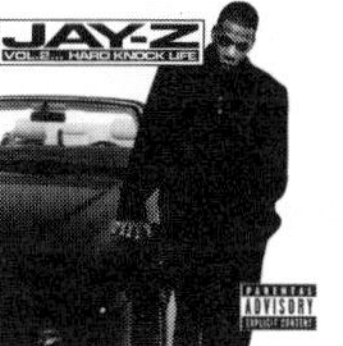

1998年：Rock-A-Fella
CD, 2×LP, Cassette

3つのサンプルがぶつかりあう

ジェイ・Zの2作目と同様、ペイン・イン・ジ・アスが1993年米公開の映画『カリートの道』で、主役（アル・パチーノ）の台詞を真似るこの3作目『Vol. 2...Hard Knock Life』のイントロもプリモが制作。チョップされたフォー・トップス「Are You Man Enough」のイントロ、「Who You Wit」でのジェイ・Z、「Coming of Age」でのメンフィス・ブリーク、これら3つのサンプルがぶつかりあうようにして始まる。（小林雅明）

Artist

Fat Joe

ファット・ジョー

Track

Dat Gangsta Shit

Title

Don Cartagena

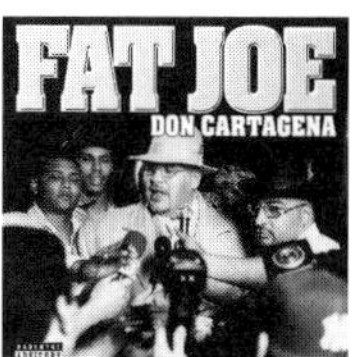

1998年：Loud
CD, 2×LP, Cassette

超絶ミニマル・ヒップホップ

シングル・カットもされた「Bet Ya Man Can't (Triz)」のサイドBに収録のDJプレミア、プロデュース曲「Dat Gangsta Shit」はドラマチックスの僅かな1音を使った超絶ミニマル・ヒップホップとなっており、ファット・ジョーもギャングスタとラッパーのライフスタイルを賛美したラップを聴かせてくれる。ストリートとメインストリームの狭間の様な印象のアルバムだが1998年を見事に象徴した作品となっている。（DOMO+PoLoGod.）

Artist

Various Artists

ヴァリアス・アーティスツ

Track

02. Devil's Pie (by D'Angelo)
13. Militia Remix (by Gang Starr)

Title

Belly OST

2014年：Def Jam
CD, 2 × LP, Cassette

天才たちの視点が一致したときに生まれるマジック

超人気MV監督、ハイプ・ウィリアムズが映画監督デビューを果たした話題作のOST。銀幕でのDMXの天性の輝き、ナズとTLCのT・ボズによる歴史的棒演技の両方でびっくりしたが、ブラック・コミュニティでは大ヒットした。ジャマイカのシーンがあり、ブレイク前のショーン・ポールとDMX、ビーフ前のジャ・ルールとDMX、ナズ、メソッド・マンなどおもしろい組み合わせも。ギャングスターはフレディ・フォックスとビッグ・シュグで放った名曲「Militia」のリミックスに西のWCとラキム神を招く贅沢ぶり。前のめりな原曲より地味だが、「民兵」をテーマにしたライムの応酬が凄まじい。1995年『Brown Sugar』のヒットで時の人であったディアンジェロとプレミアが組んだ「Devil's Pie」は衝撃だった。ヒップホップ仕様のトラックに、金銭主義に傾いていたヒップホップ・ゲームに牽制をかけるリリック。天才たちの視点が一致した時に生まれるマジックが宿っている。（池城美菜子）

Artist

Queen Latifah

クィーン・ラティファ

Track

Wrath of My Madness (DJ Premier Remix)

Title

V.A. - Tommy Boy's Greatest Beats 1981 – 1996

1998年：Tommy Boy
5 × CD

ラガ調フロウを隙間の多いビート

クイーン・ラティファはエンパワメントを打ち出したフィメール・ラッパーの先駆者で、00年代初頭にはアカデミー賞助演女優賞にノミネートされた。彼女が1989年に発表したファースト『All Hail the Queen』収録の、ザ・45・キング（2023年に他界）がプロデュースした楽曲をリミックス。フックでラガ調になるフロウを隙間の多いビートで引き立て、スクラッチではオールドスクールへの敬意を示す。（二木信）

Artist

Brand Nubian

ブランド・ヌビアン

Track

The Return

Title

Foundation

1998年：Arista / BMG
CD, 2× LP, Cassette

怪しげかつソウルフルなトラック

ニュースクール・ムーブメントを牽引するラッパーの一組でもあったブランド・ヌビアン、4枚目のアルバム『Foundation』。社会的意識の高いラップで人気が高かった一方、メンバーのビートに対するフロー作りの上手さも特徴的。そんなフローとぴったりハマったのが、ジョージ・マックレーの「The Rub」をサンプリングした「The Return」のクセになる、怪しげかつソウルフルなトラックである。（MINO-RI）

Artist

Cheyenne

シャイエン

Track

Feel My Love (DJ Premier Remix)

Title

Feel My Love

1998年：FILE
12", CD Single

今井了介プロデュース曲

日本のR&Bシンガーのシャイエンが、ダブル「Shake」による大ブレイク前夜の今井了介プロデュースの下で発表した音源。J・ポップの匂いが漂うリミックスは、プレミアいわく「曲調、声、様々なことを考えた結果」とのこと。ミレニアム前夜におけるジャパニーズR&Bシーンの勢いを実感させられる1枚。ちなみに彼女が同時期に出したシングルには、マーリー・マールやダ・ビートマイナーズなどが参加していたりも。(吉田大)

Artist

All City

オール・シティ

Track

Metropolis Gold

Title

The Actual

1998年：MCA Records
CD, 2 × LP, Cassette

骨太ドラムと隙間のあるループ

NYのラップデュオ、オール・シティによる現時点で唯一のアルバムからのサード・シングル。オニクス周辺で活動するデュオながら熱さよりもタイトさが際立つ2人のラップの魅力を、プリモは骨太ドラムと隙間のあるループで引き出している。転がるようなタムの使い方も癖になる。フックはプリモらしい声ネタを使ったもの。セカンド・ヴァースの締めでのフックのラインを引用してそのままフックに移行する流れがハイライト。(アボかど)

Artist

Limp Bizkit

リンプ・ビズキット

Track

N 2 Gether Now feat. Method Man

Title

Significant Other

1999年：Interscope Records
CD, 2 × LP, Cassette

ロックキッズをラップ畑へといざなう道を作った

コーンに見出されニュー・メタル勢の代表格として一世を風靡したリンプ。フレッド・ダーストの振る舞いを中心に拒否反応も大きかったが、ロックキッズをラップ畑へといざなう道を作った功績は大きい。彼らのセカンドである本アルバムの中でも、本曲はDJプレミアとメソッド・マンが参加した最もヒップホップらしいナンバー。フランスのハープ奏者であるアニー・シャランの「Sonate No.2 en Do Mineur:Allegro Maestoso」がサンプリングされており、ミクスチャーな勢いで攻めるアルバムの中で哀愁漂う静謐な構成で変化を生んでいる。メインのメロディはDJリーサルが作っていて、プリモはそこにベースとドラムを乗せたとのこと。メソッド・マンが参加することが決まっていたから自分も参加した、というプリモはリンプを「単なるポップ・ロックのグループ」と形容するが、そのアルバムの中にあって、きちんとしたヒップホップ曲を正しく放り込む彼の誠実さが垣間見える。(つやちゃん)

Artist

Nas

ナズ

Track

01. Album Intro

02. N.Y. State of Mind Pt. II

13. Nas Is Like

Title

I Am...

1999年：Columbia
CD, 2×LP, Cassette

ハード路線を示すために必要としたプリモのビート

問答無用のクラシックのファースト、間口を広げたセカンドに続く1999年リリースのサード・アルバム。売れ線に走ったとの批判もあったセカンドを受けて、ハード路線を示すためにナズが必要としたのはやはりプリモのビートだった。「N.Y. State of Mind, Pt.II」はパート1と同じドナルド・バードのSEから始まるが、驚愕はメインのピアノループだ。元ネタは、喫茶店のモーニング時に流れるようなリチャード・クレイダーマンの爽やかなピアノ演奏なのだ。まずこの曲を聴いて、サンプリングしようと思えるビートメイカーが一体どれだけいるだろうか？　明らかに使えなさそうな曲をピンポイントでチョップ、ピッチを変化させベースラインを足すことでパート1同様の緊張感溢れるサウンドトラックを構築するプリモマジックよ。

もう1曲の「Nas Is Like」も説明不要のクラシック。まずドラムと鳥の鳴き声で構成されるイントロが秀逸だ。サウンドライブラリーのレコードからサンプリングされた鳥の鳴き声のループは、彼が時折見せるプリモ・アンビエントとでも呼ぶべき斬新な手法だが、ループに加えてパーカッションの一部のように裏拍中心のリズムで打ち込まれているサウンドも白眉。やがてストリングス&ハープのメインループが登場するが、チョップしたネタをドラムのリズムに合わせて配置することで生じてしまう"間"（具体的には1小節2拍目のスネアの後）とベースラインによる偶然性を活かしたグルーヴが見事。ハードなドラムに並走する上ネタで印象に残るポップさを同時に表現できるプリモの手腕が発揮された1曲だ。（吉田雅史）

Artist

Charli Baltimore

チャーリー・ボルティモア

Track

Everybody Wanna Know

Title

Cold As Ice

1999年 : Untertainmant Records / Epic
CD

いわく作品で光る〝陽〟のワークス

〝ビギー晩年の愛人〟として紹介されることの多いフィメール・ラッパーが、99年に発表を試みるも発売元とのトラブルでプロモ盤のみの流通となったいわく付きのデビュー・アルバム。そこからの先行カットで、同時期公開のコメディ映画『Trippin'』のサントラにも使用された本曲は、チャーリーのカラッとしたセルフ・ボーストとプリモのライト・サイドの仕事がいい塩梅。フックではビギーの声もしっかり引用されている。(高橋圭太)

Artist

Group Home

グループ・ホーム

Track

The Legacy feat. Guru

Title

A Tear for the Ghetto

1999年 : Replay Records
CD, 2 × LP, Cassette

ソウル使いファンキーに仕立てた

デビュー作から一転して、このセカンドではプリモプロデュース曲はわずか1曲のみ。ソウル歌手、クラレンス・カーターの「Just One More Day」をサンプリングしアクセントを作りながら、ファンキーなビートに。〝Born royal blood, The Legacy we trend-setters〟と誇るグールーはもちろん、リル・ダップのラップも冴えており、このメンバーのコンビネーションがいかに良いかを物語っている。本アルバムを代表する1曲。(つやちゃん)

Artist

Truck

トラック

Track

Breaker One (Dirty Version) / Bring It To The Cypher (Dirty Version) feat. KRS-One

Title

Breaker One

1999年 : Jive
12"

この時期のシグネチャーサウンド

ブッとい声質のラップがいかにもプリモ的だが、ビートもこの時期の彼のシグネチャーサウンドたるブッといドラム中心。シーザー・フレイザー曲のピアノとストリングスをチョップしたウワモノは、元ネタのベースラインを起点に構成する得意のパターン。B面も不穏なストリングスに速めのBPMでヘドバン必死で、トラックのキレの良いスタッカートフロウに触発されたKRS・ワンのラガ調フロウは混ぜるな危険のアツさ!(吉田雅史)

Artist

Truck Turner

トラック・ターナー

Track

Who Am I

Title

Symphony 2000 / Who Am I

1999年 : Jive
12", CD Single, Cassette

極太ベースラインで牽引する1曲

サウスブロンクス出身のラッパーのデビュー作。マーリー・マールの「The Symphony」をリメイクで、かつ御大自らがプロデュースしたA面「Symphony 2000」の裏でプリモの仕事が光る。極太いベースラインでグイグイ牽引するビートに、ターナーの低音ラップが絡み合うザッツニューヨークなトラック。最小で最大を生み出すプリモのビート哲学と、刀のように鋭いスクラッチは聴けば聴くほどにのめり込んでしまう。(宮崎敬太)

ラッパーとは何か、ラップとは何かが刻印

Artist

Rakim

ラキム

Track

03. When I B on the Mic
16. Waiting for the World to End

Title

The Master

1999年：Universal Records
CD, 2×LP, Cassette

ラキムとプリモの曲には、ラッパーとは何か、ラップとは何かが刻印されている。押韻であること文学の詩文と共通するが、その世界の価値観が異なる。リリックを支え際立たせるプリモのトラックがヒップホップの本質と結びつきを強く響かせる由縁は、例えば「When I B on the Mic」のMPCライブのパーカッシブな感覚をトラックに保存しようとしたアーティスティックスのヴォーカル・サンプルからの構築の構造にある。本作の前年に発表された「You Know My Steez」ですでに行われていたのはもちろんサンプルの実験でもあるが、ヒップホップをそれまでのポップ音楽との分水領となった響きの要のひとつ、フラッシュ以来のドラム・マシーンのビートのアップデートの試みともとれる。旋律ではなく、非音楽的とされる要素での音楽の創造という点で「Waiting for the World to End」のブラッドストーンの扱いに通じる。この頃のプリモのトラックには驚きが絶えない。(荏開津広)

Artist

Brandy

ブランディー

Track

Almost Doesn't Count (DJ Premier Mix)

Title

U Don't Know Me (Like U Used To) - The Remix EP

1999年：Atlantic
12", CD Single

職人技で仕立て直したリミックス

ブランディーは、駆け出し時代のブルーノ・マーズや元カニエをいち早く起用するセンスの持ち主。「Boy is Mine」が国際的ヒットとなったセカンド、『Never Say Never』のシングルであるこの曲も、フレッド・ジャーキンズによるラテンギターのリフを入れたカントリーR&Bで時代の先を行く。プリモのリミックスはギターを残しつつ、繊細にドラムとシンセを加えて仕立て直す職人技。リミックスEPのほか、日英豪のCDシングルにも収録された。(池城美菜子)

Artist

A.G.

エージー

Track

Weed Scented feat. O.C., Mr. Mudd and Guru

Title

The Dirty Version

1999年：Silva Dom Records
CD, 2×LP, Cassette

冷戦突入直前のグールーを迎えた

ショウビズ&AGとしてヒップホップのゴールデン・エラを盛り上げたラッパー・AGによる初のソロアルバム。プロデューサーは所属クルーD.I.T.C.勢が中心。その中にあってプレミアは、イタリア映画『悪い奴ほど手が白い』のサウンドトラックから「L'aggressione, Pt. 2」をサンプリングした「Weed Scented」をプロデュースして存在感を発揮。客演には、OC、ミスター・マッド、冷戦突入直前のグールーを迎えた。(吉田大)

Artist

Gang Starr

ギャング・スター

Track

1-01, Intro

1-02. Full Clip

1-03. Discipline feat. Total

2-01. All 4 Tha Ca$h

Title

Full Clip: A Decade of Gang Starr

1999年 : Virgin Records / Noo Trybe
2 × CD, 4 × LP, 2 × Cassette

プレミアの掛け声で始まるビッグ・Lへの鎮魂歌

デビュー10周年の記念盤として、ベストソング+新録4曲の構成でリリースされた本作は1999年2月、凶弾によりビッグ・Lを失ったばかりのD.I.T.C.メンバーが一堂に介したライヴ・ショーケースの一幕から始まる。DJプレミアの煽りMCから「In Memory Of...」のインストを下敷きに「BIG L! Rest In Peace!」の掛け声が連呼され、オーディエンスと共にビッグ・Lのメモリーを振り返る小粋なイントロとなっている。そのライヴ・イントロに続くDJプレミアによる「Big L Rest In Peace!」の掛け声で始まるビッグ・Lへの鎮魂歌となった「Full Clip」はDJプレミアの専売特許とも言えるサンプル・チョップ手法を使い、カル・ジェイダー「Work On By」を切り刻んで落とし込んだ。冴え渡る声ネタスクラッチは「You Know My Steez」での名フレーズ「One Of The Best Yet」や98年にリリースされたラップ・タイトルから複数の声ネタを挿入したさすがのDJ仕事を感じさせ、旬を逃さない制作スピード、テンポの良さも伺える完璧なビッグ・タイトルとなった。ちなみに「Full Clip」はビッグ・Lが射殺された事件当日にレコーディングされたと言われており、グールーのいらだちや、怒りが籠った生々しいラップにも頷ける。その他にもヒロシマ「Shinto」をチョップ&フリップした「Discipline」、ジョン・ダンクワース「Bernie's Tune」をチョップし、スリリングに仕立てた「All 4 Tha Ca$h」新収録されている。

(DOMO+PoLoGod.)

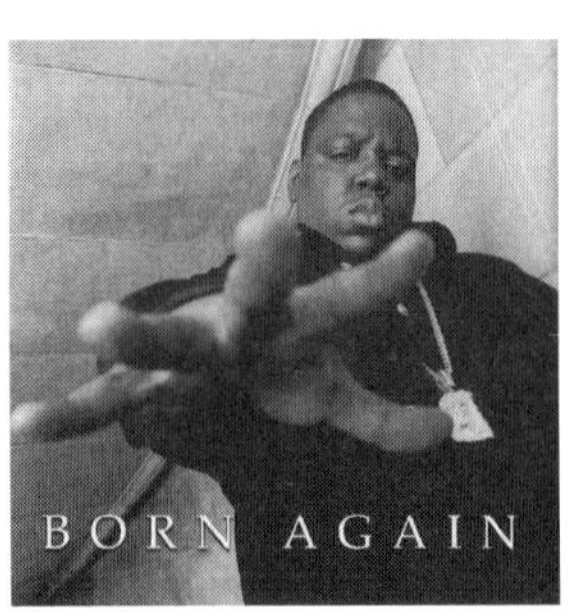

Artist

The Notorious B.I.G.
ザ・ノトーリアス・ビーアイジー

Track

Rap Phenomenon feat. Method Man & Redman

Title

Born Again

1999年：Bad Boy Entertainment / Arista
CD, 2 × LP, Cassette

黄金コンビが新たなヴァースを録音

ビギーの死後に発表された通算3作目は、主に彼が生前に録音した未発表曲やそのリミックス、未完成曲と未発表のヴァースに新たなビートや客演ラッパーが加わって完成した楽曲などから成る。つまり曰く付きの曲も少なくない。例えば、バスタ・ライムスのアルバムに入る予定だったが、2パックへのディスを含んでいたためお蔵入りとなったビギーのヴァース（元のビートはJ・ディラ）を用いた「Dangerous MC's」や東西抗争の発端となった「Who Shot Ya?」など。そんななか、メソッド・マンとレッド・マンの黄金コンビが新たなヴァースを録音したこの曲でプレミアは、トレイシー・リー「Keep Your Hands High」に客演した際のヴァースを再構成。フックでは自身がプロデュースした「Kick In The Door」や「Ten Crack Commandments」などのラインをスクラッチしてビギーのラッパーとしての偉大さを讃えたのだ。（二木信）

Artist

Tef
テフ

Track

A. F-U
B. Comin' At Cha

Title

Premier Presents...: F-U / Comin' At Cha

1999年：Magnum
12"

チョップ&フリップ全開の超ファンキーなビート

ニューヨークはブルックリン出身のテフが、1999年にリリースしたプレミアプロデュースの2曲。A面の「F-U」はとにかく勢いのあるアッパーな楽曲で、プレミアのチョップ&フリップスタイル全開の超ファンキーなビートで頭を振ることができます。テフのラップの威圧感も物凄く、細かく丁寧に韻を踏みながらも大胆に相手を脅迫するようなヴァースはまさに狂気。しかもパンチイン気味に歌詞を詰め込んでいるため、まるで複数人でマイクリレーをしているかのようにも聴こえます。打って変わってB面の「Comin' At Cha」は、ダークでダウナーな1曲。こちらもラップの内容が脅迫的であることには変わりないのですが、プレミアの手によって構成された、奥深くで獣が唸っているようなベースと張り詰めたストリングスのループがさらなる緊張感を演出。フックにでテフのファースト・アルバムの楽曲からヴォーカルフレーズがスクラッチされているのも聴きどころのひとつです。（John）

Artist

Mos Def

モス・デフ

Track

Black on Both Sides

Title

Mathematics

1999年：Rawkus
CD, 2×LP, Cassette

アンジェラ・デイヴィスの肉声を

名盤と名高いモス・デフのデビュー・アルバムに収録。数字に関連づけた社会問題とライムを巧みに織り込んでいくラップがお見事。12インチ版では人気曲「Ms.Fat Booty」のB面として収録された。ファット・ジョーからジェームス・ブラウンまで、タイトルの「mathematics（数学、算数）」にちなんだラップやヴォーカル、そしてアンジェラ・デイヴィスの肉声までをもコラージュして構築したビートはまさに芸術的。（渡辺志保）

Artist

Nas

ナズ

Track

Come Get Me

Title

Nastradamus

1999年：Ill Will / Columbia
CD, 2×LP, Cassette

擦りが弦楽とうまくマッチ

プリモはナズが1999年の世紀末にリリースした3作目にも当然ビートを提供。イントロだけでも、「米国でも屈指の若手詩人を紹介」するティミー・ロジャースの呼びかけ「Ladies and Gentleman!」に応じ、即モブ・ディープ「It's Mine」から収録アルバムのタイトルを見つけて「Na, Na, Na, Nastradamus」と擦り、かつそれが、チョップされたパースエイダーズ「We're Just Trying To Make It」の弦楽とうまくマッチ。（小林雅明）

Artist

Jay-Z

ジェイ・ジー

Track

So Ghetto

Title

Vol. 3... Life and Times of S. Carter

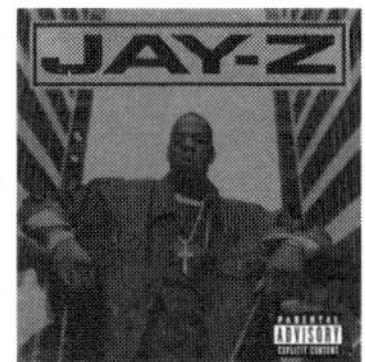

1999年：Roc-A-Fella Records / Def Jam 2000
CD, 2×LP, Cassette

威厳の漂うジガと見事な化学反応

イタリアの作曲家、エンニオ・モリコーネによる映画音楽（『冒険野郎』）からサンプリングされた厳かなピアノと弦楽器が、「俺たちはみんなゲトー出身だ」「俺はめちゃギャングスタだ」とセルフ・ボーストする威厳の漂うジェイ・Zと見事な化学反応を起こしている。ラッパーとしての絶頂期に発表された4枚目の2曲目。ちなみにアルバムからの大ヒット曲といえば、ティンバランドがプロデュースした「Big Pimpin'」。（二木信）

DJプレミアの機材の歴史

80年代後半からサンプリング・ヒップホップ時代

ヒップホップ・ミュージックの進化・発展の裏には必ずと言っていいほど機材の進化・発展が共にあった。ヒップホップ黎明期ではダイレクトドライブ、ピッチ可変搭載のターンテーブル2台とディスコミキサーがレコードでのDJミックスを可能にし、スクラッチプレイを交えたブレイクビートを生み出した。ビートメイキングでは80年代前半までは生音の演奏によるバックビートが主流だったが、アフリカ・バンバータらによるROLAND TR-808（1980年）使いの「PLANET ROCK」（1982年）を皮切りに、OBERHEIM DMX（1981年）、LINN LM-1（1981年）、E-MU DRUMULATOR（1983年）などドラムマシーンを主軸とした打ち込みのサウンドが数多く登場した。特にTR-808のサウンドは現代のDTM全盛の中でもメインとなっていることは忘れてはいけない事象である。80年代後半にはサンプラー革命、サンプリング・ヒップホップ時代が訪れ、ここで主役の登場となる。

荒々しい12ビットのヒップホップ・ビートへ変貌

言わずもがな東海岸ヒップホップ最高峰のプロデューサーのひとりDJプレミアのプロダクション使用機材の歴史は、とあるサンプラー、ドラムマシーンからはじまる。80年代後半になりテキサス州ヒューストンからニューヨーク州ブルックリンへ移り住んだプリモが、E-MU SP1200の使い手だったプロデューサー仲間のラージ・プロフェッサーに出会ったことでその前モデルであるE-MU SP-12の存在を知り、手に入れることとなった。SPとはSOUND PERCUSSIONの略である通り、ドラムマシーン、シーケンサーとしての役割が主な機材で、サンプリングされたドラムループは荒々しい12ビットのヒップホップ・ビートへと変貌し、その音はギャング・スターデビュー前のデモ音源から名作ファースト『No More Mr. Nice Guy』（1989年）、セカンド『Step In The Arena』（1992年）、サード『Daily Operation』（1992年）、シングルでは「Take It Personal」（1992年）まで、SP12のサウンドを堪能することができる。また、当時流行っていたパブリック・エネミーのプロダクションチーム、ボム・スクワッドによるジェームス・ブラウン、サンプリングへのアンチ的な捉え方もできるほどの多彩なサンプル使いは、ワイルド・ピッチ時代の兄貴分とも言える45キングやラージ・プロフェッサーらのプロダクションに通づるドラムとジャズスタイルなサンプルセンスでボム・スクワッドとの差別化を測っていた。

最強の相棒となるAKAI MPC60 IIとの出会い

メロディーパートのサンプリングはAKAI S950が主に活躍し「Ex Girl To Next Girl」（1992年）などでALESIS HR-16を使用してドラムを組む場面もあった様だが、この後のプリモのプロデューサー人生で最強の相棒となるAKAI MPC60Ⅱと出会うこととなる。ロード・フィネス「Return of the Funky Man」でのスクラッチ録音のために訪れたマンハッタンのD&Dスタジオの音の鳴りが気に入った彼は、それからD&Dスタジオ内でエンジニアリングを担当していたエディー・サンチョと出会い、彼にすすめられたサンプラーAKAI MPC60と運命的な出会いを果たし魅了された。その後にプリモが手にしたMPC60の低価格版としてリリースされたMPC60Ⅱは、サンプリング可能時間がE-MU SP12が1.2秒もしくは4.2秒(Turbo)だったのに比べ、内臓メモリー13.1秒、増設メモリー26.2秒と大幅に延び、さらにS950と組み合わせることでサンプル数も増やしてトラックを完結することが可能になった。そこからいわゆる上ネタ、メロディーパートをサンプルをチョップする方法を編み出し、ギャング・スター・ファウンデーションのソロワーク、『Hard To Earn』(1994年)、『Moment Of Truth』(1998年)、『Ownerz』(2003年)ではプリモの真骨頂と言える音を聴かせてくれた。

その後2007年からはAVID社 PRO TOOLS、2012年からはMPC RENAISSANCEと一部デジタルを導入したが、完全アナログ機材の頃のサウンドに近づけるには少し時間を要した。しかし相方のグールー没後のアルバムとなった2019年リリースの『One Of The Best Yet』では進化と古典を兼ね備えた完璧なプリモサウンドを再び聴かせてくれた。そして2023年現在でも使い慣れたフォルムのMPC Xを手にし、制作を続けている。(DOMO+PoLoGod.)

EQUIPMENT HISTORY

E-MU SP12 (1986) (1987?-1992) / AKAI S900 (1986) / AKAI S950 (1988)(1992-2012)
AKAI 60Mk2 (1991) (1992-) / MPC RENAISSANCE (2012-) / AKAI PROFESSIONAL MPC X (2017-)

DRUM MACHINE

ALESIS HR-16 / E-MU Planet Phat (1996) (ドラム音源モジュール) /
E-MU Mo'Phatt (1997) (ドラム音源モジュール) / Roland Fantom XR (シンセ音源モジュール)

OTHERS

Technics SL-1200MK3D / Technics SL-1210MK5G / VSTAX PMC-05PRO / PRO TOOLS (2007)
Digidesign/Focusrite Control 24 (PRO TOOLS 対応 24ch MIXER) / [Waves] Renaissance Vox / Bass (Plug-in) / M-Audio Oxygen 8 v2 (MIDI KEYBOARD) / KRK VXT8 (MONITOR SPEAKER)
ROLAND SP-404EX (DJ SE 出し用) / SERATO DJ

参考資料
DJ プレミア使用機材 by 音楽武装
機材で聴くヒップホップ。90 年代の音を支えた SP-1200 by CINRA
EQUIPBOARD

PROOF
GANG STARR PRESENTS
Who's Hard?
Snoop Dogg
ROYCE
ROCK CITY
THIS IS NOW!!!
Training Day THE SOUNDTRACK
JADAKISS
DILATED PEOPLES EXPANSION TEAM
LYRICIST LOUNGE 2
TONY TOUCH
THE PIECE MAKER
THE REUNION
black eyed peas bridging the gap
COMMON
GURU'S JAZZMATAZZ STREETSOUL

2000 - 2004

2000-2004

キャリアも中堅に差し掛かり、改めて自身のサウンドが何たるかを定義

キャリアも完全に軌道に乗り、ヒップホップを代表する名プロデューサーとして円熟期へと突入する序章が、2000年代前半のプレミアといったところだろうか。本書がまとめたデータによると、この5年間に70タイトルもの作品を手掛けており、異常なまでのワーカホリックぶりを見せている。ざっとならすと、5年の間、絶えることなく毎月何かしらプレミアが手掛けた楽曲がリリースされていることになる。また、この時期のUSヒップホップ・シーンといえば、50セントやカニエ・ウエストといったメガ級の新勢力がデビューしたり、かたやサウスからも全米クラスのヒット曲が続々と生まれたりするなど、まさに激動のタームと言える。そして、ザ・ネプチューンズやスウィズ・ビーツといった次世代ヒットメイカーたちも次々と台頭して来、これまでのヒップホップ・ビートの常識を塗り替えていったころだ。そんな最中、プレミアは「周りからはMPC2000を勧められるけれど、ずっとAKAIのMPC60（1988年に発売されたPMCシリーズの初号機）を使い続けている」と語り、己のオーセンティックな道を突き進んでいた。いかにトレンドが変化しようとも、その〝型〟を崩さぬ姿勢はまさに職人そのものといったところか。2000年から2004年にかけて、M.O.P.やバンピー・ナックルズ、ビッグ・シュグといった旧知の面々はもちろんのこと、スヌープ・ドッグやイグジビットといった西海岸勢も精力的に手掛けていく中、大きな出会いとも言えるのがロイス・ダ・ファイヴナインとの作品ではないだろうか。2002年にリリースされたロイスのメジャーデビュー・アルバム『Roc City』の先行シングルとして制作された「Boom」（初出は1999年）はレディ・オブ・レイジ「Afro Puff」の一節をフックに組み込んだ豪奢な作りの1曲。イントロを飾る時計のチクタク音が印象的で、世界中のDJが重宝したレコードだろう。アンダーグラウンドのヒップホップ・ヘッズたちも納得するタフなビートとロイスのリリシストっぷり、そして、メインストリームでも通用する華々しさもあり（後に「Boom」はビヨンセが出演したヒップホップ・オペラ『Carmen』でも使用された）、ヒット・レコードとなる。プレミアとロ

イスとの相性の良さはこの1曲で証明され、２人の関係性はその後も続くことに。ソロ・ＭＣとプロデューサーとして伴走するだけではなく、その後、２０１４年には、このロイスとタッグを組んで「プライム」と名付けたグループ活動を開始する。ギャング・スターとしての活動が停止して以降、グループとしての活動は見られなかったプレミアにとって、かつ、現在に続くキャリアの観点から見ても、ロイスが果たした役割は大きかったのではないか。

また、多岐にわたるプロデュース活動の一方で、２００３年には古巣、ギャング・スターとして実に7年振りのアルバム『The Ownerz』を発表。別項にも詳しいが、２０１０年にグールーが他界し、これがグールーの生前にリリースされた最後のギャング・スター名義でのアルバムとなった。しかし、『The Ownerz』の制作時期から、グールーは後にビジネス・パートナーとなるＤＪソーラーと付き合うようになり、この遺恨が後々まで続くこととなる。ＸＸＬ誌に明かしたインタビューによると、プレミアとグールーが最後に喋ったのは２００４年のことで、それ以降、グールーが病に倒れるまで顔を合わせたことがなかったというほど、両者の関係性は冷え切ったものになってしまった。また、２００３年に行われたワックス・ポエティックス誌のインタビューでは、当時、契約していたヴァージン・レコードとの契約内容に関して「奴隷制だ」と厳しく評し、若いスタッフからはヒップホップに対する愛情が感じられず、蔑ろにされたとも語っている。こうしたことからも、ますます巨大化していくヒップホップ産業と自身との間に歪みが生じてきた時期だったのではとも察する。

ちなみにこの時期、プレミアやギャング・スターはもちろん、ＫＲＳ・ワンやザ・ノトーリアス・Ｂ.Ｉ.Ｇ.らも使用していたニューヨークの伝説的なスタジオ、Ｄ＆Ｄスタジオが２００４年に閉鎖することになり、プレミア自身がオーナーからスタジオを購入するという出来事も。

前出のワックス・ポエティックスでのインタビューでは、ラップ・ミュージックを犬の鳴き声に例えて「ニューヨークのラップは、ピットブルみたいな犬の鳴き声だ。小さなチワワみたいな鳴き声じゃ人々の耳に届かない。最近はチワワみたいなラップが多すぎる！」と語っている。２０００年代に突入してもなお、かつてないほどのペースで多くの楽曲をリリースしてきたプレミアだが、キャリアも中堅に差し掛かり、改めて自身のサウンドが何たるかを定義づける時期だったのかもしれない。（渡辺志保）

引用元及び参考資料

Premier Recording by DJ Times Magazine (May 2003)
Dj Premier : The XXL Icon Interview by XXL (Dec 2010)
Dj Premier Take It Personal by Waxpoetics (2003)
Watch DJ Premier recount the history of legendary D&D Studios and Gangstarr classics by Factmag (Mar 2014)

Artist

D.I.T.C.

ディギン・イン・ザ・クレイツ

Track

01. Thick

09. Ebonics (Premo Mix)

11. Da Enemy

Title

D.I.T.C.

2000年 : Tommy Boy
CD, 2 × LP, Cassette

指黒堀り師集団との邂逅、ここに極まる！

古くは80年代末、その交流はロード・フィネスがまだDJマイク・スムースとデュオ体制だった頃に始まり、ファット・ジョー、ショウビズ&AGのリミックス仕事など、D.I.T.C.の面々とはすでに浅からぬ間柄だったプリモだけに、満を持して届いた彼らの初のクルー作品には3曲を提供（正規構成員のバックワイルドやダイアモンド・Dらを押し退けて、これは多め）。チック・コリア&ゲイリー・バートン「Part1 - Overture」の一瞬飛び出すフレーズを見事に掴まえた「Thick」は、トミー・ボーイ版では本編の幕開けを託された上にシングルカットもされ、またゴードン・パークスが脚本共々スコアも手掛けたサントラ『The Learning Tree』のBGMを使用し、緊張感でヒリつくような仕上がりの「Da Enemy」もB面ながらシングルカット済みで、この事実だけをとってもプリモへの信頼度の高さが窺えるというもの。ビッグ・Lのソロ曲「Ebonics」を、ネタを細切れにするプリモらしいやり口で自身の色で染め直したリミックスもまた、明らかに本編の目玉曲のひとつだ。いずれもショウビズやロード・フィネスら指黒ビートメイカー（兼ディガー）たちと凌ぎを削り合うかのような、プリモの職人気質な熱い仕事振りに惚れ惚れさせられるだろう。余談だが、ビッグ・L曲はフックでナズ「It Ain't Hard To Tell」のラインと主役が掛け合うギミックこそ原曲そのままのアイデアを踏襲しているものの、その隙間にギャング・スター「Full Clip」でのプリモ自身のシャウトも滑り込ませ、プリモ・ミックスとあえて名付けているのは少し可笑しい。（VD_BB）

2000-2004

Artist

D.I.T.C.

ディギン・イン・ザ・クレイツ

Track

Where Ya At (Remix)

Title

The Official Version

2000年：Fat Beats
2×LP

緊張感あるハードコアなリミックス

当初トミー・ボーイからリリースされる予定だったが契約のこじれからお蔵入りとなってしまったD.I.T.C.の実質的なファースト・アルバム。20年後に正式リリースされたが00年当時は2LPのプロモ盤として配布されたとか。こちらのみに収録された「Where Ya At」のプリモ・リミックスは、オリジナルとは打って変わって、バキバキに固いスネアとスイングするキックの緊張感に耳を持っていかれるハードコアな仕上がり。（宮崎敬太）

Artist

The Lox

ザ・ロックス

Track

Recognize

Title

We Are the Streets

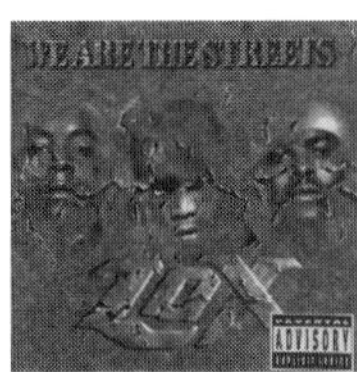

2000年：Ruff Ryders / Interscope
CD, 2×LP, Cassette

アルバムで異彩を放つプリモ曲

スウィズ・ビーツがほぼ全編手掛けたセカンド・アルバムで異彩を放つプリモ曲。上ネタはディオンヌ・ワーウィックのピアノ中心のバラード曲だが、彼女の歌声を避けて冒頭のピアノ和音をチョップ、ドラムに合わせリズミカルにフリップしている。激シブな構成だがピアノのフリップを引き締めるベースラインの効果も◯。ここでもプリモの得意技、2小節ループを3回半繰り返し、最後の1小節に別パターンで変化をつける。（吉田雅史）

ディアンジェロの歴史的なアルバム

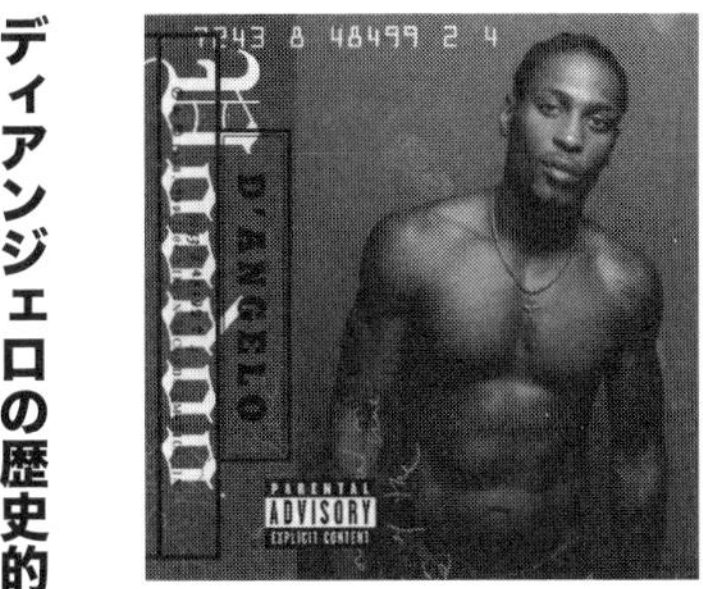

Artist

D'Angelo

ディアンジェロ

Track

Devil's Pie

Title

Voodoo

2000年：EMI / Cheeba Sound
CD, 2×LP, Cassette

セカンド・アルバムに向けたインタビューで「自分はR&Bよりもヒップホップ寄りのアーティストだ」と打ち明けていたディアンジェロ。ザ・ルーツのクエストラヴやQ・ティップ、ラファエル・サディークたちのサポートを得て、ほぼ自力で仕上げた歴史的なアルバムだ。生楽器のスモーキーな音色が特徴だが、『Devil's Pie』はプレミアによるプログラミングが土台で、サンプリングも多め。アルバム用の曲だったが、ハイプ・ウィリアムズに『Belly』を見せられ、「金儲けに走る危険性」というテーマが重なったのに驚き、使用許可を出したという。ネオ・ソウルもマーケティング用語、と切り捨てていたが、サウンドの温もりが懐かしいのに、完全に新しかった本作を表すのに的確な言葉だと思う。クエストラヴが中心だった音楽集団、ソウルクェリアンズの傑作でもある。2017年、「Devil's Pie」のタイトルで未公開ドキュメンタリーを作っているので、思い入れがあるのだろう。（池城美菜子）

2000-2004

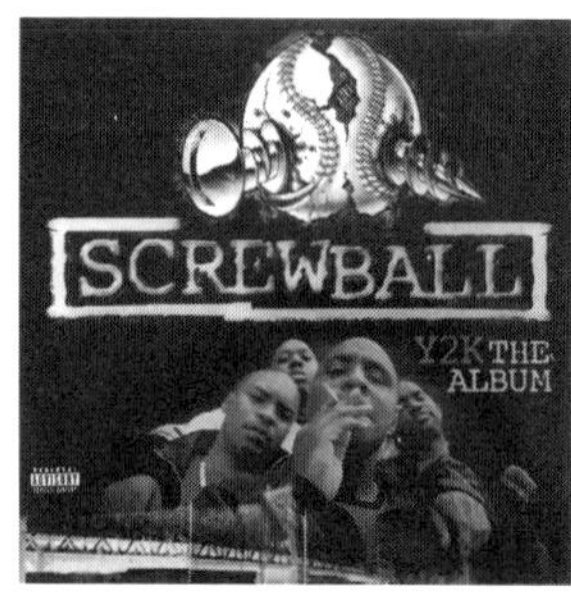

Artist

Screwball

スクリューボール

Track

03. F.A.Y.B.A.N.
06. Seen It All

Title

Y2K The Album

2000年：EMI / Cheeba Sound
CD, 2 × LP, Cassette

血管がブチ切れそうなテンションでかます

クイーンズの当時コワモテ4人組がトミー・ボーイより2000年に放った一撃。先行でカットされたのはプリモによる2曲だった。「F.A.Y.B.A.N.」は1987年のKRS・ワンへのディス曲「Beat You Down」からキャリアをスタートしたブラック・ポエットらしく、タイトルともなっているライン「fuck all ya～」を血管がブチ切れそうなテンションでかます。対するプリモのビートはギターの単音リフとストリングスのスタブをチョップし組み合わせた、シンプルながらキャッチーな一発。結果的に過激なリリックとプリモのキャッチーな単音フリップが相対し、なんともいえない異化効果を生み出している。フックの合いの手はプリモ印のM.O.P.。一方の「Seen It All」はヒューゴ・モンテネグロのラウンジ曲からストリングス的なARPのシンセのラインをループ、8小節目の後半に別ネタをブッ込むプリモスタイル。(吉田雅史)

Artist

Tony Touch

トニー・タッチ

Track

The Piece Maker feat. Gang Starr

Title

The Piece Maker

2000年：Tommy Boy / Warner Bros. Records
CD, 2 × LP, Cassette

両者の近さを物語るリリック

90年代にミックステープで名を上げた、DJ／プロデューサー／ダンサー、トニー・タッチのデビュー作。当時多かった人気DJがまとめたコンピで、ウータン・クラン、エミネム、D.I.T.C.、モス・デフら錚々たるメンツが揃うなか、シリーズ化したタイトル曲をギャング・スターに預けた点にトニーの思い入れが透ける。彼が影響を受けたロックステディ・クルーに言及するなど、両者の近さを物語るリリックがいい。(池城美菜子)

Artist

Rah Digga

ラー・ディガ

Track

Lessons of Today

Title

Dirty Harriet

2000年：Elektra / Flipmode Entertainment
CD, 2 × LP

華のあるラップの魅力を引き出す

現在ではロック・マルシアーノが在籍したことでも知られるフリップモード・スクアッドだが、同グループを代表するラッパーといえば（バスタ・ライムスと）ラー・ディガである。ピート・ロックやノッツも参加したファースト・ソロ・アルバム『Dirty Harriet』に収録されたこの曲では、プリモが逆再生を巧みに使ったアクの強いビートを制作。切れ味鋭い華のあるラップの魅力を、ストイックすぎない方向性で引き出している。(アボかど)

Artist

Bumpy Knuckles

バンピー・ナックルズ

Track

R.N.S. / Part of My Life

Title

Industry Shakedown

2000年：Landspeed Records / KJAC Music
CD, 2 × LP, Cassette

再デビューをバックアップ

不遇な扱いを受けてきたフレディ・フォックスが長年の鬱憤を晴らすが如く、怒れるゲンコツ＝バンピー・ナックルズと化して放ったファーストに2曲提供。ゲンコツお気に入りのファースト・シングル「Part of My Life」は邪魔者どもに真っ向から中指を立てる生涯MC宣言だが、再デビューをプリモがバックアップするのは奇しくも後にゲンコツとビーフが起こるラキムも同じ。これは奇妙な巡り合わせと言っていい？（VD_BB）

Artist

Sauce Money

ソース・マネー

Track

Intruder Alert

Title

Middle Finger U

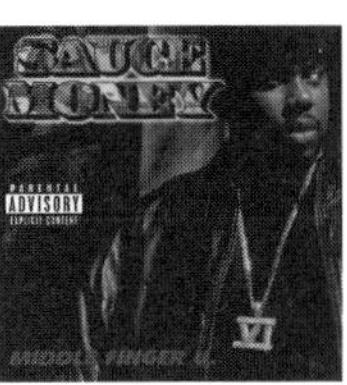

2000年：Priority Records
CD, 2 × LP, Cassette

ビート＋スクラッチ・コラージュ

その蜜月関係から、常にジェイ・Zの名前が見え隠れするソース・マネーの処女作。デビュー・ヴァースであるビッグ・ダディ・ケイン「Show N' Prove」もジェイ・Zの初作への参加も、奇しくもプレミアによるプロダクションであったことから、本作にも必然の参加と言える。本曲は同時代を象徴するサンプリング感の薄い、アタックやSEで構築したビート＋スクラッチ・コラージュというシグネチャー・サウンドの隠れた名作。（橋本修）

両者の個性が合わさって生まれたマジック

コモンの代表作であり、ソウルクエリアンズの代表作でもある『Like Water for Chocolate』。J・ディラが中心となってプロデュースされた同作において、数少ないソウルクエリアンズ外から招かれたプロデューサーのひとりがプリモだった。先行シングルにも選ばれた本曲でプリモが手掛けたのは、美しいピアノやフルートを用いた穏やかなビート。注目すべきはドラムだ。プリモ流儀の骨太仕様ながら、抜き差しも多くタメを効かせる瞬間もあり、プリモなりにソウルクエリアンズのスタイルを踏まえたようにも聴こえる。さらに、美しいループを細かく刻んで崩す展開もあり、「プリモ＝シンプルなワンループ」というイメージとは少し異なる仕上がりである。そこに乗るコモンのあたたかいラップ、フックでプリモ印のスクラッチに絡んでプリンス系の歌声を聴かせるビラルとの相性も素晴らしい。ソウルクエリアンズの個性とプリモの個性が合わさって生まれたマジックがここにある。（アボかど）

Artist

Common

コモン

Track

The 6th Sense feat. Bilal

Title

Like Water for Chocolate

2000年：EMI / Cheeba Sound
CD, 2 × LP, Cassette

Artist

Big L

ビッグ・エル

Track

01. The Big Picture (Intro)

08. The Enemy feat. Fat Joe

12. Platinum Plus feat. Big Daddy Kane

Title

The Big Picture

2000年：Rawkus
CD, 2×LP, Cassette

2000-2004

既存アカペラなどの素材を編纂して完成された遺作

1999年に9発もの弾丸を受けて急逝してしまったビッグ・L。本作は、彼の死後に既存アカペラなどの素材を編纂して完成されたセカンド・アルバムにして遺作。フィーチャリング・ラッパーとしてグールーも参加している。プレミアが手掛けた「The Big Picture (Intro)」は、アルバムのイントロであると同時にビッグ・Lへ捧げる追悼のメッセージとしても機能している1曲で、このイントロを聴けばこの作品が何を示しているのか、当時のアンダーグラウンド・ヒップホップ界においていかにビッグ・Lが支持されていたのかがわかる。グールー、ロード・フィネス、そしてフレディ・フォックスらの音声、そしてそれに続いてビッグ・Lが亡くなった日にレコーディングされたギャング・スター「Full Clip」をプレイするライヴ音源を用い、スクラッチと共にビッグ・L本人のラップへと繋げており、プレミアならではの展開だ。「The Enemy」はもともとビッグ・Lも在籍していたD.I.T.C.名義の12インチ「Internationally Known」のB面としてリリースされた楽曲でもあり、レイシャル・プロファイリングをテーマにしたリリックも見事。両者のリリカルさが際立つ白眉な「Platinum Plus」は、スタイリスティックス「My Funny Valentine」やアイザック・ヘイズ「A Few More Kisses to Go」からの素材を組み合わせたビートで、楽曲にスリリングさを加えている。ちなみにこの楽曲にはジェイ・Z（亡くなった当時、ビッグ・Lはジェイ・Zのレーベル、ロカフェラと契約を結ぶ直前でもあった）も参加する予定だったが結局叶わなかったと、後にプレミアが明かしている。（渡辺志保）

Artist

Craig David

クレイグ・デイヴィッド

Track

7 Days (DJ Premier Remix) (Vocal) feat. Mos Def

Title

7 Days

2002年：Atlantic / Wildstar Records
12", CD-Single

両者の個性が合わさって生まれたマジック

EU市場で人気を獲得していたUKのシンガー、クレイグ・デイヴィッドのシングル。満を持してのUS進出にあたって制作されたという事情もあり、市場を意識して大物ヒップホップ・アーティストを招いた2種類のリミックスを収録している。ひとつはオリジナルトラックにファット・ジョーのヴァースを加えたヴァージョン。そしてプレミアによるプロデュースの下、モス・デフをフィーチャーした本作だ。プレミアは制作にあたって、原曲をチョップ&フリップするだけでなく、クレイグ・ディヴィッドのヴォーカルを再録音するなど大幅な変更を加え、楽曲を再構築している。キャッチーなフックもクレイグ・デイヴィッドが新たに歌い直したもので、モス・デフ、ネイト・ドッグ&ファロア・モンチの名曲「OH NO」のフックを引用しつつ、あえてネイト・ドッグに似せて歌っているそう。そのモノマネの完成度の高さから、誤ってネイト・ドッグの名がクレジットされることも。（吉田大）

Artist

GURU

グールー

Track

03. Hustlin' Daze feat. Donell Jones
12. Where's My Ladies feat. Big Shug

Title

Guru's Jazzmatazz (Streetsoul)

2000：Virgin Records
CD, 2×LP

ネオ・ソウルにスポットを当てたシリーズ3作目

グールーというひとりのMCとして生涯を通して取り組んでいたプロジェクト『Jazzmatazz』のまさにストリートソウル・サイドと言えるシリーズ3作目。名作とされているVol.1, 2を通し、ジャズをヒップホップに昇華してきたグールーだが、本作ではネオ・ソウルにスポットを当て、アンジー・ストーン、メイシー・グレイなどのネオ・ソウル・シーンの第一線、ザ・ルーツ、ジェイ・ディー、ネプチューンズと最先端ソウルを創作していたアーティスト、さらにはアイザック・ヘイズ、ハービー・ハンコックなどのレジェンドが一堂に介した作品となった。収録曲のすべてが一級品の仕上がりと言っても過言ではないが、決定打としてやはり相棒DJプレミアの存在は大きい。ここではドネル・ジョーンズが参加した「Hustlin' Daze」、「Where's My Ladies」の2曲を手掛けているが、やはりこの2人の相性は別格で、本物のストリートソウルを作り上げている。（DOMO+PoLoGod.）

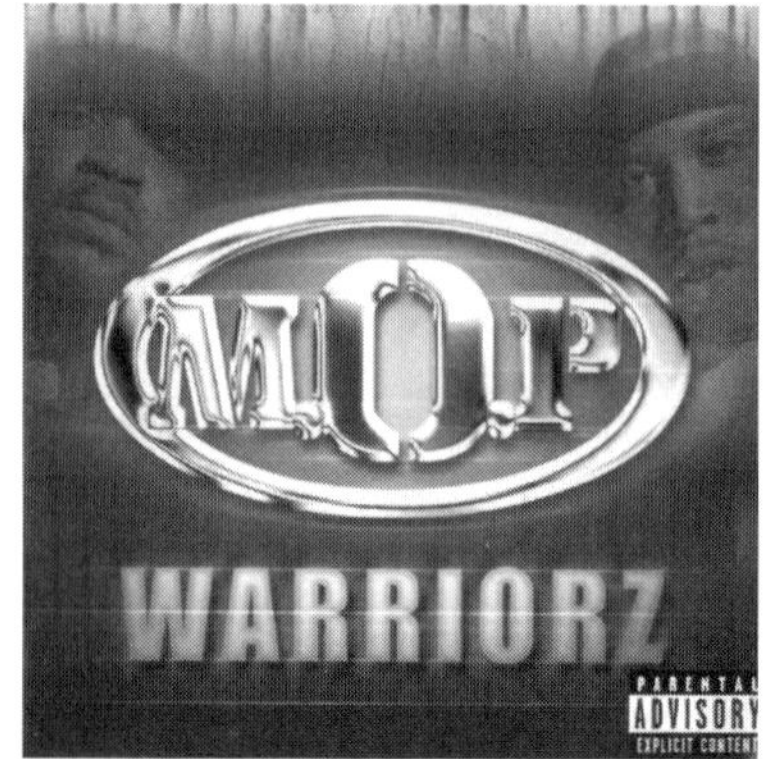

Artist

M.O.P.

エム・オー・ピー

Track

01. Premier Intro

03. Everyday feat. Product G&B

05. Face Off

09. On the Front Line

11. *Follow Instructions*

18. Roll Call

Title

Warriorz

2000年：Loud / Relativity Records
CD, 2 × LP, Cassette

2人の豪胆さを際立たせる仕事に徹したプリモ

いつかのプリモ来日の夜。叫んでも叫んでも音を止めて「ラウダー！」と煽る姿は鬼軍曹のようだった。その鬼軍曹をして「ステロイドを打ったラン・DMC」と評されるM.O.P.が、いかにリアルなアルバムに仕上げたかを警告をする「Premier Intro」。今作はなんと言ってもドクター・ピリオドによる爆発的ヒット曲「Ante Up」の存在感は大きいが、19曲中6曲を手掛けたプレミアも2人の豪胆さを際立たせる仕事に徹している。「Everyday」はタイトなドラムが、M.O.P.のラフなラップだけでなく、ザ・プロダクトG&Bの輪郭がハッキリしたコーラスにも馴染む。「Face Off」はビート・スイッチというより、前半のダンスと後半のリル・フェイムでまったく異なる2曲だが、どちらもビリー・ポール『360 Degrees of Billy Paul』をサンプリングした粋な仕掛け。「On the Front Line」は、怪獣映画を想起させるようなおぞましいストリングスに圧倒されるが、2人のラップを聴いていると、この獣に喜々として肉厚な拳を叩き込む闘士の姿が脳裏に浮かばないだろうか。プロデューサーが演者の個性を最高に引き出している好例と言えよう。「Follow Instructions」はエディー・ケンドリックの「Just Memories」で曲調が転調する瞬間をリズミカルなループに仕上げ、テンポよく切り替わる2人のシャウト・ラップを盛り上げている。「Roll Call」はアルバム終盤への転換点になっているが、それでもソウルフルな太いホーンの音は汗がほとばしるような2人の声に相性が良く、終始男臭さにマッチするプレミアの仕事を堪能できる一作だ。（斎井直史）

2000-2004

Artist

Black Eyed Peas

ブラック・アイド・ピーズ

Track

BEP Empire

Title

Bridging the Gap

2000年 : Interscope
CD, 2 × LP, Cassette

ファーギーが合流する前に発表

ブラック・アイド・ピーズがセルアウトかどうかは読者の皆様に判断をまかせるとして、この曲のベースのファンキーなノリは忘れがたい。スクラッチも心地よく、MVもユーモラス。東海岸らしさと言うべきか、プリモらしさと言うべきか、グルーヴに窮屈さを感じる瞬間がないのも重要だろう。彼らにファーギーが合流する前に発表されたセカンド・アルバム『Bridging the Gap』からの両A面シングルに収録。（高久大輝）

Artist

Capone-n-Noreaga

カポーン・アンド・ノリエガ

Track

Invincible

Title

The Reunion

2000年 : Tommy Boy
CD, 2 × LP, Cassette

CNNとの初タッグが実現

CNNことカポーン・アンド・ノリエガによるセカンド・アルバムからの1曲。アルバムには他にハヴォック、ジ・アルケミストらがプロデューサーとして参加しており、プレミアとはこのアルバムで初タッグを実現させた。お決まりのスクラッチで構成されるフック部分に使われている声ネタは、CNNの前作『War Report』に収録されていた「Channel 10」やノリエガのソロ作品からのラップをサンプリングしたもの。（渡辺志保）

Artist

Afu-Ra

アフーラ

Track

03. Defeat
07. Mic Stance
12. Visions
15. Equality feat. Ky-Mani
16. Monotony

Title

Body of the Life Force

2000年 : Koch Records / D&D Records
CD, 2 × LP, Cassette

本気モードで5曲をプリモが担当

ギャング・スター・ファウンデーションの一員でありジェルー・ザ・ダマジャの弟子としても知られるブルックリン出身のMC、アフーラの00年ファースト。この時点でのキャリアも長く、コアなファンからした待望のアルバムとなった本作は、同クルーの総帥DJプレミアが本気モードで参加。シングルカット「Defeat」はプリモ節全開なトラックにきっちり韻を踏み、スピットするラップも心地よく、リリース時には早くもクラシックスとして名高いものになっていた。その他にもオリエンタルな上モノとメリハリの効いたドラムにお得意の抜き差しが絶妙な統一感を持つ「Mic Stance」、美しさとハードさを兼ねたチョップ&フリップモノ「Monotony」など、全5曲をプリモが担当し、D&Dスタジオをレペゼンするアフーラに対するプリモは他とは一味も二味も違い、ジェルー・ザ・ダマジャのファーストをプロデュースしたあの頃の気合いに満ちた作品が並んでいる。（DOMO+PoLoGod.）

Artist

PUSHIM

プシン

Track

A1. Set Me Free (Main Mix)

B2. Set Me Free (Hip Hop Mix)

Title

Set Me Free

2000年：Tribute Link.
12", CD Single

お茶の間にも重たいプレミア・ビート

言わずと知れた日本を代表するレゲエ・シンガー、PUSHIMのシングル楽曲としてリリースされた本曲。当時、車メーカーのCMソングにも起用され、お茶の間にも重たいプレミア・ビートが流れていたことを思い出す。リミックス作品や男性ラッパーへの楽曲提供はあれど、プレミアのキャリア史において日本の女性シンガーをプロデュースした唯一の楽曲ではないか（ちなみに1998年には当時ニューヨークを拠点としていた邦人シンガー、シャイエンの楽曲のリミックスを手掛けたことも）。力強いドラム・サウンドに扇情的な上ネタが乗り、ほぼ全編に渡ってひたすらループを繰り返すプレミアらしいトラック。マイナー調のメロディが力強さと渋さを増強し、そこにドラマティックなPUSHIMのヴォーカルが加わって明らかにJ・ポップとは一線を画すヒップホップ・ソウルに。12インチ盤、そしてCDシングルには同じプレミアの手によるヒップホップ・ミックスも収録。（渡辺志保）

Artist

Chauncey Black

チャウンシー・ブラック

Track

Shame On You 12"

Title

Shame On You

2000年：Divine
12" Promo

ドラムの破壊力を知れる好例

ブラック・ストリートのメンバーのチャウンシー・ブラック・ハンニバルのソロ作で、プリモがプロデュースしたノトーリアス・B.I.G.の「Kick In The Door」（1997年）のビートが下敷き。詳細は不明だが、スクリーミング・ジェイ・ホーキンスの元ネタを同じように組んでいるためプリモがクレジットされているのか。ドラムがまったく異なるため、逆にプリモのドラムの破壊力がどれほどなのかが知れる好例。（吉田雅史）

Artist

Macy Gray

メイシー・グレイ

Track

I've Committed Murder feat. Mos Def (Gang Starr Remix)

Title

Lyricist Lounge 2

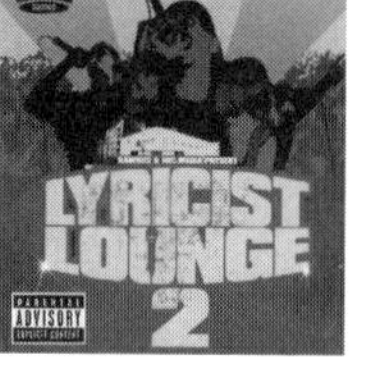

2000年：RAWKUS
CD, 2 × LP, Cassette

プリモの作品としては珍しい作り

00年当時は飛ぶ鳥を落とすほどの勢いがあったレーベル、ロウカスの名物コンピ・シリーズの第2弾にはメイシー・グレイのクラシックスなファースト に 収 録 の「I've Committed Murder」のリミックスが収録されている。ギャング・スター・リミックスとしてイントロからグールーが登場し、モス・デフのヴァース終わりからビートダウンするというプリモの作品としてはかなり珍しいタイプの作りになっている。（DOMO+PoLoGod.）

2000-2004

Artist

Sonja Blade
ソンジャ・ブレード

Track

Look 4 Tha Name (Street Version) / Body Bag Sh*t

Title

Look 4 the Name

2000年：Virgin Records / Bodybag Entertainment
12" Promo

ビートの差し替えが興味深い

そもそもゲーム・キャラからとられた（?）名前のブルックリンのラッパー。クラーク・ケントが発掘し、ヴァージンと契約、様々なラッパーのプロジェクトに参加していたが、アルバムはリリースされなかった。本作はブレードがプリモに話しかけての途中でビートの差し替えがあるのが興味深いし、プリモのビートが悪いのでないが、この曲だけではラッパーの実力が発揮されているとは言えないのではないか。（荏開津広）

Artist

Big Shug
ビッグ・シュグ

Track

The Jig Is Up / Doe in Advance

Title

The Jig Is Up

2000年：Gang Starr Foundation (Bootleg)
12" Promo

土臭いファンキー・ビート

氾濫する偽物ラッパーに「万事休すだ（jig is up）」と死刑宣告するリリックの内容から推測するに99年頃の制作だが、そのおよそ10年前にプリモが手掛けロード・フィネスの「Baby, You Nasty」と同じロイド・プライスの土臭いファンクをサンプリングした、ほどよく時代錯誤な一発。ブートレグだが、ギャング・スターの「Doe in Advance」とのスプリットということで、中古市場でも根強く人気の高いシングルだ。（#3F）

Artist

Afu-Ra
アフーラ

Track

Mic Stance

Title

D&D Soundclash

2000年：Not On Label
12" White

ピュンピュンマシーンのようなSE

ジェルー・ザ・ダマジャのアルバムへ参加したことをきっかけにファウンデーション入りを果たしたアフーラのファースト・アルバムからカットされたホワイト盤。ダ・ビートマイナーズ手掛けるバーリントン・レヴィ「Mini Bus」使いのラガ・トラックであるタイトル曲の印象が強いが、ケイ・ジーズ「Mr. Nothin'」のチョップに、負けじとピュンピュンマシーンのようなSEを使用したプレミア手掛ける「Mic Stance」も最高なダブルサイダー。（橋本修）

Artist

Heather B
ヘザー・ビー

Track

Guilty

Title

Guilty

2000年：Songs Of David
12"

BDPのメンバーにキラーなビート

ブルックリン出身で、KRS・ワン率いるBDP（ブギー・ダウン・プロダクションズ）のメンバーとしても知られるヘザー・Bの12インチ。96年に同じくBDPのDJケニー・パーカーによるプロデュースでファースト・アルバムをリリースした後、プレミアのプロデュースで制作された。NY出身のジャズ・ギタリスト、ジョン・トロペイによる「To Touch You Again / Lady Blue」を使用したキラーなビートが印象的。（吉田大）

Artist

Janet Jackson

ジャネット・ジャクソン

Track

All for You (Top Heavy Remix)

Title

All for You

2001年 : Virgin Recordings
12", CD-Single, Cassette

ベースを分厚くしビートもファンキーに跳ねさせた

ジャネット・ジャクソンは、ジャム&ルイスプロデュースの通算7作目のアルバム『All For You』のヒットと評価によって改めてブリトニーやリアーナと比較されるような求心力を獲得した。もちろん、それはシングル「All For You」の影響が大きいだろう。チェンジ「Glow Of Love」ネタを引用しセクシュアルな歌詞を乗せたファンク&ディスコな本曲は、ジャネット史上最も大きなヒットを生んだ。この12インチシングル盤はDJ Quik Remixなどを収録したリミックス集。プレミア・ヴァージョンは、原曲よりもさらにベース音を分厚くしビートもファンキーに跳ねさせた、極めてヒップホップ的なアレンジが施されている。テンポも抑制され、ナイトクラブでの一幕を綴った歌詞を引き立たせドープなサウンドに引きずり込むような雰囲気がアダルティ。引っ張るアウトロも含め、プリモが自身の側に寄せた印象があって良い。メロディが立っているからこそ、ビートでの遊び甲斐がある。（つやちゃん）

Artist

Busta Rhymes & Jim Carrey

バスタ・ライムス＆ジム・キャリー

Track

Grinch 2000 (Original)

Title

Grinch 2000

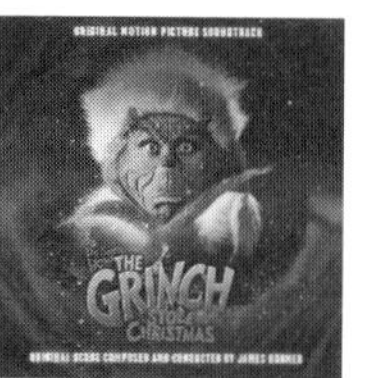

2000年 : Unreleased leek

オリジナル版はプリモ・ワーク

ジム・キャリーがまさにハマり役のグリンチを怪演した実写映画のサントラに収録された、バスタ・ライムスとジム・キャリーがかけ合うというなんとも贅沢な1曲は、公式リリースはテディ・ライリーがプロデュースを手掛けたが、未発表となったオリジナル・ヴァージョンはプリモ・ワーク。このビートは後に「Cole Dj Culture」で再利用された。2016年、スタティック・セレクターがホストのラジオショウにてリーク。（二宮慶介）

Artist

Biz Markie

ビズ・マーキー

Track

...And I Rock / Interview

Title

...And I Rock feat. Black Indian

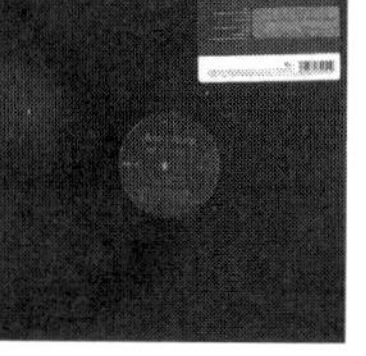

2001年 : Next Level Recordings
12"

ビズお得意のストーリーテリング

2021年にこの世を去ったビズ・マーキーお得意のヒラリアスなストーリーテリングが光る1曲「...And I Rock」を、DJプレミアがプロデュース。ビズによる2ヴァースの間にブラック・インディアンの真面目なヴァースを挟む構成がおもしろさを引き立たせる。US・日本のコンピレーション盤『Next Level Vol.1』からのシングルということで、冒頭で日本にシャウトアウトが捧げられている。（奥田翔）

Artist

J-Live

ジェイ・ライブ

Track

The Best Part

Title

The Best Part

2001年 : Tripple Threat Productions
CD, 2 × LP, Cassette

噂を呼んだクラシック表題楽曲

90年代中盤から制作されてはいたものの、レコード会社との問題で長らくブートレグ盤が出回り噂を呼んでいたNY出身ラッパーによる傑作デビュー作。タイトル・トラックにもなっている本楽曲は、自分がどのようにラッパーとしての知見を深めてきたかを説明する前半部、これからのシーンへの提言となる後半部で構成されており、プレミアもモブ・ディープなどのクラシックを引用した熱いスクラッチで花を添えている。(高橋圭太)

Artist

Ed O.G

エド・オージー

Track

Sayin' Something

Title

The Truth Hurts

2001年 : Ground Control Records
CD, 2 × LP, Cassette

ピアノループが感傷的ながら端正

ボストンのラッパーで、ダ・ブルドッグスとのアルバムで1991年にデビュー、主にニューヨークから知られるようになった。この曲は2000年にリリースされ、ストリートを描くライムの描写が陰鬱になるのではなく、話題からの視線や詩世界のフレームを次々と動かすことで詩情を紡ぐラップをここでは披露し、プレミアのピアノのループが感傷的ながら「リアル」との距離を測る端正さを印象づけるトラックとの相性はとても良い。(荏開津広)

Artist

Kool G Rap

クール・ジー・ラップ

Track

First Nigga (DJ Premier Remix)

Title

V.A.- Rawkus Exclusive

2001年 : Rawkus
CD

プリモ流のチョップマジック

モブ・ディープやナズ、スクリューボールからビッグ・ダディ・ケイン、クレイグ・Gやこのクール・G・ラップといったジュース・クルー勢まで、世代を超えて築き上げられたプリモとクイーンズ勢のコネクション。Gラップのノンブレスフロウを際立たせるビートのポイントは、アフロ・アメリカン・アンサンブル曲のなかの全然別の2つの部分をくっ付けてひとつのフレーズを作り上げる、プリモ流のチョップマジック。(吉田雅史)

Artist

Bumpy Knuckles / Afu-Ra

バンピー・ナックルズ／アフーラ

Track

The Lah / Bigacts Littleacts"(Remix feat. GZA)

Title

V.A.- Fat Beats Compilation Vol.1

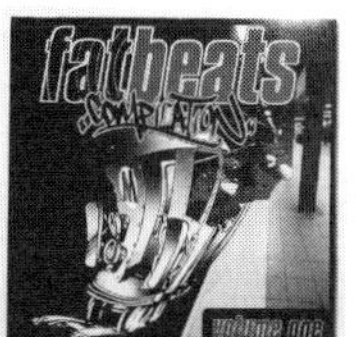

2001年 : Koch Records / In The Paint
CD, 2 × LP

NYの名物レコード屋発のコンピ

ファット・ビーツ発のコンピレーションで、バンピー・ナックルズとアフーラにそれぞれビートを提供。捲し立てるフックと共にゲンコツで殴りつけるようなパンチが効いた前者に加え、トゥルー・マスター作でGZAが参加したWu印ののっぺりした原曲を、アルバート・キングネタでどこかビギーの「Kick in the Door」にも似たビートに転生させた後者も、ファンキーなプリモ色にうまく塗り直した職人の仕事だ。(VD_BB)

Artist

Gang Starr

ギャング・スター

Track

Tha Squeeze

Title

V.A. – Training Day Soundtrack

2001年：Priority Records
CD, 2×LP, Cassette

古参ファンも唸るサントラ提供曲

刑事もののサスペンスアクション映画のサントラにギャング・スターで参戦。ナンシー・ウィルソン「Walk Away」を使用したビートに派手さこそないが、リリース時は5th～6thのインターバル期間で、次作に向けて相棒のグールーと足並みを合わせていくアイドリング的ニュアンスもあったのかも。フックのスクラッチでは、ギャング・スターの過去作も交えて擦ることで古参ファンにもきっちり目配せしている。（VD_BB）

Artist

Jadakiss

ジェイダキス

Track

None of All Y'all Betta

Title

Kiss tha Game Goodbye

2001年：Ruff Ryders / Interscope
CD, 2×LP, Cassette

ジェイダキスのデビュー作収録曲

ザ・ロックスのジェイダキスのソロ・デビュー作に収録曲。表題はプリモが手掛けたザ・ロックス「Recognize」から抜き出したジェイダのフレーズ。これに、彼らの「Fuck You」から、この曲に招ばれたメンバーのシーク・ルーチとスタイルズ・P各々のフレーズ、さらには、M.O.P.「Stick To Your Gunz」に客演のテフロンとメンバーのビリーが、がなっているラインが組み合わされてサビに。（小林雅明）

Artist

Dilated Peoples

ダイレイテッド・ピープルズ

Track

Clockwork

Title

Expansion Team

2001年：Capitol Records
CD, 3×LP, Cassette

西海岸の最強トリオとガップリ

西海岸の最強トリオとプレミアの一際骨太なビートがガップリと組み合わさったヘヴィーな1曲。ヴァース3のエヴィデンスのパートでは、レイジ・アゲインスト・ザ・マシーンとギャング・スターの名前を並べてシャウトアウトしており、当時のアツいシーンの様相を伺うことができる。スクラッチに織り交ぜられた印象的なフックのフレーズは、ステッツァソニック「DBC Let the Music Play」からのサンプリング。（渡辺志保）

Artist

Guru

グールー

Track

Back to Back feat. Mendoughza

Title

Baldhead Slick & Da Click

2001年：Landspeed
CD, 2×LP, Cassette

メンドーザ参加のポッセ・カット

ジャズマタズ・シリーズ以外のグールーのソロ1作目。ピート・ロックやアルケミスト、DJユタカらが参加。1曲だけのプレミア作はメンドーザをフィーチャーしたポッセ・カットだ。アンダーグラウンドのMCを多く招いたグールーの気概を感じるが、D&Dでのトラッシュ・トークをそのままラップしたような箇所も多く、ダレる。ピート・ロックがプロデュースした「Pimp Shit」の食べ物とキッチンを巡るヴァースがいい。（池城美菜子）

2000-2004

Artist

Limp Bizkit

リンプ・ビズキット

Track

Getcha Groove On feat. Xzibit (Dirt Road Mix) / My Way (DJ Premier Way Remix)

Title

New Old Songs

2001年：Interscope Records
CD, 2 × LP, Cassette

プリモ・マニアはマスト・チェック

リンプ・ビズキットが2001年にリリースしたリミックスアルバム。本作でDJプレミアは「Getcha Groove On」と「My Way」を担当しており、前者は低音の効いたミニマル・ビートにフレッドとエグジビットのラップがオリジナルよりも映える仕上がりとなり、後者は原曲のギターフレーズをプレミア流に再構築したある意味原曲よりわかってるリミックスとなっている。プリモ・マニアはマスト・チェックな2曲。(PoLoGod.)

Artist

Lina

リナ

Track

It's Alright (Gang Starr Remix) feat. Gang Starr

Title

It's Alright (Gang Starr Remix)

2001年：Atlantic
12"

傑作との呼び声も高いリミックス

アトランティックからデビューしたネオソウル系シンガー、リナのファースト・シングルをグールーと共同プロデュースでリミックス。ゆったりとしたR&Bテイストの原曲からBPMを上げ、テンションを高くキープしたまま突入するグールのラップと、リナのソウルフルでいて軽快さも合わせ持った美しい歌声との相性が抜群。数多あるプレミアが手掛けてきたリミックスの中でも、傑作との呼び声も高い1曲。(二宮慶介)

Artist

Jaz-O & The Immobilarie

ジャズ・オー&ザ・インモビリアーレ

Track

01. 718

13. Love Is Gone

Title

Kingz Kounty

2002年：Rancore Records
CD, 2 × LP

ジェイ・Zの師匠との時を経てのコラボレーション

1980年代の終わり、プレミアがイーストニューヨーク(ブルックリン)から183丁目通り(ブロンクス)に転居したことで彼はリル・ダップを知ったのか、それともそれ以前からなのか、この転居の前後にミルキー・ウェイやマーズといったクラブで若き日のジェイ・Zを連れていたジャズ・Oとも頻繁に顔を合わせていたと彼は後年回想している。少なくともそれから10年経てのコラボレーションだが、ここでは力強さで押す「718」、感傷的な「Love is Gone」のプロデュースを担当。ジェイ・Zとの確執が有名な通りジャズ・Oは音楽業界の「政治」にうんざりしていて、そうではないところでの作品発表の条件がようやく整ってのアルバムのリリースで、ゆえにアルバムは彼の知るマーシー・プロジェクトのリアルについてであり、「ヒップホップ」「カルチャー」についてなので、グランドマスター・カズのようなオールド・スクール伝説的MCを迎えている。(荏開津広)

Artist

Heather B

ヘザー・ビー

Track

Steady Rockin' feat. Twyla

Title

Eternal Affairs

2002年 : Sai Records
CD, 2 × LP

自身のブレないスタイルを刻印

BDPクルーの一員として登場した彼女の「Guilty」に次ぐプリモとのコラボジョイント。ポップなフックの歌が曲全体にいつになく軽快さをもたらしているがそこはプリモ、ステイプル・シンガーズ曲の冒頭のスタブ音をチョップして配置するという極めてシンプルな作りのなかに、電子音とノイズの飛び道具的サウンド2種類と、8小節目に別ネタをぶち込むことによって自身のブレないスタイルを刻印している。(吉田雅史)

Artist

Nas

ナズ

Track

2nd Childhood

Title

Stillmatic

2001年 : Ill Will / Columbia Records
CD, 2 × LP, Cassette

ナズの復活作の中での重要曲

ナズの復活作でありジェイ・Zへの報復を展開する本作。プリモは自らがプロデュースした「NY State of Mind Pt. II」の一部を、さらにはナズがQB・ファイネストと演った「Da Bridge 2001」をサンプリングしリスペクトを捧げる。メインのネタはピーボ・ブライソン&ロバータ・フラックの「Born To Love」で、情感ある旋律をバックにストリートで生きる自らを誇示。アルバムの中でも変化を作る重要な曲。(つやちゃん)

Artist

Non Phixion

ノン・フィクション

Track

Rock Stars

Title

The Future Is Now

2002年 : Landspeed Records
CD, 2 × LP, Cassette

00年代アンダーグラウンド重要作

イル・ビル、サバック・レッド、ゴアテックスの3人のラッパーとDJエクリプスという、様々な民族的ルーツを持つメンバーから成るNY・ブルックリン発のグループの唯一のオリジナル・アルバムは、政治的要素の評価も含めて00年代初頭のアンダーグラウンド・ヒップホップの重要作として名高い。1969年のバーケイズのファンクを〝チョップ&フリップ〟したビートはすでに様式美として確立されている。(二木信)

Artist

The X-Ecutioners

ザ・エクセキューショナーズ

Track

Premier's X-Ecution

Title

Built From Scratch

2002年 : Loud Records / Epic Records
CD, 2 × LP, Cassette

スクラッチャー、プリモの面目躍如

スクラッチャーとしても高く評価されるプリモが、そのスジのXメンたちを相手にビート提供に加えて、スクラッチのセッションにも堂々参加した1曲。Xメンたちが自由に描けるように、とばかりにあえて余白を多めにとったシンプルなビートのキャンバスに多彩なスクラッチの応酬が濃厚な4分強。当人らも「Dj Premier In Deep Concentration」を大いに意識し、00年代のアップデート版を目指したはず。(VD_BB)

Artist

Afu-Ra

アフーラ

Track

Lyrical Monster / Blvd. feat. Guru

Title

Life Force Radio

2002年：Koch
CD, 2×LP, Cassette

職人技の細やかさが際立つ

ヴォーカル・グループ、デルズの楽曲のトーンダウンする間奏のストリングス、ホーン、ギター、ベースなどを見事に組み替える「Lyrical Monster」、オルガン奏者、チャールズ・アーランドの最高にクールなジャズ・ファンク「Kungfusion」のアタックの効いたホーンをアクセントにした「Blvd.」。ギャング・スター・ファンデーションのラッパーのセカンド収録の2曲は荒々しさや歪さではなく、職人技の細やかさが際立つ。（二木信）

Artist

DJ Cam

ディージェイ・カム

Track

Voodoo Child (DJ Premier Remix) feat. Afu-R

Title

Soulshine

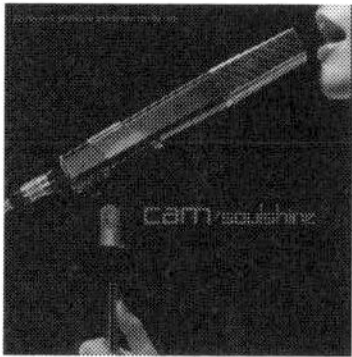

2001年：Inflammable
CD, 2×LP, Cassette

アルバムの流れで聴きたい作品

アブストラクト・ヒップホップのシーンで活躍してきたフランスのプロデューサー・DJカムが2001年にリリースしたシネマティックに構成されたアルバムで、本作のハイライトがプリモのプロダクション。ヒップホップ、ジャズ、ボサノヴァ、アンビエントをミックスしてストーリーを紡いできてクライマックスで、荒々しくも洗練された芸術的なチョップ&フリップをプリモがかます。アルバムの流れで聴きたい作品。（宮崎敬太）

Artist

Devin the Dude

デヴィン・ザ・デュード

Track

Doobie Ashtray

Title

Just Tryin' ta Live

2002年：Rap-A-Lot
CD, Cassette

超スモーキーなナンバー

ドクター・ドレーの名盤『2001』に収録された「Fuck You」にフィーチャーされ、一躍知名度を広げたヒューストンのベテラン・ラッパーが、2002年にリリースしたソロアルバム。プレミアがプロデュースした「Doobie Ashtray」は、タイトルそのままの超スモーキーなナンバー。プレミア・サウンドをスクリューしたかのようなネットリと耳に残るビートに激ユルなラップがドロリと絡みつく良曲に仕上がっている。（吉田大）

Artist

The Lady of Rage

ザ・レディ・オブ・レイジ

Track

Unfucwitable

Title

Doggy Style Allstars - Welcome to Tha House, Vol. 1

2002年：Doggystyle
CD, 3×LP, Cassette

ピッチを上げたアップテンポビート

97年リリースの『Necessary Roughness』でプリモが提供したハードな2曲とは異なり、ピッチを上げてサンプリングしたアップテンポなビート。その上でいかに彼女がタフで人を寄せ付けない女なのかをハードにライムしているが、興味深いのはサンプル元。イヴォンヌ・フェアの「Let Your Hair Down」は勤勉な男を誘惑する女性目線の歌詞で、使われている部分も艶かしい吐息が続くイントロ。実に真逆の曲を下地にしている。（斎井直史）

Artist

Xzibit

イグジビット

Track

What a Mess

Title

Man vs. Machine

2002年：Loud Records
CD, 2 × LP, Cassette

完全に確立された作家性

イグジビットがキャリアの絶頂期にリリースした4thアルバム。プリモの楽曲はボーナストラックとして収録。イグジビットは「この時初めて東海岸まで行って向こうのプロデューサーと仕事したんだ」と語る。アナログノイズごとサンプリングしたプリモの叙情的なビートをタイトに乗りこなすイグジビットのラップも素晴らしい。ただあまりにもプリモのカラーが強すぎて、アルバム本編には収録されなかったのかなと感じた。（宮崎敬太）

Artist

Krumbsnatcha

クラムスナッチャ

Track

Incredible feat. Guru

Title

Respect All Fear None

2002年：D&D Records
CD, 2 × LP

骨太ドラムとミニマルなピアノ

プリモのホーム・スタジオだったD&D・スタジオのレーベル、D&D・レコーズからリリースされた唯一のアルバムがクラムスナッチャによる『Respect All Fear None』だ。ギャング・スター・ファウンデーションの一員もあるクラムスナッチャだが、この曲ではプリモがプロデュースしただけではなくグールーも参加。骨太ドラムとミニマルなピアノループが効いたギャング・スター色の強い仕上がりとなっている。（アボかど）

珍しい顔合わせが目立つスヌープの7作目

仕事を選ばない姿勢と、唯一無二のキャラのまま様々なコラボする能力にかけては、ヒップホップ界のハロー・キティと呼びたいスヌープ（愛されキャラだし。あ、犬と猫か）。サウスのノー・リミットとの契約が終わり、トランジションの最中に放った7作目。ファレルによる特大ヒット「Beautiful」ほか、ジェイ・Z、ナズ、メスを招聘、あえて地域性を消している。プロデューサーも珍しい顔合わせが目立つ。ハロー・スヌープはD&Dにピンプのアイコン、アーク・ビショップ・ドン・マジックと現れたそう。プレミアがタイロン・ディヴィスの曲を使うアイディアを伝えたところ、マジックがその場でタイロンに電話した逸話も。その「The One and Only」はブラック・エクスプロイテーションの映画に使われそうな出来だ。せっかくレディ・オブ・レイジとRBXも参加した「Batman & Robin」はコンセプトが先走りすぎてリリックとトラックが乖離、全体から浮いてもったいない。（池城美菜子）

Artist

Snoop Dogg

スヌープ・ドッグ

Track

13. The One and Only

18. Batman & Robin feat. The Lady of Rage & RBX

Title

Paid the Cost to Be the Bo$$

2002年：Dogg Style Records
CD, 3 × LP, Cassette

2000-2004

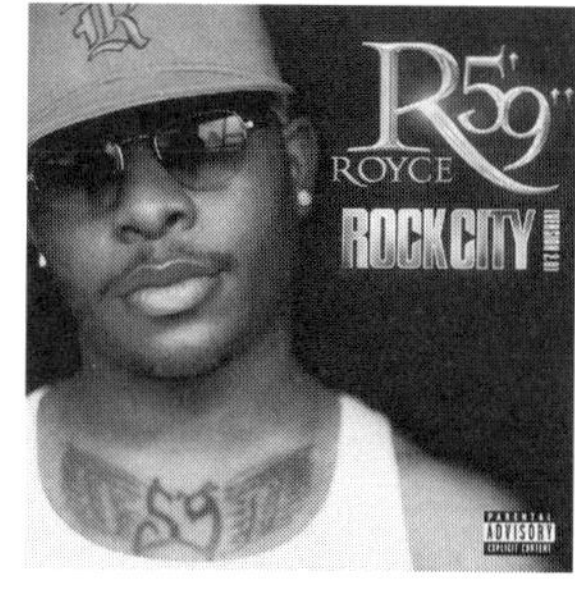

Artist

Royce Da 5'9"
ロイス・ダ・ファイヴナイン

Track

04. My Friend
11. Boom

Title

Rock City (Version 2.0)

2002年:Game Recordings / Koch Records
CD, 2×LP

2000年代のDJプレミアを代表する1曲

いまやプライムとしてタッグを組む2人だが、その関係は本作収録の「Boom」に端を発する。2000年代のプレミアを代表する1曲となった同曲は、もともとCNN用に作られたビートをロイスが気に入ったことで実現した。ケイ・ジーズ「Anthology」からサンプリングした時限爆弾を彷彿させる秒針音で幕を開け、ライム巧者ロイスのバトルライムと哀愁感あるストリングス、レディ・オブ・レイジの声を擦り倒したフック、すべての要素をもって無敵のクラシックとなった。同曲は後にビヨンセ主演の映画「カルメン」に採用され、絶妙にダサい別ヴァージョンが作られたが、プレミア本人も不本意らしいので割愛する。また、同じくプレミアによる「My Friend」は、跳ねたドラムとベース、3つのアタック音だけで構成されるミニマルなトラックながら、ロイスのラップとフックのコラージュだけで十分にスリリングな佳曲となっており、どちらも2人のスキルと相性の良さが堪能できる。(橋本修)

Artist

Gang Starr
ギャング・スター

Track

Battle

Title

Music from and Inspired by the Motion Picture 8 Mile

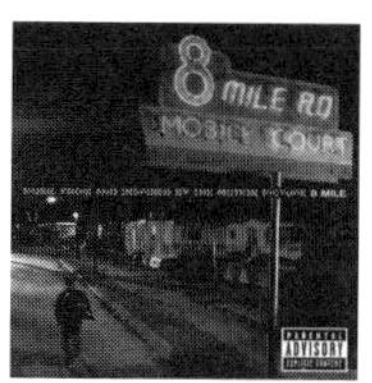

2002年:Shady / Interscope
CD, 2×LP, Cassette

派手でダーティーなビート

おそらく現在20代後半~30代前半の方の中にはこのサントラで様々なヒップホップ・アーティストを知ったという者も多いだろう。MCバトルを世間に知らしめた映画『8マイル』のサントラに収録された1曲ともあって、グールーの血の気の多いラップにプリモのキレキレの(ヴォーカル・サンプルも当然のように映画を意識しているように感じる)スクラッチ、派手でダーティーなビートにこちらの血も滾る。(高久大輝)

Artist

Tony Touch
トニー・タッチ

Track

Gotcha Back feat. Rise & Shine

Title

The Last of the Pro Ricans

2002年:Sequence
CD

ミックステープ中盤を飾る巨匠の技

ミックステープ・キングの異名を持つプエルトリカンDJが、02年に発表したミックステープの中盤を彩るブルックリンのバイプレイ・デュオ、ライズ・アンド・シャインのプリモ監督作。前年にロウカスより発表された「Move Your Body」で脚光を浴び、本楽曲のシングルもヒットを記録。フックではゴーストフェイス・キラー「Assassination Day」の一節を引用した貫禄のスクラッチを聴くことができる。(高橋圭太)

Artist

Just-Ice

ジャスト・アイス

Track

Just Rhymin with Kane feat. Big Daddy Kane

Title

Fat Beats Compilation, Volume Two

2002年：Fat Beats
CD, 2 × LP

ファットビーツのコンピ第2弾

DJジャブによって1994年、NYのロウアー・イースト・サイドに開店したレコードショップ、ファット・ビーツ（現在はWebのみ）は、ヒップホップの普及に大きな影響を及ぼしたと伝え聞く。この曲が収録されたコンピ・シリーズからもそんなファット・ビーツの存在感が感じられる。ジャスト・アイス、ビッグ・ダディ・ケインとの綴るリリックは今聴けばトキシックだが、プリモの擦りはいまだに痺れるかっこよさ。（高久大輝）

Artist

Just-Ice

ジャスト・アイス

Track

Gangsta's Don't Cry

Title

Gangsta's Don't Cry / Just Rhymin' With Kane

2002年：Memnoch
12"

ヘッズ泣かせの組み合わせ

〝ギャングスタ・オブ・ヒップホップ〟を自称したOGの98年の『VII』から4年振りとなる復帰作は、ビッグ・ダディ・ケインを招いたニクいタイトルのB面共にプリモプロデュース。本物のギャングスタとはなんぞやを語る主役の男性ホルモン過多のラップに対し、プリモが用意したのは一才の贅肉がない筋骨隆々のビートで、ギャングスタは泣かないかもしれないが、この完璧な組み合わせを聴かされて泣かないヘッズなど存在しないのだ。（#3F）

小雨の降るニューヨークのストリートへ

ギャング・スターによるグループの存命中、最後のアルバムとなった6作目『The Ownerz』からの12インチ。A面のザ・ミステリアス・フライング・オーケストラ「Shadows」を大胆にサンプリングした、ツンのめったグルーヴが魅力的な「Skills (Main Version)」では、特に巧みなベースラインが輝きを放っている。ヒップホップの要素を詰め込んだMVを観ながら聴けば、たちまち小雨の降るニューヨークのストリートへと引き込まれるだろう。さらにB面の「Natural (Main Version)」は、プリモが揺れながらパッドを叩く様子が眼に浮かぶようなビートで、まるで彼の中に流れるグルーヴを体感している気分になれる。どこかラフで、でもこれ以上ないドープさ。2曲とも、その他の（特に90年代の）ギャング・スター作品と比べて過小評価されているようにも感じるアルバム＝『The Ownerz』が改めて聴かれるべき作品であることを伝えている。（高久大輝）

Artist

Gang Starr

ギャング・スター

Track

A2. Skills (Main Version)
B2. Natural (Main Version)

Title

Skills / Natural

2002年：Virgin
12", CD-Single

Artist

Gang Starr

ギャング・スター

Track

01. Intro (HQ, Goo, Panch)
02. Put Up or Shut Up feat. Krumb Snatcha
03. Werdz from the Ghetto Child feat. Smiley the Ghetto Child
04. Sabotage
05. Rite Where U Stand feat. Jadakiss
06. Skills
07. Deadly Habitz
08. Nice Girl, Wrong Place feat. Boy Big
09. Peace of Mine
10. Who Got Gunz feat. Fat Joe & M.O.P.
11. Capture (Militia Pt. 3) feat. Big Shug & Freddie Foxxx
12. PLAYTAWIN
13. Riot Akt
14. (Hiney)
15. Same Team, No Games feat. NYG'z & Hannibal Stax
16. In This Life… feat. Snoop Dogg & Uncle Reo
17. The Ownerz
18. Zonin'
19. Eulogy
20. Natural [Japan Bonus Track]
21. Tha Squeeze [Japan Bonus Track]

Title

The Ownerz

2003年：Virgin Records
CD, 2×LP, Cassette

グールーと共にスタジオで制作した最後のアルバム

プリモがグールーと共にスタジオで制作した最後のアルバム。本作がリリースされた2003年といえば50セントの「In Da Club」が大ヒットし、前年にはザ・ネプチューズがプロデュースしたクリプスの「Grindin'」が発表された。機材の進化がヒップホップのサウンドに地殻変動を起こした。同時にマーケットも加速度的に大きくなり、ヒップホップは世界のポップミュージックになった時期でもある。あらゆるポップミュージックは常に更新される。その意味では、プリモのトレードマークであるチョップ&フリップはアウトオブデイトな手法となった。だがこの時に作風をほぼ変えなかったことが結果的には重要だったように思う。自らのスタイルを突き詰めることで、改めて彼のやり方がヒップホップのひとつの基準となった。それを明確に感じさせるのが本作だ。ファンキーなグルーヴを湛えた「The Ownerz」にこんなラインがある。「I be the owner of this style（俺がこのスタイルのオーナーだ）」。明確な意図があってプリモのシグネチャー・サウンドを採用しているとしか思えない。個人的にはスヌープ・ドッグが参加した「In This Life...」の芳醇さ、ギャング・スター「Mass Apeal」を擦った「Zonin'」に痺れた。なおリード曲「Skillz」はミステリアス・フライング・オーケストラ「Shadows」を組み換えてるが、元ネタでエレピを弾いてるのがロニー・リストン・スミス。当時ヨーロッパや日本でリバイバルしていたジャズフュージョン・ムーヴメントに自然と呼応しているのも興味深い。リリースから20年以上経ってもまったく色褪せることのない傑作だ。（宮崎敬太）

Artist

Craig G

クレイグ・ジー

Track

Ready Set Begin

Title

This Is Now!!!

2003年：D&D Records
CD, 2×LP

ストリングスネタとタイトなドラム

ジュース・クルーの一員であるクレイグが、豪華プロデューサー陣を引き連れた十年以上ぶりの1枚。かつて彼の「Droppin' Science」（1988年）をオマージュしたダス・エフェックス「Kaught In Da Ak」のリミックスを手掛けたプリモも、ストリングスネタとタイトなドラムによるビートで華を添える。映画『8マイル』のラップバトルのリリックを手伝っただけあって、クレイグの固いライムが光る1曲だ。（吉田雅史）

Artist

Ras Kass

ラス・カス

Track

Goldyn Chyld (Street Version)

Title

Goldyn Chyld

2002年：Priority / Capitol
12"

不遇のキャリアを歩んだラッパー

ドクター・ドレーとの共作も行う凄腕ラッパーながら、不遇のキャリアを歩んだラス・カス。この曲はお蔵入りとなったアルバム『Goldyn Chyld』のタイトル曲で、プリモは太いドラムとちょっとアジアっぽい匂いがする上モノが印象的なビートを手掛けている。ラス・カスのタイトなラップも強力で、「もしアルバムがちゃんと出ていたら」と思わされる1曲だ。フックでのプリモのスクラッチも冴え渡っている。（アボかど）

Artist

The Ranjahz

ザ・ランジャズ

Track

Inspiration feat. Cee-Lo

Title

Who Feels It Knows

2003年：Penalty Recordings
CD

シーローの声がサンプリング的に

これもまた名曲に違いない。モス・デフが「ミナサン、イチバン……」と歌うdj honda「Travellin' Man feat.Mos Def」で同じネタをサンプリングしているが、本曲の方がより緊張感がみなぎって聴こえるのはシーローの特徴的な高い声の影響か。そもそもシーローの声がサンプリング的に入ってくるのがおもしろく、プリモがどこまでディレクションしているのかはわからないが、見事なコンビネーションを生んでいる。（つやちゃん）

Artist

Bumpy Knuckles

バンピー・ナックルズ

Track

P.A.I.N.E. (Pressure At INdustry Expense) / Lazy!!!

Title

Konexion

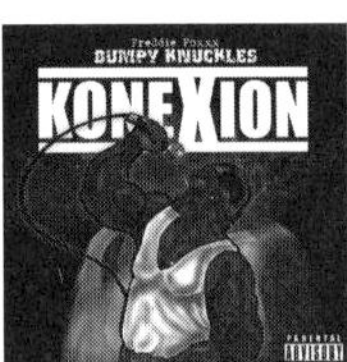

2003年：Rapster Records / BBE
CD, 2×LP

マーダー・バラッドをサンプリング

フレディ・フォックスという名でも知られる80年代初期から活動するラッパーは、ギャング・スターの名作「The Militia」に参加した際にミンクのコートで現れ、銃を取り出してヴァースを録音したという強者。通算4作目はそんな逸話に違わないハードコアな仕上がりで、「P.A.I.N.E.」ではトム・ジョーンズのマーダー・バラッド（殺人や犯罪を主題とした歌）をサンプリングして〝ストリートの暴力論〟を展開するのだ。（二木信）

2000-2004

2000-2004

Artist

Big Daddy Kane

ビッグ・ダディ・ケイン

Track

Any Type of Way

Title

V.A. - Fat Beats Compilation Volume Three

2003年：Fat Beats
CD, 2×LP

オースク仕込みの安定感あるラップ

意外にもビッグ・ダディ・ケインとプリモの絡みが出てくるのは2000年以降。チョップ&フリップという技術を極め尽くした2003年に、ブラジル人ギタリスト・ローリンド・アルメイダの「Til the End of Time」からのワンフレーズをそのままサンプリングしたこのトラックが発表されることに趣を感じる。ディガーとしての耳、そしてプロデューサーとして柔軟さ。オールドスクール仕込みの安定感あるラップとマッチした1曲。（宮崎敬太）

Artist

Just-Ice

ジャスト・アイス

Track

History
Love Rap (Street)

Title

History / Love Rap

2003年：FAT BEATS / Memnoch Records
12"

リアルOGがシーンに物申す

ヒップホップ黎明期からのハードコア・ラップ開拓者であるジャスト・アイス。「History」ではリアルOGが当時のシーンに一言、物申す曲。ファンク色の強いループは彼のフロウに合う。それだけでなくサンプル元のジョー・テックスは70年代の音楽シーンでサザン・ソウルを開拓したOGだ。プレミアはジャスト・アイスの立ち位置を重ねたのだろうか。「Love Rap (Street)」はスプーニー・ジーの同名曲をほぼ再現したビート。（斎井直史）

Artist

CeeLo Green

シーロー・グリーン

Track

Evening News feat. Chazzie & Sir Cognac the Conversation

Title

Cee-Lo Green... Is the Soul Machine

2004年：Arista Records
CD, 2×LP, Cassette

ダーティーサウスの傑作アルバム

ダンジョンファミリー、元グッディー・モブのシーローが70年代ソウルをテーマに作った00年代ダーティーサウスの傑作アルバム。「Evening News」のタイトル通りプリモは薄暗く粘っこいビートで攻めるが、その粘着力はアルバムの中でもやはり随一。ソウルミュージックの象徴的なフレーズを前面に出さずしてここまでソウルフルなムードを醸成できるマジックに驚く。シーロー以外の2人の客演の声との相性も良い。（つやちゃん）

Artist

Royce Da 5'9"

ロイス・ダ・ファイヴナイン

Track

Hip Hop

Title

Death Is Certain

2004年：Koch Records
CD, 2×LP.

依存症に苦しむラッパーの大ヒット

ビーフ、鬱、アルコール依存症で苦しんでいたリリシスト会心のヒットは、ストレートな「Hip Hop」だった。頭を振らせる太いドラムは、フリップされたサンプルの隙間により際立ち、ロイスのライムと相乗効果を生んでいる。ラップの内容とビートの印象が一致していて、アルバムの中で唯一プレミアが手掛けた曲であるが、盤中でこの曲が頭ひとつ抜けた存在感を放っている。後に2人がプライムとしてタッグを組むのも納得だ。（斎井直史）

Artist

Pitch Black

ピッチ・ブラック

Track

03. It's All Real

10. Got It Locked

Title

Pitch Black Law

2003年：Motown Records / a Division of UMG Recordings, Inc.
CD, 2×LP

プレミア症候群を加速させた5人組の一瞬のきらめき

94年にNYで結成された彼ら5人組は、シングルやメンバー個々の客演で名声を高め、人気DJであるケイスレイにフックアップされた後、満を持してのフル・アルバムを発表する。そんな待望の作品にプレミアが提供したのは「It's All Real」とフォクシー・ブラウンを客演として招いた「Got It Locked」の2曲。どちらもヘヴィーでハードコアなブーンバップで、00年代にプレミアの存在感を改めて誇示したクラシックだ。特に前者は日本国内でも正規リリース前からブート・シングルが軒並みソールドアウト、日本人のプレミア・シンドロームを加速させた1曲でもある。この2曲以外にもスウィズ・ビーツやテディー・ライリーらが監修で参入し、質実共にストロングな作品となっているのだが、前述シングルの印象がリスナーにとって強すぎたのか、その後、グループとしての勢いは失速。3年後にインディー流通で発表するセカンド作を残すのみとなってしまった。(高橋圭太)

Artist

Hasstyle

ハススタイル

Track

Projects feat. Shinobi #7

Title

BX-TRA

2004年：Hoodlum Entertainment
CD

不穏かつ荘厳なプリモビート

90年代に2枚の12インチもドロップしているブロンクスのMC。ブラス・フィーバー曲のホーンとオルガン、エレピによる上ネタと芯のあるドラムによる不穏かつ荘厳なプリモビートが体現するのは、彼の凄さのひとつであるハードコアさと両立してしまう「キャッチー」さ！といってもセルアウト的なものではなく、得意のミニマルなビートの作りが、ネタのサウンド、フリップするリズムと音程によって「耳に残る」のだ。(吉田雅史)

Artist

Proof

プルーフ

Track

Play with Myself (Freestyle)

Title

I Miss the Hip Hop Shop

2004年：Iron Fist Records
CD

ジェルーのビートジャック曲

エミネムも所属するD12メンバーでもあるプルーフのミックステープ。プリモがプロデュースした、ジェルー・ザ・ダマジャ「Ya Playin' Yaself」のビートジャック曲で、犯罪自慢に耽るフェイクMC批判を核にしたジェルーのコンシャスなリリックに対して、プルーフはポルノ女優の名前を並べながら下ネタとしての「ひとり遊び」についてスキルフルなライムを披露。価値転倒という意味でヒップホップ的だ。(吉田雅史)

2000-2004

Artist
DJ Premier
ディージェイ・プレミア
Track
Coke Dj-culture (Remix)
Title
Coke Dj-culture

2004年：Coke Dj-culture
12" Promo. CD Single Promo

貴重なインストゥルメンタル作品

２００４年～２００６年にドイツのコカ・コーラ社とベルリンのラジオ局、ジャムＦＭの共同プロモーション企画の一貫として登場した、仮設の音楽レーベル「Coke Dj culture」。幅広いジャンルのアーティストが起用されたが、初年度はＤＪプレミアやＲＪＤ２ら４名の楽曲が発表された。しかし本作で使用されているビート、もともとはジム・キャリー主演の映画『グリンチ』のサントラ用に制作されたもので、そこではプレミアとバスタ、夢の共演が予定されていたとか。残念ながら最終的にはテディ・ライリーが起用され、たち消えとなった幻のコラボだが、そのお蔵入りビートをエディットし直したものが本作である。新たにコーラの瓶と瓶がぶつかり合う音のサンプリング（？）が追加され、硬質なドラムとチョップされたストリングス、プロモーション用ワードをスクラッチでコラージュするという紛れもなくプレミア印の世にも珍しいインストゥルメンタル作品となっている。（橋本修）

Artist
The Marxmen
ザ・マークスマン
Track
Bloody Murdah
Title
Marxmen Cinema

2004年：Family First Productions
2×CD, 4×LP

ゴリゴリのベースとパワフルなドラム

ＵＫのマークスマンではなく、Ｍ.Ｏ.Ｐ.の変名である。ミックステープ『Marxmen Cinema』にはギャング・スターの「1/2 & 1/2」など既発のプリモ制作曲も収められていたが、この曲は同作のみに収録。ここでのプリモはゴリゴリとしたベースのループとパワフルなドラムで、Ｍ.Ｏ.Ｐ.の２人の暑苦しいラップを引き立てている。ビリー・ダンズがビートをなぞって歌い、ジャ・ルール化するフックがキャッチー。（アボかど）

Artist
Freddie Foxxx
フレディ・フォックス
Track
Teach the Children (Main Mix)
Title
Turn Up The Mic / Teach The Children

2004年：Fat Beats
12"

フォートップスをサンプリング

「子供たちに教えて、ブラザーを助けて、シスターを愛して……」との子供たちの声を受けて、フレディ・フォックスが、幼い娘を持つラッパーという立場から、子供たちに放つメッセージ（「現実の人生にはバーニーやビッグ・バードはいない、俺の仲間のバーニーに訊いたらわかる、彼はビッグ・バード（＝超大量のコカイン）で終身刑され」）。サンプル＆ループされたウワモノはフォートップス「Seclusion」のイントロだ。（小林雅明）

―特別インタビュー―
DJ KAORI
プレミアって常にクール

――カオリちゃんは、ニューヨークでエンジニアの学校に通うなど機材への理解もかなりありますよね？

DJ KAORI（以下K）：それほどではないけど、ひと通り勉強したいなっていうのはありましたね。基本オタク。当時は今みたいに音源がネットに落ちていなかったから足でレコード買いに行っていました。バイト代はほとんどレコードに費やしていた。

――ビート・ストリートやファット・ビーツで買っていました？

K：ロック・アンド・ソウルとかもね。まだマンハッタンにもレコード屋があって、ロック・アンド・ソウルの隣に12インチを2ドル99セントで売っている店があったから、それを求めて。

――（イースト・ヴィレッジの）アベニューC、Dあたり、若干危なって言われていた辺りまで。

K：行きましたね。（ブッダ・ブランドの）デヴ・ラージ君と一緒にブロンクスの人の家に行ったり。そこでYMOの『コンピューター・ゲーム』を見つけて大感動……あれ、これプレミアの本の取材だよね？

――大丈夫です。最初はDJ KAORIのハードコアぶりから伝えたかったの。

K：プレミアが使っていたD&Dスタジオの（オーナーの）ダグとデブもエンジニアの学校、インスティチュート・オブ・リサーチの卒業生。私はほとんど勉強してないけど。

――**卒業はしました？**

K：卒業はしたけど、もうその頃はＤＪで週に４、５日働いていたから、昼間は眠くて先生の話は聞き流していました。まだアナログのテープを切っていた頃でＤ＆Ｄにあった卓もＳＳＬ（ソリッド・ステート・ロジック）ではなくて、トライデントの古い型。そういう時代です（笑）。

――**それでＤ＆Ｄにも行くようになってプレミアとも知り合ったの？**

K：それが覚えていなくて。最初にＤ＆Ｄに行ったのは（ファンクマスター・）フレックスがレコーディングした時かな。あの頃、ダウンタウンのパーティー・シーンがあってＤＪやラッパーとかいろんな人が遊びに来ていたから、そういう流れで繋がったんだと思う。

――**カオリちゃんもいたパーティーでプレミアがＤＪブースから「ケオリ、ケオリ」って連呼していて、あ、友達なんだなって。**

K：どちらもＤＪだからね。フッド丸出しの人でもないし。

グールーとは『Jazzmatazz』のツアーでヨーロッパを一緒に回った

――**グールーはテキサスのヒューストン出身なんですよね。彼は英語で畳みかけるみたいに話すけど実は大卒のインテリ。**

K：グールーとは『Jazzmatazz』のツアーでヨーロッパを一緒に回ったんですよ。ま、とんでもないおじさんだよね。朝から酔ってラップしながらバスに乗って来たり、キレキレのテンションになったり。

――**インタビューでも質問を一切聞かないで、言いたいことだけ言って帰ろうとする。でも天才ですよね。**

K：才能が溢れていて音楽的にも早かった。

――**何か国ぐらい回ったのでしょう？**

K：４、５か所かな、ＣＤのプロモーションでハービー・ハンコックやアンジー・ストーンとテレビにも出ました。あと、ビラル覚えてる？彼らと回ったんですよね。クレーツを２つ持って大変だった。

――**ロバート・グラスパーのおかげでビラルは最近復活しています。アンジー・ストーンは怖かったんじゃないですか？**

K：全然。パリで一緒に買い物行ったし。だからギャング・スターの２人とは縁があったみたい。ちょうど『Moment Of Truth』が出る時にグールーの悪い酒癖が出て、彼女に拳銃を向けた、向けないで、裁判になったんですよ。だからジャケットが裁判所で審判を待っているところ。それでプレミアからグールーを励ますコメントが欲しいって頼まれて、各国のいろんな国の女の子が「元気出してよ」って言っているスキットにも参加して。「ワッツアップ、グールー？」とか、下手な英語でやりました。

――**プレミアはグールーの素行に振り回されていた印象でした？**

K：うーん、どうだろう。（そのスキットは）アルバムのためだし。２人のチームではあるけどプレミアは忙しかった。ナズともやっていたし、プロデューサーとしてバカ売れしていたから。

――**いろんなラッパーが順番待ちをしていた。**

K：そうそう。ジェルーやＭ.Ｏ.Ｐ.、アフーラとか自分のチームもいたし、テフロンとかね。ギャング・スターの活動が後回しになる部分もあって。グールーはそれでまたアルコールでキレキャラになった。最後は少し様子がおかしくて誰にも会わなくなっちゃってね。

——それで遺書が本物かで揉めました。インタビューの時やクラブで見かけて話した時、自分が引っ張ったプリモばかりが売れたから嫉妬もあるのかなって私も思った。

K：プレミアがどうのって、日本に来た時も文句を言っていました。自分にフォーカスしてくれないから寂しかったのかな。なんで死んじゃったんだっけ？

——癌です。お酒の飲み過ぎからきたのかな。

K：だって、ツアー行った時も朝までパーティーで飲みながらラップしていたから。そのままバスに乗ってきて、次の場所でも同じ。「もう休んでよ」って感じだったんだけど。寂しいよ。

「DJ Premier In Deep Concentration」は何十回、何百回かわからないぐらい聴いた

——ギャング・スターを最初に聴いたのはどの曲か覚えてますか？

K：「Jazz Thing」辺り。あの頃、UKのアシッドジャズのブームもあったし。プレミアの存在に気がついたのは「Words I Manifest」のB面の「DJ Premier In Deep Concentration」。あれですよ、あれ。「Summer Madness」使いの。うわ、かっちょいい！って。あのトラックは何十回、何百回かわからないぐらい聴いた。今でも大好きな曲。

——ここぞ、という時にかける？

K：最近は求められないからかけないけどね（笑）

——DJとしてプレミアと一緒にブックされたことはありますか？

K：それはないけど、M.O.P.集団が出ているイベントには出演したかな。プリモは別格だから。ただ、私が（ビッグ・ドッグ・）ピットブルズに入った時は、なんか自分も入りたそうだった。

——えー（笑）

K：え、本当？って。DJスクラッチも入りたそうだったから、私がフレックスに話して一瞬だけ入ったけどすぐにいなくなっちゃった（笑）。DJキャレドやパリのカット・キラー、イギリスのティム・ウエストウッドを入れて広げようという企画があって、みんな一時期ピットブルズに入った。

——結構スタイルがバラバラな感じですね。

K：その国々で有名なDJに声をかけたんだよね。だから私がロンドンに行った時はティムのラジオに出演したり、パリでカット・キラーの番組でDJしたり。懐かしいです（笑）。

——2人とも大物ですよね。スクラッチの話をしましょう。スクラッチの巧さを説明するのは難しいけど、プリモやジャジー・ジェフみたいに聴いただけで「あれ、あの人かな？」ってわかるDJもいる。カオリちゃんも結構スクラッチするよね。

K：私はオールドスクールのスクラッチですよ、ドコドコドコドコって。2枚使いは一応する、みたいな。ビッグ・キャップと同等レベル……って、知ってる人いないか（笑）。私も生活態度が良かったわけで

はないから。

——逆に真面目にやっているだけでも、ついていけない世界ですよね。

K：そうかも。プレミアのDJといえば90年代の前半に（ラジオ局の）WBLSで番組があったな。プロデューサー業が忙しかったと思うから現場でDJするイメージは薄いよね。

——私もターンテーブルの後ろに立っているのを見たのはギャング・スターのライヴくらいかも。

K：あとは、M.O.P.とか。自分のクルーのライヴで少しやるっていうノリ。クラブで回す（ファンク・マスター・）フレックスとは全然ノリが違う。もうほら、プロデューサーで稼いでいるし。

マーリーをリスペクトしているからスクラッチのワンフレーズ、ワンフレーズを全部覚えてる

——西のドレー、東のプレミアで私の中では同等だったけど、ドレーがガンってヒップホップの枠を出て有名になっちゃって。

K：コマーシャル（商業的）っていう意味ではね。当時はプレミアとピート・ロックがイースト・コーストの2大巨頭。あと、ウータンのRZAかな。それぞれ音に特徴があるじゃない？ ピート・ロックだったらSP-1200のドラムが特徴的だし、プレミアだったらMPCでサンプリングをチョップして、それにスクラッチを乗せるっていう。ただワンループでサンプルするんじゃなくて、チョップしてMPCを叩いて新しい音を作るイメージ。プレミアのスクラッチはマーリー・マールの影響をすごく受けていて。

——そうなんだ。

K：そうそう。MCシャンの「Bridge」の後半にマーリー・マールのスクラッチが延々と入ってるの、知ってる？ 下手ウマなんだけど。それを一字一句覚えているの。マーリーをリスペクトしているからスクラッチのワンフレーズ、ワンフレーズを全部覚えてる。ああ、この人はスクラッチ・マニアだ、好きなんだなって思った。楽曲にも出てるよね。アクセントとしてスクラッチをうまく曲に落とし込んでいく。あと、当時はキュンキュキュンキュキューンって、3段階ぐらいで音を止めるスクラッチが流行ったでしょ？ あれもミスター・Cのスクラッチだって教えてもらった。プレミアが多用していたから彼が始めたのかと思ったら、「いや、これはミスター・Cだよ」って。

——直接、教えてもらったんだ？

K：そうそう。ターンテーブルをいじっている時「そのやり方、かっこいいね」って言ったら、「うん、これはミスター・Cのスクラッチなんだよ」って。ラッパーならMCシャンのラップのフレーズを引用するだろうし、DJはバックトラックを聴いて、スクラッチの部分を口ずさむ、という音楽の聴き方が自然かも。

——ほかにプレミアと接して印象的だったことがあれば。

K：プレミアって常にクールなんだよね。自分を見失わないし、そんなに無駄口たたく男ではないし。グールーみたいにラップしながら入ってきたりしないし。DJとラッパーの違いだよね。

——わかりやすく違う。

K：あれだけ人が慕ってついていくのはよくわかる。

——どっしり構えていますよね。

K：ぶれない。D&Dにもラッパーが集まって毎日作業していた。

——D&Dの話をすると、聖地として憧れて取材に行ったら、こんなに汚いんだって（笑）。本物すぎてびっくり。

K：そりゃそうでしょ。やっぱり綺麗なところには宿らないよ。お金がかかったヒット・ファクトリーみたいなところにはない。

——ビリヤードの台もあったでしょ？

K：ビリヤード、あったねー。そこでプレミアが部屋を陣取ってやっていましたよ。最後は彼があそこを受け継いだって話もあったよね。スタジオもどんどん高級になって変わっていった。ヒップホップが売れたから90年代の初頭のスタジオとは違う、きちんとしたSSLがあるような。すべてが変わりましたよね。

——そんな状況の中でもプレミアが変わらなかったのはすごいですね。

K：D&Dが好きだったんだと思いますよ。仲間も集まっていたし、セレブリティに憧れるタイプの人間では絶対ないし。ファレルとは違う。いいとか悪いとかではなくてタイプが違う。プレミアは昔ながらのヒップホップの人。メソッド・マンとレッド・マンの「How High」の世界。自分が成功したストリートから出る気もないと思し。その辺はいまどきのラップ・シーンと違うかもしれないけど、いまだにリスペクトされている。プレミアのサウンドだったり、DJだったり、存在を求める人は世界中にずっといるわけだから。それはそれでいいと思うし素敵なことだと思います。

——若いラッパーのMVに出演して、最近はアイコンになっていますね。

K：味があるからね。技やスキル、フレアーがどうこうではなく、彼なりのオリジナルなスクラッチがある。時代に合わせていろいろやってみるのもひとつのやり方だし、自分のサウンドを貫くやり方もある。

——トラックをプリモに作ってもらうのを目標にして出てくるラッパーがどの時代にも必ずいる。それで、デビューアルバムの一番いいところにその曲を収録しています。

K：ヘッズからのリスペクトはずっとあるよね。「He is Cool.（やつはクールだ）」っていう、プレミアはクールだよね、かっこいいねって。そう言われる存在ですね。

DJ KAORI

単身でニューヨークへ渡りクラブでプレイしているところを、DJファンクマスター・フレックスの目に留まり、彼が率いるDJ集団Big Dawg Pitbullsに唯一の女性DJとして加入。マライア・キャリーやP・ディディ、音楽界以外でもマイケル・ジョーダン、マイク・タイソンら、スーパーセレブからDJのオファーを受けるまでになるミックスCDシリーズ『INMIX』はあまりにも有名。

聞き手：池城美菜子

MARXMEN CINEMA
CANIBUS
MAROON 5
CALL AND RESPONSE : THE REMIX ALBUM
LITTLE VIC: "EACH DAWN I DIE"
Kool G Rap
LAURA IZIBOR
ILL BILL
PRODUCED BY DJ PREMIER
"U GOTTA LOVE US"
streethop
Termanology
OUR DAILY BREAD
G-dom
MASS APPEAL: THE BEST OF GANG STARR
MY BROTHER'S KEEPER
LAKE FEATURING CORMEGA
RENEGOTIATIONS
THE REMIXES
INSIDE MAN
agallah
AZ
THE FORMAT
SWAY and KING TECH
SCREWBALL
OL' DIRTY BASTARD
Back to Basics

2 0 0 5 - 2 0 0 9

2005-2009

トレンドに媚びなかったからこそ、オーセンティックなサウンドは繰り返し見直される

DJプレミアが名実共にトップ・プロデューサーとなったのは、今回の年表分けでいけば、1994〜1996年ということで概ねのリスナーの意見は一致するはずで、その後も90年代の終焉までは安定感のみでなく革新性をもって、やはり同時代のプロデューサーの第一人者であり続けた。それくらいエポックメイキングな楽曲を連投し続けていたのは、本ディスクガイドの該当年を見ていただければ明らかだ。では、それからのキャリアといえば、前ハーフ・ディケイドあたりから、シーンのトレンドとプレミア自身のアートフォームにギャップが生じてきたわけで、その乖離する兆候がより顕著になってきた、いわば過渡期、もしくはそれらを消化するための第一段階というのが2005年〜2009年のプレミアと言える。

ラップ・ミュージックがコマーシャル性を増すにつれ、プレミアは時代のトップ・プロデューサーというよりは、ベテラン枠／大御所枠とも言える存在へと変化していった。常に時代のトレンドを追う〝ヒップホップ・ヘッズ〟からみれば、時代に取り残されたようにも映ったはずだ。その頃のフロア・ヒットやチャート・イン作品の常連プロデューサーといえるファレル（N.E.R.D）やスウィズ・ビーツ、ジャスト・ブレイズ、カニエらもすでにトップ・プロデューサーとして多作を極めており、軸のブレないプレミアが、シーン全体を眺めるリスナーからそのように見られたとしてもそれは仕方のないことだった。しかし、そういった外野からの評価はプレミアにとっては取るに足らないことだったようで、事実、トレンドのサウンドは変わっているし、自身はスタイルを変えていない。それでもなお、そんなことはおかまいなしと言わんばかりに、プレミアの制作ペースはおよそ15年にわたり常に横ばいの安定感を記録しており、なんならこの時期に関しては、それ以外に20本を超えるDJミックスまで制作をしている多作ぶりだ。2010年のXXL誌のインタビューで、同じように自身のキャリアの停滞期と言われていることを質問されたプレミアは、AC/DCのアンガス・ヤングの言葉をもって「これまでの作品を好んでくれるリスナーは常に最新作を好んでくれるし、また、一部からの批判というの

はどの時代にもあって、それは仕方がないことだ」と語っている。むしろガラッと変わってしまったトレンドに媚びなかったからこそ、そのオーセンティックなサウンドは繰り返し見直され、その度に新規顧客を獲得していく結果となったわけだ。

その筆頭とも言えるのがクリスティーナ・アギレラだろう。ポップ・フィールドでも活躍する当代きっての歌姫が、アルバム中まさかの5曲をプレミアに依頼しようとは誰が予想しただろうか？　意外性のあるその組み合わせは、最終的には新たなる名タッグとなった。これまでにもR&Bシンガーやオーバーグラウンドでヒットを連発するようなMCのプロデュース／リミックス・ワークはあったが、このコラボレーションは、お互いがしっかりとお互いのやるべきことをコントロールできる環境にあり、そのなかから「Ain't No Other Man」のような傑作が誕生したわけだ。プレミアはアギレラのことをプロフェッショナルだと評しており、十分な尊敬をもって、このプロジェクトを成功へと導いた。それ以外にもマルーン・5やブラック・アイド・ピーズなどポップ・フィールドを代表するアーティストとの仕事もこなしつつ、一方で、ビッグ・シュグやAZ、ファット・ジョー、ロード・フィネスといった旧知の面々との仕事も平行し、またブラック・ポエット、ピッチ・ブラック、ターマノロジー、NYGズといった、プレミア自身がフックアップしてきたインディペンデントなアーティストのプロデュースも多くこなした。

こうした後出のフックアップを後押しするなかで、自身のレーベル「Year Round」を立ち上げたことも大きなトピックだろう。立ち上げ当初から、あまり大きなレーベルとしてではなく、少数精鋭で常にインディペンデントでありたいと本人が語っている通り、どちらかといえば身内や自身の作品を世に送り出すため。また外部からの余計なコントロールが入らないためのレーベルとして立ち上げた部分が大きいだろうが、以前のギャング・スター・ファウンデーションの面々のアルバム同様、アルバム単位やそれに近しいボリュームのプロデュースをプレミアが手掛ける作品もあり、また、上記の通りミックス作品もこのレーベルを通してリリースしているものもある。実際にイヤー・ラウンド設立後はプレミア自身の露出は明らかに増加していて、このレンジの広い、混沌とした時期のインディペンデントな部分に大きな影響を与えた。（橋本修）

プリモ・ビートを軽やかに乗りこなす

Artist

Teriyaki Boyz
テリヤキ・ボーイズ

Track

You Know What Time Is It!?

Title

Beef or Chicken?

2005年：(B)APE SOUNDS / Def Jam recordings
CD

プリモが日本人とコラボするのはジブラの「The Untouchable」という前例があるが、そもそも「The Untouchable」に至ってはライムスターがバックワイルドと組んだ「マイクの刺客」との日米合作企画盤が組まれた通り、90年代は海外プロデューサーと共演するというのは大変な事件だったのだろう。時は流れ、2004年に結成されたテリヤキ・ボーイズはファーストとなる本アルバムでネプチューンズからDJシャドウ、カット・ケミスト、さらにダフトパンクまで揃えた夢のような作品を作り上げる。このメンバーだけにラップも軽快で、プリモ・ビートを軽やかに乗りこなすさまが対等な関係性を示していて良い。リリックも日本語と英語がシームレスに並べられ、RYO・Zの「君は迷ってた?もしくは怒ってた?でも俺は踊ってたイェー」のラインにある通り、するするとゆるやかにビートの上を滑っていくパフォーマンスが痛快。(つやちゃん)

シンプルなドラムブレイクに切ないピアノ

Artist

Blaq Poet
ブラック・ポエット

Track

A1. We Gonna Ill (Street)
B1. Poet's Comin' (Street)

Title

We Gonna Ill / Poet's Comin

2005年：Beatdown Recordings
12"

プレミアがフックアップしていたクイーンズのクルー、スクリューボールのメンバーであるブラック・ポエット。「We Gonna Ill」は、シンプルなドラムブレイクに、どこか切ないピアノサンプルが組み合わさった、単純なのに耳にこびりつくプレミア節が炸裂したビート。究極にシンプルなビートだからこそ、ブラック・ポエットの哲学的でリズミカルなラップが光る。フックが女性ヴォーカルによる歌になっていることで、曲全体の情報量が引き算され、研ぎ澄まされたグルーヴと色気が生まれている。スクラッチは「Bongo Breaks」でのバスタ・ライムスの声ネタ。「Poet's Comin」はまるで「ポエットのお出ましだ」と胸を張って彼が登場する姿が想像できるような、さらに堂々としていて勢いのあるビート。ところどころにリリックの擬音と合わせて重い銃声が入っており、遊び心を感じる。「これぞプレミア」と思わせてくれる、ハードコアな1曲だ。(MINORI)

2005-2009

Artist

Sway & King Tech

スウェイ・アンド・キング・テック

Track

Enough Beef feat. Royce Da 5'9", Common & Chino XL

Title

Back 2 Basics

2005年 : Bungalo Records / Bolo Entertainment
CD, 2 × LP

グールーのヴァースを使ったフック

エミネムとの決裂（後に和解）や、D12の不和。特にプルーフとは銃撃事件まで発展し逮捕にまで至るほど激しいビーフで心を摩耗した当時のロイス。だからこそ、ギャング・スター「What I'm Here 4」から「ラップを始めてからクソなことがたくさんあった。ビーフはもう十分。銃の撃ち合いもだ」というグールーのヴァースがフックとしてハマっている。ビートも同曲をほぼそのまま使ったビートジャック。（斎井直史）

Artist

Ol' Dirty Bastard

オール・ダーティ・バスタード

Track

Pop Shots (Wu-Tang)

Title

Osirus

2004年 : JC Records
CD, 2 × LP

ストイックなビートとぶつかり合い

ドラッグの過剰摂取でこの世を去ってしまったODBの死後に発表されたものだが、ロッカフェラ・レコードが死後契約を終了したことでややごたついた。それゆえ追悼の意が込められている通常のプロダクションとは意味の異なる作品だが、ODBのラップがいきなりブルックリンのコカイン禍の話から始めることもあり、それを引き受けるストイックなビートとのぶつかり合いにも沈痛な印象は避けられない。（荏開津広）

Artist

Afu-Ra

アフーラ

Track

Sucka Free

Title

State of the Arts

2005年 : DECON
CD, 2 × LP

盟友と練成したドープな１曲

NY出身、幼馴染みであるジェルー・ザ・ダマジャのサイドキックとしてシーンに現れたラッパーによる円熟作にも過去2作同様、プレミアによるプロデュース作が収録されている。エディー・フロイド「Didn't I (Blow Your Mind This Time)」のピッチを上げたギターを下敷きに96BPMのブーンバップに仕上げた本曲でも、アフーラによる若干チージーではあるが、独特の哲学を持った詩世界は健在。（高橋圭太）

Artist

Tony Touch

トニー・タッチ

Track

Gangsta Gangsta feat. Tego Calderón

Title

The ReggaeTony Album

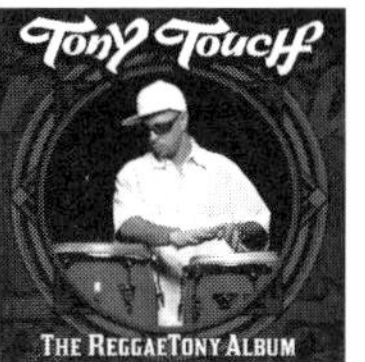

2005年 : EMI Latin
CD

プリモ丸出しのミニマル・ビート

トニー・タッチによるレゲトン・シリーズ『The ReggaeTony Album』は大ヒット曲「Play that Song」を収録した本格レゲトン・アルバムだが、DJプレミアのプロデュース作品「Gangsta Gangsta」が収録されている。まさかのレゲトン!?ではもちろんなく、不穏な空気感を演出したプリモ丸出しのミニマル・ビート。プエルトリカン・ギャングスタ・ラップとしては秀逸なのだが、このアルバムに必要な楽曲だったかは不明。（PoLoGod.）

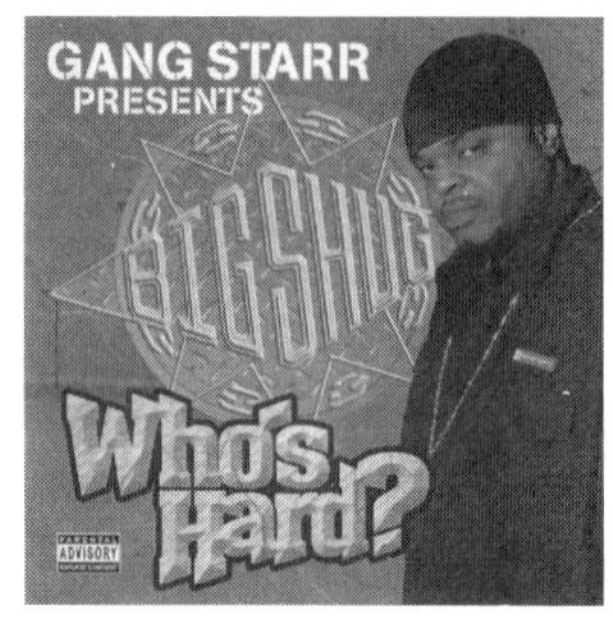

Artist

Big Shug

ビッグ・シュグ

Track

02. The Way It Iz
03. Counter Punch feat. Guru
04. On the Record
05. Bang 'Em Down
06. Do Ya
07. Tha 3 Shugs
08. Sic a Niguz feat. Bumpy Knuckles
19. Dirt feat. H Stax & Smiley the Ghetto Child
20. What's Really Real?

Title

Who's Hard?

2005年：Sure Shot Recordings / All City Music
CD

文脈と音が同期する美学の真骨頂

ギャング・スターの「The Militia」の鮮烈なラップでも知られる、ギャング・スター・ファウンデーションの共同設立者の実質的なファースト。本作のプリモ・ワークスから3曲を挙げるとすれば以下の通りだ。ジェルー・ザ・ダマジャ「Brooklyn Took It」のスクラッチとビートの被せと、デイヴィッド・マシューズのフュージョンから抜いたアタックの強いホーンなどで鋭利な刃物のようなループを生む「Bang Em' Down」、MC、ゲトー・××（ghetto ni**a）、ピンプというストリートを生きる3つのペルソナのヴァースに合わせてビートを展開させる「Tha 3 Shugs」、そして「You Know My Steez」でも引用したダス・エフェックスの「The Real」という言葉をスクラッチし、ラップ・ゲームにおける「"本物のリアル"とは何か?」という主題を突き詰めるシュグをブルージーなトラックで引き立てる「What's Really Real?」。文脈と音が同期する美学の真骨頂。（二木信）

Artist

Anisha Nicole

アニーシャ・ニコール

Track

One Track Mind

Title

19

2005年：Base Hit Records
CD

"成功の方程式"が見事に炸裂

ドラムと激ヤバのベースライン1本だけで、極上インディーR&Bソングの出来上がり。ドープでいてキャッチーさも持ち合わせているという、プリモがR&Bを&手掛ける際に用いる"成功の方程式"が今曲でも見事に炸裂。一方、歌い手のアニーシャ・ニコールはと言うと、ファーストにあたる本作をリリースしたっきり、その後の作品はなし。アルバム自体もダンスホールレゲエがあったりと、おもしろかっただけにもったいない。（二宮慶介）

Artist

Gang Starr Foundation

ギャング・スター・ファウンデーション

Track

Intro (co-produced by DJ Jones)

Title

Ahead of the Game

2005年：GAMBIT-ENTERTAIMENT
12", CD

プリモはイントロのシャウト

レコード屋で見かけてギャング・スターかと思いクレジットを見るとギャング・スター・ファウンデーション？プロデューサーは誰？と謎めいた作品となっていたが、いざ向き合ってみるとプリモはイントロのシャウトのみ参加でビートは企画者側、ドイツのプロデューサーが担当。ファウンデーションのラッパーは全面参加と豪華ではあるが、まずビートからどこか噛み合わない。単純にプリモファンには不要な作品かも!?（DOMO+PoLoGod.）

Artist

M.O.P.

エム・オー・ピー

Track

Pop Shots feat. O.D.B.

Title

St. Marxmen

2005年：Koch Records
CD

ODBのリミックス版

アルバム完成前に契約が打ち切られたロッカフェラ・レコーズでRECした未発表曲を詰め込んだミックステープ。収録曲で目を引くのがプレミア・プロデュースの下で、オール・ダーティー・バスタードがクラック・コカインについてスピットした「Pop Shots」のリミックス・ヴァージョン。ODBのファンキーという他ない歌声をフィーチャーしたオリジナルにリル・フェイムのワイルドなヴァースを追加している。（吉田大）

Artist

AZ

エージー

Track

The Come Up

Title

A.W.O.L.

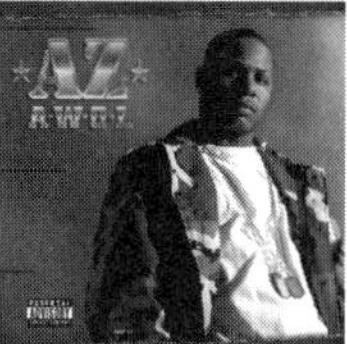

2005年：Quiet Money
CD, 2 × LP

プリモが提供した隠れた名曲

〝ナズ『Illmatic』収録の「Life's a Bitch」に客演した〟――と紹介されることが多いブルックリン出身の名ラッパー。前作『Aziatic』収録の「The Essence feat. Nas」でグラミーにノミネートされた。5枚目のアルバムとなる本作でプリモが提供した「The Come Up」は隠れた名曲。シタールのように響く音はストリングスを組み換えたもの。プリモのメロウネスが好きな人に聴いてもらいたい。（宮崎敬太）

Artist

Smooth B

スムース・ビー

Track

Game Over

Title

Game Over / Rude Awakening

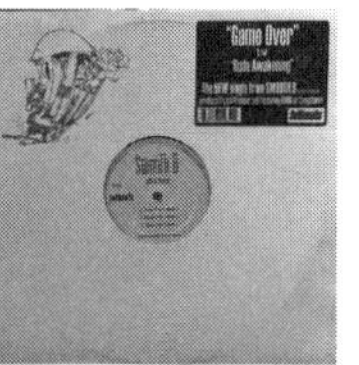

2005年：Fat Beats
12"

滑らかなフローの美声が聴けるA面

ニューヨークのギャング・スターのライヴでは、お決まりのハイライトがあった。「DWICK」でナイス&スムースが飛び出してきて、グレッグ・ナイスが腹をゆすって踊るのだ。相棒のスムース・Bがウェスト・ヴィレッジにあったレコード・ショップ、ファット・ビーツのレーベルから出した12インチ。滑らかなフローの美声が聴けるA面と、グールーをフィーチャーしたハードコアなB面は、どちらも映画で使われそうなムードだ。（池城美菜子）

Artist

Heather Hunter

ヘザー・ハンター

Track

Freak Like Me

Title

H Double: The Unexpected

2005年：Blo Records
CD・DVD

ポルノスター唯一のラップ・アルバム

本書の中で最も変化球の部類であろう本作は、アフリカン・アメリカンのトップ・ポルノスター、ヘザー・ハンターによる、唯一のラップ・アルバム。プレミアがプロデュースした「Freak Like Me」は浮遊感あるエレピとベース＋ドラムというシンプルかつソリッドな、間違いなくプレミア印のビートながら、全体としては単調な感じで、使いどころのもったいなさは否めない。スキットに参加したアキネリのフィット具合が本盤の白眉。（橋本修）

Artist

MC Lyte

エムシー・ライト

Track

The Wonder Years

Title

The Wonder Years / Dirty Game / Married To The Game

2006年：Word Of Mouth
12"

MCライトの未発表からのカット

お蔵入りになったと思われるMCライトの未発表アルバム『Back To Lyte』用に制作されたと思しきカット（プレミア本人が出演しているMVもある）。初出はB面にコーメガ「Dirty Game」が収録された12インチと思われ、プリモのレア曲を集めたコンピ作にも収録。全体に敷かれている印象的なハープの音色は、ローラ・リー「At Last」から。イントロで使われたジェイ・Zのラップは「03 Bonnie and Clyde」をサンプリング。（渡辺志保）

Artist

Flipsyde

フリップサイド

Track

Long Time Comin'

Title

The Pen And The Sword

2005年：Self-released
CD-R

滑らかなフローの美声が聴けるA面

ツイン・ギター擁するオークランドで結成されたオルタナティヴ・ヒップホップバンド、フリップサイドが、インタースコープから大々的に売り出された2005年のデビュー・アルバムと同時期に、セルフ・リリースしたミックスCDに収録。低音部のピアノをシンプルに組んだループと思いきや、時おり小節の頭に不協和音を差し込んでくるあたりが一筋縄ではいかない御大。お約束の「ポメ〜」はしっかり入ってるので安心を。（二宮慶介）

Artist

Blaq Poet

ブラック・ポエット

Track

01. Bang This
03. Message from Poet
06. Watch Your Back
10. Poet Has Come

Title

Rewind: Deja Screw

2006年：Traffic Entertainment Group
CD, 2×LP

有名・無名のラッパーを斬りまくる

優れたラッパーの条件とは時代によって変化するのか。ブラック・ポエットは、なんと1987年、17歳で〝ブリッジ・バトル〟に参加しKRS・ワンをディスする「Beat You Down」をリリースしたザ・ポエットと同一人物、完全なクイーンズ・ブリッジ人脈。プレミアはその後1999年、彼が参加したスクリューボールというグループのラン・DMC以来のラップ・スタイルの尊重が谺する「H.O.S.T.Y.L.E.」をプロデュース、それから6年経ったブラック・ポエット名義の本作でもそのフロウの発展系において〝ライフタイム・ハスラー〟と名乗る彼がポエット（詩人）の登場を宣告し、物騒なストリートの事情を物騒な言葉遣いで描き、有名・無名のラッパーを斬りまくる。もしくは陰鬱な〝売人〟の暮らしが暴かれる。プレミアにとって、優れたラップが優れたヒップホップになる瞬間とはこのことではないのか。優れたラッパーの条件はプレミアにとって普遍ではないか。（荘開津広）

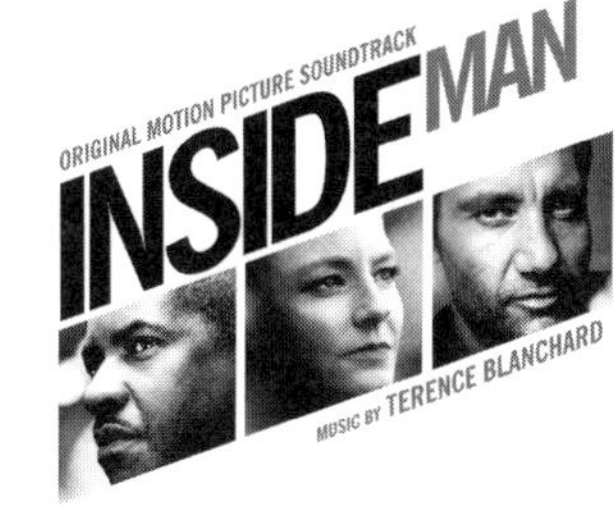

Artist

Panjabi MC

パンジャビ・エムシー

Track

Chaiyya Chaiyya Bollywood Joint

Title

Inside Man (Soundtrack)

2006年：Varèse Sarabande
CD

ハリウッド仕様へとアップデート

2003年UK出身のパンジャビMCが、インドに由来するバングラ・ビートを大胆に用いた「Mundian to Back Ke」なる楽曲を発表。さらに、その楽曲をジェイ・Zがリミックスした「Beware...」が大ヒットし、パーティーバンガーとして毎夜のごとく世界中のフロアを揺らしまくっていた。その3年後、パンジャビMCが新たにタッグを組んだ相手こそがDJプレミアだった。スパイク・リーがメガホンを取った映画『インサイド・マン』の冒頭をミステリアスに彩る本曲は、映画のサウンドトラックのためにわざわざリー自身がパンジャビ・MCとプレミアのコラボをセッティングして、ニューヨークでレコーディングを行ったもの。既存のボリウッド楽曲「Chaiyya Chaiyya」に、プレミアがプロデュースを施してハリウッド仕様へとアップデート。さらにヘヴィーなベースとドラム、ハイハットとスクラッチが加わり、文字通りスケールのデカさを感じる仕上がり。（渡辺志保）

Artist

Black Eyed Peas

ブラック・アイド・ピーズ

Track

My Style (DJ Premier Remix) feat. Justin Timberlake

Title

Renegotiations: The Remixes

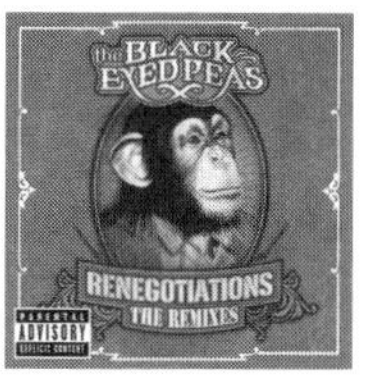

2006年：A&M Records
CD, Cassette, 12" Promo

〝ラップ・トリオ〟としてのBEP

ヴォーカルのファーギーを迎え、ポップ・シーンでも大きな人気を博していたブラック・アイド・ピーズ（BEP）が、本来のヒップホップ色を取り戻すべくリリースしたリミックスEPにプレミアが参加。ファーギーとジャスティンのパートをガッツリ組み換えて主役から脇役へと押しやり、ウィル・アイ・アムらのラップを引き立てる構成に。あくまで〝ラップ・トリオ〟としてのBEPの魅力が押し出された好リミックス。（渡辺志保）

Artist

Smiley The Ghetto Child

スマイリー・ザ・ゲットー・チャイルド

Track

The Wake Up Call

Title

The Antidote

2006年：Amalgam Entertainment
CD

余計な音を削ぎ落としたワンループ

グールーが主宰するイル・キッド・レコーズからのシングルや、ギャング・スター『The Ownerz』にも参加したブロンクス出身のラッパーのファースト・アルバムにして代表作。余計な音を削ぎ落としつくしたシンプルなワンループのビートは、プリモからラッパーとしての実力を信頼されている証。イグジビット、ブランド・ヌビアンに加えて、ウータン・クランのクラシック「C.R.E.A.M.」の声ネタもアツい。（宮崎敬太）

2005-2009

Artist

Christina Aguilera

クリスティーナ・アギレラ

Track

01. Intro (Back to Basics) feat. Linda Perry

03. Back in the Day

04. Ain't No Other Man

11. Still Dirrty

13. Thank You (Dedication to the Fans)

Title

Back to Basics

2006年：RCA Records
CD, 3 × LP, Cassette

情熱的に歌い上げるアギレラの才能が爆発

アギレラは、カニエと組んだ2018年作『Liberation』を聴いてもわかる通り、ヒップホップやソウルミュージックへのセンサーが時に過度に反応する一筋縄ではいかないおもしろいアーティストだと思うのだが、彼女のそちら側の才気が爆発したのが本アルバム。彼女の元夫であるジョーダン・ブラットマンを通じて紹介され、プリモは初め1曲だけということで制作していたが、アギレラが「Back in the Day」のトラックを気に入った結果結局「Intro」含む計5曲で参加するという展開に。というのも、今作は『Back To Basics』というタイトルの通り、彼女が20世紀前半のオールドスクール・ジャズやソウルからインスピレーションを受け温故知新に向き合った作品であった。ポップ畑でも容赦しないプリモは、その「Back in the Day」で早速スクラッチを華麗に決めヒリヒリするコラボを実現する。「Ain't No Other Man」ではザ・ムーン・ピープルの「Hippy, Skippy, Moon Strut」というファンキーな曲を引用し、ダンサブルなビートでアギレラの最高の歌唱を引き出した。白眉は「Thank You」で、「Can't Hold Us Down」や「Genie in a Bottle」といった過去のアギレラ曲のヴォーカルをサンプリングしながらファンへの愛を捧げている。アギレラが憧れていたビリー・ホリデイやオーティス・レディング、エラ・フィッツジェラルドといったジャズ〜ソウルシンガーへのリスペクトを込めて作られたという通り、黒人音楽のビートを巧みに消化しながら情熱的に歌い上げるアギレラの才能が爆発。結果、アイドル的な受容を脱し本格派アーティストへと変化を遂げたアルバムであり、そのパートナーのひとりがプリモだったということだ。（つやちゃん）

2005-2009

Artist

Agallah

アガラー

Track

New York Ryder Music

Title

You Already Know

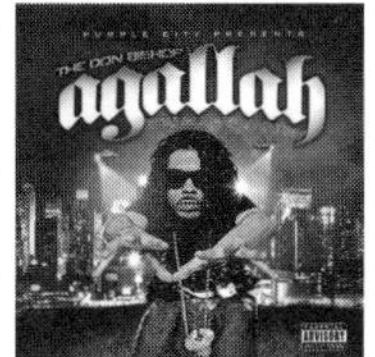

2006年：Babygrande Records
CD, 2×LP

ベテランの復活作をプリモが支援

90年代は8・オフの名前でラッパー、プロデューサーとして活動していたベテランのソロ復活作をプリモが支援。いつになく遅めのBPM、ノーハイハットのビート、上ネタはロニー・ダイソンのバラードという条件で、こんなにもハードコアなシットが誕生するとは！ 元ネタの女性コーラスの歌声が一瞬含まれており、2000年代のチップマンク・ソウル興隆のビートシーンへのプリモのアンサーのようにも。（吉田雅史）

Artist

Roscoe P. Coldchain

ロスコ・ピー・コールドチェーン

Track

Whut Itz All About

Title

DJ Premier - God Vs The Devil

2006年：Year Round Incorporated
CD-R

ミックステープのみ収録された1曲

クリプスの後押しもありスター・トラックとディールを得たにもかかわらず、その後不遇なキャリアを送ることになったロスコ・P・コールドチェーン。本作も、最終的にはミックステープに収録されるのみ。しかしながら、ナズ「Nas is Like」やクルックリン・ドジャース'95「Return Of The Crooklyn Dodgers」を連想させる〝鐘の音クラシック〟である本作は、その時期のプレミア・ワークスのなかでも実にクオリティが高い。（橋本修）

Artist

J-Hood

ジェイ・フッド

Track

Never Be

Title

V.A. - The Source Presents Fat Tape

2006年：Koch Records
CD, 3×LP

冬のNYのストリートを彷彿させる

ジェイダキスが所属する、ニューヨーク・ヨンカーズで結成されたヒップホップ・ユニット、D・ブロックの元メンバーとして知られるJ・フッド。ミックス・テープを精力的に制作してきた彼が、2006年に『The Source Presents Fat Tape』内にて発表したのが「Never Be」。冬のニューヨークのストリートを彷彿とさせるような哀愁あるビートが、落ち着いた語り口のラップとよくマッチしている。（MINORI）

Artist

Verbal Threat

ヴァーバル・スレット

Track

Reality Check (Main)

Title

Reality Check / Reckless Eye-Ballin'

2006年：Throwback Records
12"

早回しのヴォーカルと激シブビート

寡作で知られるヴァーバル・スレットの代表曲。スエードのプーマやチューブソックス、グラフィティ、バットとメイスを持ち歩かなければならないタフな環境……当時を体験していない者にもありありと情景を浮かび上がらせる描写が、早回しのヴォーカルが激シブなビートの上で展開される。アウトロで聞こえる電車の音もたまらない。Xのプロフィールには2023年にEPをリリース予定とあり、動向が注目される。（奥田翔）

Artist

Tef

テフ

Track

Showtime

Title

Showtime / Just Rhymin' with Krumb

2006年 : Works Of Mart Entertainment
12"

プリモ主宰レーベルからリリース

M.O.P.作品への参加で知られるラッパーのテフロンがテフ名義で発表したシングル。リリース元のワークス・オブ・マートはプリモが主催していたレーベルだ。この曲でのプリチは、ゴリゴリのベースとファットなドラムが目立つ武骨なビートを制作。テフロンの熱いラップとも抜群の相性を発揮しており、自身のレーベルから出したことも頷ける。なお、スクラッチではM.O.P.の2人の声も使用し熱量をさらに高めている。(アボかど)

Artist

F.A.B.I.D.

ファビッド

Track

Proper Dosage feat. Boy Big

Title

Proper Dosage / It Iz What It Iz

2006年 : Works Of Mart Entertainment
12" Promo

ハードな現実でも義理深く生きる

ソウルフルなサンプルを下地に、フックにはグループ・ホームとグールーの声をスクラッチを乗せた正統派ブーンバップ。ギャング・スターやアフーラの作品に登場するハンニバル・スタックスの硬派なラップは、ハードな現実でも義理深く生きる精神性を説いている。しかし、サンプル元であるローズ・ロイスの「You're My World Girl」は、自分の元を去った恋人に泣きながら跪いて許しを請う男の歌だったりする。(斎井直史)

デビュー作に続き、冒頭3曲をプロデュース

Artist

Pitch Black

ピッチ・ブラック

Track

01. Nice feat. Styles P

02. Revenge

03. Rep Da Hardest

Title

Revenge

2006年 : Travio
CD

ニューヨーク・アンダーグラウンドの5人組、ピッチ・ブラック。プリモは彼らのデビュー・アルバム『Pitch Black Law』から組んでおり、本作でも冒頭の3曲でプロデュース。メロウなイントロから声ネタが擦り切れ、いくつもの小節をまたいで鳴る耳障りなサンプルと共に一転してスリリングで物々しいビートに変わる「Nice feat. Styles P」は、アルバムのオープニングにふさわしい切れ味だ。2曲目のタイトル・トラックはアンダーグラウンドの空気が充満した怪しくスリリングなビートで、思わず首が振りたくなる一撃。パーカッションのサンプルも効いている。ただ、そうは言っても驚くのは3曲目の「Rep Da Hardest」だ。アナコンダのようにどう猛なベースラインは曲を支配し、スクラッチはマイクが繋がれるたびに曲全体に勢いを与えている。アルバム全体で勢いのある作品だが、冒頭のこの3曲ですでにそのノリが決定づけられているだろう。(高久大輝)

2005-2009

Artist

Ras Kass

ラス・カス

Track

Realness Freestyle

Title

Eat or Die

2006年：Re-Up Records
CD

ラス・カスの思いが伝わる１曲

西のリリシストとプリモのタッグといえば「Goldyn Chyld」だが、本曲はグループ・ホームの「Tha Realness」をビートジャックしたフリースタイル。ナズやモブ・ディープらも迎えた東海岸スタイルの当時2006年の音像のなか、明らかに本曲は浮いている。そこを度外視してまでボブ・ジェームズの不穏なエレピとベースのみの驚異的な緊張感の中でスピットしたかったラス・カスの思いが伝わる1曲。（吉田雅史）

Artist

Cormega

コーメガ

Track

Dirty Game

Title

My Brother's Keeper

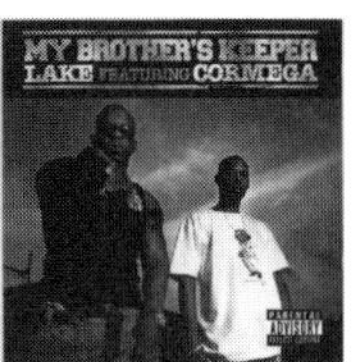

2006年：Fastlife
CD

ベテラン２人のタッグならでは

2005年にリリースされたコーメガのシングル。後に2009年のソロアルバム『Born And Raised』にも収録された。ここでのプリモは歌声も少し入ったサンプリングポイントの選定が光る、威厳のあるビートを制作している。コーメガのクールなラップの切れ味も鋭く、ナズからリル・Bまで幅広いラッパーの作品に客演で呼ばれてきたその実力が堪能できる。ベテラン2人のタッグならではの渋味溢れる佳曲だ。（アボかど）

Artist

Termanology

ターマノロジー

Track

Watch How It Go Down (Remix) feat. Papoose & Lil' Fame

Title

Watch How It Go Down (Remix) / Far Away

2006年：Brick
12"

イントロを、プリモのしゃべりに

イントロを、プリモのしゃべりに差し替え「リミックスでは誰が出てくると思う」と言うやいなやM.O.P.のリル・フェイムが登場。それもそのはず、この曲の表題が、M.O.P.「World Famous」のリリックから抜いたものだからだ。さらに同曲から別のフレーズを2つ、それにオリジナルから「Streets crazy wild...」で始まるターマノロジーのフレーズを組み合わせ、サビとなっている。（小林雅明）

Artist

AZ

エージー

Track

The Format

Title

The Format

2005年：Quiet Money
CD, 2×LP

AZの６作目のタイトル・トラック

ナズの盟友としても知られるAZによる6作目のスタジオ・アルバムからタイトル・トラック。AZのボースティングとストリートの痛みの混じり合うラップもさることながら、卓越したチョップ&フリップが光るビートはこれでもかとワンループの美学を見せつけ、加わるわずかなアレンジがさらに全体を輝かせている。すでに評価されている1曲だが、それでもアンダーレイテッドだと思う。まぎれもない名曲です。（高久大輝）

Artist

Kanye West, Nas, KRS-One & Rakim

カニエ・ウエスト, ナズ, ケーアールエス・ワン & ラキム

Track

Better Than I've Ever Been / Classic (Remix)

Title

Better Than I've Ever Been / Classic (Remix)

2007年 : Nike
12"

エア・フォース1発売25周年の特別企画盤

ナイキのエア・フォース1発売25周年を記念した特別企画盤。オリジナルはリック・ルービンのプロデュースでラキムは参加しておらず、ジョージ・ベンソン「Give Me The Night」使いのストレートなブーンバップだった。プレミアにリミックスの話が回ってきたとき、バラバラに録音したラキムのパートのBPMが違い、当時、最先端だったCDJを使って苦労してまとめたそう。こちらはナズ「One Love」と「It Ain't Hard To Tell」でスクラッチをし、カーク・ダグラス「Dance The Kung-Fu」を使っている。ヴィデオが作られたプリモ・ヴァージョンのほうが有名で、グラミー賞の最優秀ラップ・コラボレーション部門にノミネートされた。ナイキのCMの延長とも取れるプロジェクトだが、それぞれが自分のキャリアのキーワードとなる曲名、アルバム名、リリックを入れて「ずっと絶好調」、「タイムレス」とのテーマで収束するのが見事。まだ謙虚だったカニエが聴けるのも楽しい。(池城美菜子)

Artist

Freddie Foxxx

フレディー・フォックス

Track

Freddie Blassey

Title

Freddie Blassey

2007年 : Unreleased leek

ローファイなベースとキーボード

プリモの数あるレア・トラックの中でもとりわけ目にすることがない1曲。シンプルながら耳に残るベースラインとローファイなキーボードが特徴のビートに、噛みつきなどの反則技を得意としていたプロレスラー、フレッド・ブラッシーと自身を重ねタイトルとしたハーコーシット。飾り気のないプリモお得意の〝引きの美学〟と言えるトラックによってフレディー・フォックスの畳み掛けるラップの魅力がより際立っている。(二宮慶介)

Artist

Gang Starr

ギャング・スター

Track

The Natural

Title

Mass Appeal: The Best of Gang Starr

2006年 : Virgin / EMI Records
CD

力技一本のB面傑作

67年公開の映画『大列車強盗』サントラから引用したオーケストラ・サウンドをあえてアタックのフレーズとして使用するという力技の本楽曲は、02年発表の『The Ownerz』からの12インチ・カット「Skills」カップリングおよびアルバム日本盤限定ボーナストラックとして発表された、いわゆる〝B面クラシック〟。長くDJ諸氏から重宝されたこの楽曲も本ベスト盤に収録され、晴れて成仏といったところだろう。(高橋圭太)

Artist
NYG'z
エヌワイジーズ

Track
Ya Dayz R #'d

Title
N.H.B.

2007年：Year Round Records / Traffic Entertainment Group
12"

レス・バクスターのぶつ切りで構築

古くはグールー主宰のイル・キッド・レーベルのサンプラーに別名義で参加し15年近いブランクの後、DJプレミア設立のイヤー・ラウンドの第1弾を飾ったNYGズ。後に豪華マイクリレー+トラック再構築でリミックスもリリースされたタイトル曲も秀逸だが、ブラック・ポエットが参加し、重量級ドラムブレイクの古典、レス・バクスター「Hogin' Machine」のぶつ切りだけでグルーヴを構築した、アルバム未収録の「N.H.B.」が目玉。（橋本修）

Artist
Royce Da 5'9"
ロイス・ダ・ファイヴナイン

Track
Hit'Em / Gorilla Pimp / Ding!

Title
The Bar Exam

2007年：Traffic Entertainment Group/ Showoff Records / M.I.C. Records
CD

ディガーぶりが発揮された3曲

水着ギャルのエロジャケでお馴染み、ゲームに残されたシングル群の中では「Boom」が一番人気だろうが、他のコンビ曲もデュオ結成を予見させるようにしっかり好相性。チェコ産のプログレがネタの「Hit' Em」、スタティック・セレクタとの共同プロデュースの「Gorilla Pimp」、例の金髪豚野郎発言と奇しくも近しいタイミングで和モノネタをざっくり敷いた「Ding!」といった、プリモのディガー振りが遺憾なく発揮された3曲を提供。（VD_BB）

ひと捻りしたアプローチは長い付き合いならでは

ギャング・スター・ファウンデーションの古株、ビッグ・シュグの2007年作でプリモは3曲をプロデュース。シングルカットされた「Play It」は沈み込むようなピアノのループやストリングス、骨太ドラムが効いたプリモ印の名曲だ。「Streets Move」ではファンキーなベースと弾けるようなスネアが印象的なビートにシンガポール・ケインをフィーチャー。「It Just Don't Stop」では威厳のあるピアノをループした、当時のドクター・ドレーにも通じるビートを手掛けている。いずれの曲でもフックをプリモのスクラッチに丸投げせず、「Play It」ではヘタウマ系のコクのある歌を披露し、「Streets Move」では力強いラップを聴かせ、「It Just Don't Stop」はフックなしでスクラッチをイントロのみに配している。プリモのプロデュース=フックはスクラッチのイメージが確立されているなか、このひと捻りしたアプローチは長い付き合いならではのものと言えるだろう。（アボかど）

Artist
Big Shug
ビッグ・シュグ

Track
04. Play It
08. Streets Move feat. Singapore Kane
10. It Just Don't Stop

Title
Street Champ

2007年：Babygrande
CD

Artist

NYGz

エヌワイジーズ

Track

01. Itz On
02. Ya Dayz R #'d
06. Get 2 Tha Point
07. G'z & Hustlaz
08. Welcome 2 G-Dom
10. Giantz Ta Thiz
16. Strength

Title

Welcome 2 G-Dom

2007年：Year Round Incorporated
CD, 2 × LP

プリモのレーベルからのデビュー作

1994年頃、同じブロンクスに住んでいたギャング・スターの2人の耳にラップが届き、本格的に取り組むように勧められたパンチが、地元の仲間ですでにソロで活動してしたシャビーノAKAシギー・シャーを誘い結成したのが、ラップ・デュオNYGズ。彼らのデビュー作となる本作は、プリモのレーベル、イヤー・ラウンドからの初のオリジナル・アルバムで、彼が7曲を制作。表題曲では、彼らが最初に紹介されたギャング・スター「Same Team, No Games」の一部がサンプルされ、「Ya Dayz R #7d」ではオーセンティックなプリモ・サウンドを堪能できる。

そんな本作では、超定番サンプル・ネタ「Seven Minutes of Funk」が、チョップ&ループにより新鮮に響く「Giantz to Thiz」、サンプル&ループされているのが、ハイトーン・ヴォイスで知られるトミー・ショウのスティクス「Pieces of Eight」での歌声のピッチを上げたものだったする「Broken Dreams」が耳を惹く。（小林雅明）

Artist

Hannibal Stax

ハンニバル・スタックス

Track

Get It In

Title

Dj PF Cuttin - Our Daily Bread

2007年：YEAR ROUND
CD-R

ハードコア・ブーンバップのお手本

ギャング・スター・ファウンデーションの一員でもあるハンニバル・スタックスによるストリート・ナレッジが詰め込まれた燻し銀のラップが、プレミア節の炸裂したミドルテンポのビートと絡みあった、これぞハードコア・ブーンバップのお手本と言える1曲。初出となる本盤から長らく正式リリースされていなかったが、2022年マイク・ローンとのユニット、ファビッドのセルフタイトル作に晴れてフルヴァージョンが収録。（二宮慶介）

Artist

Rosco P. Coldchain

ロスコ・ピー・コールドチェーン

Track

Imma Kill This Nigga feat. Ab-Liva

Title

DJ Premier - Re-Program

2007年：Year Round
CD-R

最小の素材と大仰なムードの不均衡

ネプチューンズの「Hot」で有名なロスコ・P・コールドチェーンがサスペンスフルなラップを披露。リリックに合わせて丁寧に構築される世界観にも脱帽だ。プリモの凄さとは、簡素かつ最小限の素材で最大のドラマを作るといういわば資本主義の原理にも倣うような価値生産のパワーに宿っているが、本曲のようなミニマムな素材と大仰なムードの不均衡を見るとまさにそういった力を痛感せざるを得ない。（つやちゃん）

Artist

Mark Ronson

マーク・ロンソン

Track

Just (DJ Premier's Justremixitmix) feat. Blaq Poet and Phantom Planet

Title

Just

2008年：Sony BMG Music Entertainment
10", CD-Single

カヴァー曲をさらなるリミックス

レディオヘッドとプレミアは繋がりづらいが、DJ出身のロンソンが入ると合点が行く。95年の原曲をファントム・プラネットとカヴァー。08年のセカンド『Version』のシングルに据え、MVのパロディまで作った。ジャズの要素を強めたカヴァーに、プレミアがブラック・ポエットのヴァースとスクラッチを入れている。BKのダップ・キングスのデイヴ・ガイによるトランペットを、大々的に生かした後半が聴きどころ。（池城美菜子）

Artist

Special Teamz

スペシャル・チームズ

Track

Main Event

Title

Stereotypez

2007年：Duck Down
2×LP, CD

躍動的なベースラインを活かした

躍動的なベース・ラインを存分に活かした曲だ。フィリー・ソウルにおける数々の名曲を生み出した、30人以上のスタジオ・ミュージシャンから成ると言われた大所帯のバンド、MFSB「Smile Happy」がサンプリング・ソース。エド・オージー、ジェイサン、スレインから成るボストンのグループのファースト・アルバム収録。ちなみに小沢健二も「おやすみなさい、仔猫ちゃん！」（『LIFE』収録）でこのベースを引用した。（二木信）

Artist

Torae

トレイ

Track

Click feat. Skyzoo / Get It Done feat. Skyzoo

Title

Daily Conversation

2008年：Internal Affairs Ebtertainment
CD, 2×LP (Reissue)

ソロマイカー同士の初顔合わせ

後年にはタッグ作も出すソロマイカー同士の初顔合わせを全面バックアップ。ライブラリーから引っ張ってきた勇ましいホーンリフが彼らのキャリアの門出を祝うような勢いある「Click」に、一転してジョージ・デュークネタで怪しげな雰囲気を醸す「Get It Done」共々、味のある仕上がり。初出の12"は連名だったが、それぞれの作品では個人名義になっているので注意されたし。（VD_BB）

Artist

Byata

ビヤタ

Track

Byata Is the Illest

Title

Undefined

2008年：Beatrice Dikker

プリモ印のファットなブーンバップ

女性ラッパーのスターを発掘するリアリティ番組『Ego Trip's Miss Rap Supreme』への出演で知られるビヤタ。ラップだけではなく歌も聴かせ、バウンシーなものやロック風味などにも挑む柔軟なラッパーだ。しかし、この曲ではプリモ印のファットなブーンバップで堂々とラップし、ビギーなどと同じ「ブルックリンのラッパー」としての顔を強調している。いつも以上にシャープなプリモのスクラッチも聴きどころだ。（アボかど）

2005-2009

Artist

DJ Premier

ディージェイ・プレミア

Track

01. Spin Live

02. Sing Like Bilal

03. Blow Horn Joint

04. Pee-An-Oh

05. Mysterious

06. DaDaa

07. Dinky

08. B-Line

09. TrackHorn

10. Waaaaaa

11. Droopy

12. Original Rep-Re-Sent

Title

Beats That Collected Dust Vol. 1

2008年：Year Round Incorporated
CD, LP

未発表ビート集がレーベル・サンプラーとして機能

1993〜1994年のいわゆる黄金期を皮切りに、ほとんどペースを落とすことなくプロダクション・ワークを続けてきた、自他共に多作家／ワーカホリックと認めるプレミアだが、これまで未発表ビート集どころか、彼が手掛けたビートだけを集めるという試みは一切されてこなかった。まず、そういった意味でも本作は実に記念すべき1枚であり、また、本作の実現の背景には、自身のレーベル＝イヤー・ラウンドの立ち上げが大きく貢献していることも明らかだ。インタビューで本人もユニークで満足していると語る「埃を集めてできたビート」というそのタイトルも、実際には決して埃と呼ぶに値しないようなサンプリング・ソースも多いだろうが、定番ドラム・ブレイクスであるマウンテン「Long Red」を使用した「Waaaaa」どころか、E-mu社の音源モジュールであるプラネット・ファットのプリセットをそのまま使用した「Sing Like Biral」、ヒップホップやレアグルーヴとして割りと使い込まれた感のあるラモーン・モリス「Don' Ask Me」の終盤の誰も注目しないであろうベースラインをサンプリングした「Original Rep-Re Sent」など、そのサンプリング審美眼も健在だ。このリリースの後、ジョエル・オーティス、SmooVth、ラシャッド・サンらが自身の楽曲に本作収録のビートを使用しており、未発表ビート集がレーベル・サンプラーとしても機能しているのは逆転の事象ながらもとても興味深い。また、シリーズ化した本作はこの後数年ごとに新作がリリースされており（2023年現在はvol.3まで）、できることならば、未来永劫続いて欲しいシリーズである。（橋本修）

2005-2009

Artist
NYGz
エヌワイジーズ
Track
Ya Dayz R #'d (NYGemix) feat. Bumpy Knuckles, Lady of Rage and Royce Da 5'9"
Title
Welcome 2 G-Dom / Ya Dayz R #'d (NYGemix)

2008年 : Year Round
12"

力量あるラッパーたちのマイクリレー

プリモのレーベル、イヤー・ラウンド最初のアーティストでギャング・スター『The Ownerz』にも参加していた秘蔵っ子。本作は彼らのファースト・アルバム『Welcome 2 G-Dom』に収録されたプリモプロデュースの楽曲をセルフリミックスし、客演に「The Militia」にフレディー・フォックス名義で参加したバンピー・ナックルズ、「You Know My Steez」のリミックスに呼ばれたレディ・オブ・レイジといったギャング・スター『Moment of Truth』絡みのベテランに加え、ロイス・ダ・ファイヴナインも揃えたエネルギーの塊のような1曲。力量あるラッパーたちによるポッセカットはいつの時代もパワフルだ。音楽的にはほぼ展開のないワンループであるにも関わらず、なぜプリモのトラックはこんなにドラマチックな感情を掻き立てるのだろうか。(宮崎敬太)

Artist
Kool G Rap
クール・ジー・ラップ
Track
On the Rise Again
Title
Half a Klip

2008年 : Chinga Chang / Koch Records
CD

レニー・ウィリアムスをチョップ

クール・G・ラップにとっては02年の『The Giancana Story』以来となるソロ作『Half a Klip』からのシングル。彼の復活を盛り上げるべく、プリモは、レニー・ウィリアムス「I've Been Away From Love Too Long」のピアノをチョップした短いイントロが一旦終わり、そこからサンプルしたストリングスのループとビートが鳴りだすと、実在のモブスター、ジアンカーナのキャラに自らを託したG・ラップのラップが始まる。(小林雅明)

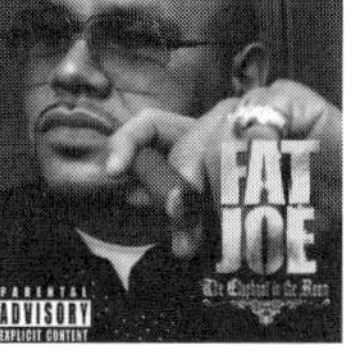

Artist
Fat Joe
ファット・ジョー
Track
That White
Title
The Elephant in the Room

2008年 : Terror Squad / EMI / Imperial
CD

アルバム〆のストリート・アンセム

ファット・ジョー8枚目のアルバム。新旧のプロダクション、ヒット狙いのポップソングとハードコアなヒップホップを同時に収録しているため「構成に一貫性を欠いている」との批判も受けた作品だが、プレミアがプロデュースした「That White」は、そのハードコア・サイドの楽曲。ザ・イレブン・アワー「Nasty」をサンプリングした、アルバムを締めくくるにふさわしいストリート・アンセムとなっている。(吉田大)

Artist

Canibus

キャニバス

Track

Golden Terra Of Rap (Original Version)

Title

The C of Tranquility Demo

2008年：-

玄人の高い評価も頷けるラップ力

2010年にオークランドのレーベル、インディペンデント・メディアからリリースした、ベテラン・ラッパー、キャニバスのソロとしては10枚目となる『C of Tranquility』のデモが流出。ドラマチックな原曲にまったく引けを取らない、大ネタ使いのハードなビートの上でアタマからケツまでぎっしりと問答無用のラップで実力を披露。タイトルのごとく黄金時代へと連れ戻される、玄人からの高い評価も頷けるラップ力だ。（二宮慶介）

Artist

Little Vic

リトル・ヴィック

Track

The Exorcist

Title

Each Dawn I Die

2008年：Orena Records
CD

ラップの良さを活かす〝引きの美学〟

D.I.T.C.のバックワイルドとも親交のあるニューヨークの地下MC、リトル・ヴィックのファースト・シングル曲に飾りっ気のないシンプルなビートを提供。過度な装飾を一切省いたが故、乗ってくる主役のマイク巧者振りが際立っていて、以降に絡みが無いのが残念なくらいの出来。実際、プリモも気に入っていたようで、後に自身が手掛けた複数の楽曲でスクラッチネタとしてピックアップ。引きの美学を地でいく1曲だ。（VD_BB）

Artist

Termanology

ターマノロジー

Track

02. Watch How It Go Down
07. How We Rock feat. Bun B
10. So Amazing

Title

Politics as Usual

2008年：Nature Sounds
CD, 2×LP

プリモに〝天才〟と言わしめたラッパーのデビュー作

06年リリースのDJプレミア・プロデュース「Watch How It Go Down」がストリート・ヒット作となり、プリモに〝天才〟と言わしめたターマノロジーによる08年オフィシャル・デビュー・アルバム。ドリームチームと評されるバックアップ勢を見れば期待値も一目瞭然。豪華客演に加え、プロデューサーにバックワイルド、アルケミスト、ラージ・プロフェッサー、ピート・ロック、DJプレミアなどが参加。率直な感想としては、アルバムの流れとして不完全でメンツの強みで統制不可な印象もあったが、ここでもプリモは凄みに溢れ、トライアングルの様な打楽器をドラムに合わせせ打ち込んだドープ曲「How We Rock」、「So Amazing」でも申し分ないトラックを聴かせてくれる。そこに最高のライム&フロウを仕込むターマノロジーもさすがだ。この後にリリースされるマック・ミラーなどのコラボの数々を考えると、名刺代わりのアルバムとしては大成功と言えるだろう。（DOMO+PoLoGod.）

Artist

Big Shug

ビッグ・シュグ

Track

02. Soundcheck

03. When I Strike

05. Like A Muhfucka

09. My Boston

Title

Otherside of the Game

2008年：Year Round
CD

耳を傾けるべきは御大が手掛けるボストン賛歌

10代からグールーと親交を深めたギャング・スター最初期のメンバーであり、ジェルーやグループ・ホームらを擁するギャング・スター・ファウンデーションの共同創設者としても活躍したボストンのラッパーによる3作目で、プレミアは4曲の監修を担当。実質の1曲目となる「Soundcheck」からすでにシュグのドスの効いたラップとプリモが醸す渋味の相性を再確認できる。準備運動を終えスタートする「When I Strike」ではヴァン・マッコイ「Through aLong and Sleepless Night」の前奏を拝借した不穏なループの上を味のあるメロ・フックが踊り、続く「Like a Muhfucka」では浮遊感のあるループで執拗に"マァファカ!"と煽るライムに御大はコスりで応戦。そして本作の白眉「My Boston」はターマノロジーとシンガポール・ケインを迎えた、タイトル通りのボストン賛歌。ホームタウンのストリート事情を詩情を交えてレポートするシュグのラップは彼の真骨頂だろう。（高橋圭太）

Artist

The Notorious B.I.G.

ザ・ノトーリアス・ビーアイジー

Track

Machine Gun Funk (DJ Premier Remix)

Title

Ready to Die (The O.G. Edition)

2008年：Not On Label
CD-R Promo

お蔵入りビートが時を経て発掘

サンプリングの許諾が下りずお蔵入りになったという、ヒップホップ史に燦然と輝くクラシック、ビギーのファースト収録曲である「Machine Gun Funk」のプリモ・ヴァージョンにして、こちらがオリジナル。「The Champ」をサンプリングしたリフ、そしてピッチを落としたロイ・エアーズ「I Can't Help Myself」のベースラインがドラムブレイクの頭と重なる瞬間に訪れる高揚感ったらない。時を経た2008年にお目見え。（二宮慶介）

Artist

Reks

レックス

Track

Say Goodnight

Title

Grey Hairs

2008年：Showoff Records / Brick Records
CD

ビートでもワードプレイでも魅せる

マサチューセッツ州ローレンス出身のソロマイカーには、フランスのレズビアン映画『Bilitis』のBGMから、一瞬のフレーズを組み上げたスペイシーなビートを提供。ハードにスピットする主役のラップとアンサンブルするかの如く、フックでの50セントとビッグ・パン、そしてラキム「I Know You Got Soul」からの一節を長めに引用して絡めたワードプレイもお見事。実にプリモらしい仕事だ。（VD_BB）

Artist

Ludacris

リュダクリス

Track

MVP

Title

Theater of the Mind

2008年：Def Jam
CD, 2×LP

プリモの存在感を改めて思い知らされる作品

プリモ・コネクションはニューヨークから西海岸へ、そしてダーティサウス、アトランタへも伸びていく。リュダクリスとプリモの出会いは、ナイス&スムースのスムース・Bとの楽曲「Game Over」のスタジオ作業中、たまたまそこへリュダクリスが立ち寄ったことがきっかけだったという。その出会いが、やがてリュダクリスの2008年作アルバム収録の本曲に繋がるのだ。2人は2日間で、2つのビートを試したという。最初のビートはハウス・オブ・レップスの「U Gotta Love Us」となり、ひとつ目のビートが本曲となるのだが、サンプリングネタに注目したい。このストリングスは詳細は定かではないが、なんと映画音楽家の佐藤勝が1970年代に手掛けた山田洋次監督の某映画のテーマ曲と思われるのだ。プリモ・コネクションはサウスへ、そしてこの日本へも。ワールドワイドなヒップホップ文化を体現するプリモの存在感を改めて噛み締めることができる作品だ。(吉田雅史)

Artist

Laura Izibor

ローラ・イジボア

Track

From My Heart to Yours (DJ Premier Version)

Title

From My Heart to Yours (DJ Premier Version)

2008年：Atlantic
12"

プレミア仕様へとマイナーチェンジ

名門レーベル、アトランティック・ソウルが送り出したアイルランド出身のネオ・ソウルシンガー、ローラ・イジボアのデビュー作に収録されたヒット曲を、彼女自身が弾くアップテンポなピアノはそのままに、原曲の心地いいバンドサウンドの各パートを組み換え、そこにサウンド・エフェクトを加えることでプレミア仕様へとマイナーチェンジ。なお、こちらのリミックスは12インチオンリーの収録となっているので要注意。(二宮慶介)

Artist

Ill Bill

イル・ビル

Track

Society Is Brainwashed

Title

The Hour of Reprisal

2008年：Uncle Howie / Fat Beats
2×LP, CD

権力の支配の危険性と自由への希求

ブルックリン発のグループ、ノン・フィクションのラッパーのセカンド・アルバムに収録されたこの曲のタイトルを直訳すると、「社会は洗脳されている」となるだろう。総じて陰謀論めいてもいるが、つまりはプロパガンダと権力の支配の危険性と自由への希求をライムしている。フックでプレミアがスクラッチするブラック・ムーンのバックショットの歌詞、ホラーコア風のトラックがイル・ビルの作品世界を際立たせる。(二木信)

Artist

Ali Vegas

アリ・ヴェガス

Track

Everyday Is War

Title

Genetation Gap 2: The Prequel

2008年 : Def Squad

ノワールな世界観のストリングス

トラックマスターズによるフックアップからいきなりメジャー→契約解除という、キャリア序盤からなかなかタフな境遇にあったクイーンズ出身のソロ・マイカー。多くのミックステープを経てのフル・アルバムとなる本作、クール・アンド・ドレと並んで参加したプレミアは、ノワールな世界観を演出するストリングスに、グルーヴの排除を目指したブツ切りドラムを合わせることで、一層スリリングな楽曲に仕立てている。（橋本修）

Artist

Lord Finesse

ロード・フィネス

Track

Keep the Crowd Listening (DJ Premier Remix) feat. A.G.

Title

Rare Selections EP Vol. 3

2008年 : Underboss
12"

ブツ切りの美学がはっきり示される

サンプルを巧みに構築していくことで曲に展開を作るというヒップホップの基本的な構造について徹底した実践者であるプレミアの力がはっきり示される優れたリミックス。それはコード感も含めて、時間の経過に連れての展開が音楽の醍醐味だとして、ヒップホップの場合、ストリートのアートである特徴は〝ブツ切り〟の美学にあることもはっきり示される。AGがイントロを務めるのもストリートさを倍増する。（荏開津広）

Artist

KRS-One

ケーアールエス・ワン

Track

Criminal Minded '08

Title

Smirnoff Signature Mix Series

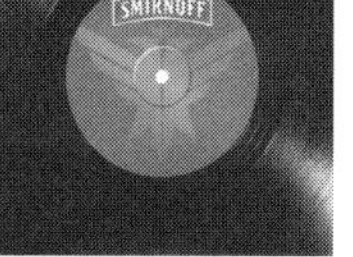

2008年 : A&M/Octone Records
12", CD

クラシックのリメイク企画第１弾

スミノフ・アイスなどでお馴染みのウォッカ・メーカーがプロモーション用に展開したヒップホップ・クラシックのリメイク企画である『Signature Mix Series』。その第1弾として、コモン×ジャスト・ブレイズ、ATCQ×クール・アンド・ドレと並び、久々にKRS・ワンとタッグ。オリジナルを再利用したイントロから続く激重ベースラインとドラムのストイックなビートは、同一タッグによるクラシック、「Outta Here」を彷彿させる。（橋本修）

Artist

Maroon5

マルーン・ファイヴ

Track

Secret (Premier 5 Remix)

Title

Call and Response: The Remix Album

2008年 : A&M/Octone Records
CD

華麗すぎる冒頭３秒にくらくらする

プリモの手腕光るすばらしい出来のリミックス仕事。冒頭3秒の入りから完璧で、ピアノと同時に決まるドラムの音のキレが鋭く、アダムの声とドラムをぴったり合わせたアクセント的な鳴りも含め華麗すぎる3秒にくらくらする。後半のスクラッチと声をミックスさせたような変幻自在のテクニックもクールで、どんな楽曲もヒップホップに練り上げてしまう粘土遊びのようなこなれた手つきがさすがに異次元レベル。（つやちゃん）

Artist

Blaq Poet

ブラック・ポエット

Track

01. I-Gitttin
03. Ain't Nuttin Changed
04. What's The Deal
05. Legendary Pt. 1 feat. NYG'z, Nick Javas
06. Hood Crazy
07. Voices
08. Hate feat. N.O.R.E.
10. Stretch Marks And Cigarette Burns feat.Imani Montana, Panchi
11. S.O.S.
12. Let The Guns Blow
13. Don't Give A Fuccc
14. Rap Addiction feat. Lil Fame, Shabeeno
15. Never Goodbye

Title

Tha Blaqprint

2009年：YearRoundRecords / FatBeatsRecord
2×CD, 2×LP

ストリートが誇るOGを全面バックアップ

80年代にラッパーとしてキャリアをスタートしたブラック・ポエットは、91年にクイーンズの伝説的ヒップホップ・デュオ、PHD（ポエット&ホットデイ）のメンバーとしてアルバムをリリース。その後、同じくクイーンズをレップするスクリューボールの一員として、数多くのアンダーグラウンド・ヒットを生み出してきた。そのソロ・セカンド・アルバムに当たる本作は、プレミアのレーベル、イヤー・ラウンド・レコーズからのリリース。確かなスキル、スタイル、ストリートからのプロップスを誇るOGを全面バックアップすることになったプレミアは相当張り切った模様で、ハードコア・ラップ・ファン必聴と言い切れる見事なアルバムを完成させている。ゲストには、ノリ（CNN）、リル・フェイム（M.O.P.）、NYGズ、そしてブラック・ポエットの従兄弟でスクリューボールのメンバーでもあった故KLらが参加。まずはリードシングル「Ain't Nuttin' Changed」で首を振るべし。（吉田大）

Artist

Cormega

コーメガ

Track

07. Make It Clear
11. Dirty Game

Title

Born And Raised

2009年：Aura Records
CD

ナズの幼馴染みとしても知られるラッパーの2曲

クイーンズ育ち、ナズの幼馴染みとしても知られるラッパーはディープなソウル・フィーリングを湛えた作品を数多く作ってきた。通算4作目のこの2曲は、なぜ彼がかくもソウルフルなのかを端的に伝える。同胞の足の引っ張り合いや成功を摑めなかったバスケのプレーヤーについてライム、そんな中でストリートで輝く己を誇る「Make It Clear」。フィリー・ソウルの名プロデューサー、レオン・ハフによるテディ・ペンダーグラスのスロウ・バラードのサンプリングがストリート・ライフの光と闇という主題と見事に調和している。また、獄中生活や裁判の現実、そこでのフッドの同胞の複雑な心情を生々しく描くことで現代の奴隷制としての監獄制度を批判的に考察する「Dirty Game」。バリー・ホワイトの深い溜息に似たセクシーなバリトンと「俺の心はまだストリートにある」というインスペクター・デックの引用が、拭い去れない悲哀を強調する。これぞソウルだ。（二木信）

2005-2009

Artist

50CENT

フィフティ・セント

Track

Shut Ur Bloodclot Mouth

Title

Shut Ur Bloodclot Mouth

2009年：Unreleased leek

わずか4音でスリリングなビート

ジェリー・バトラー「What's So Good About It」冒頭コーラスの狭間をループさせ、わずか4音のウワモノだけでこんなにもスリリングがビートができることに驚愕。本作も正式なリリースではないが50とは今曲が一応の初共演となる。両者はここまで至るだけでも長い道のりだった。もともとは「How to Rob」のリリース後に両者は意気投合し、共演する予定だったものの、先にレーベル契約したドレーがそれを差し止めたからだ。（二宮慶介）

Artist

SunKiss

サンキス

Track

We Go Back

Title

We Go Back

2008年：Unreleased leek

テラー・スクワッドの重要人物

レミー・マとビッグ・パンを引き合わせたというテラー・スクワッドの重要人物であるサンキスが、1975年製作のアクション映画のサントラに収録された一瞬を切り取ってループさせるという驚愕のサンプルセンスが光るビートに乗った1曲が流出。流出の経緯は不明だがダークなコード進行のビートに乗るサンキスも気合い十分、ブロンクスのストリートライフを描いたリリックで一層ビートの不穏な雰囲気を引き立てている。（二宮慶介）

Artist

Capone-N-Noreaga

カポーン・アンド・ノリエガ

Track

Grand Royal

Title

Channel 10

2009年：SMC Recordings / Thugged Out Militainment

CD

硬質になったトラックが響き渡る

ユニットとしては9年振りの新作、『THE WAR REPORT』収録曲をアルバムタイトルに。プリモとのコラボといえば「Invincible」が思い出されるが、あの曲よりもさらに硬質なトラックが響き渡る。ビースティが設立した偉大なレーベルグランド・ロイヤルを引き合いに出しながら「We're like the Grand Royal」とラップされるが、仰々しいトラックだけでなくプリモの存在自体が楽曲に〝グランドロイヤルのよう な〟風格を与える。（つやちゃん）

Artist

House of Repz

ハウス・オブ・レップズ

Track

U Gotta Love Us

Title

U Gotta Love Us

2009年：Kings Link Recordz

12"

ドラムの太さと高音エフェクト

プリモ自らが「ラティーノのウータン」と形容する5人組のシングル。メンバーのAL（All Lyrics）はリリシストラウンジのコンピレーションなどへの参加などアングラシーンで活躍。1拍3拍に弦のアタック音が響くビートはシンプルな作りだが、ドラムの太さとノイジーな高音のエフェクト音がプリモ印だ。実はこのビートはいわくつきで、リュダクリスとの「M.V.P」のセッションでボツになったビートだった！（吉田雅史）

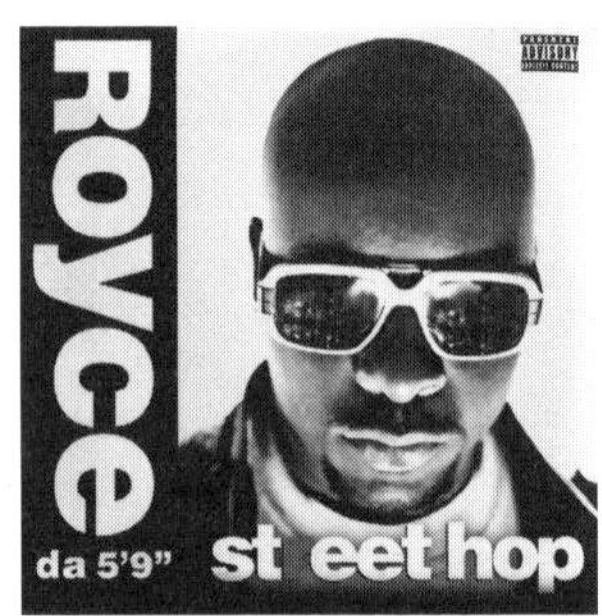

Artist

Royce Da 5'9"

ロイス・ダ・ファイヴナイン

Track

04. Something 2 Ride 2 feat. Phonte

10. Shake This

19. Hood Love feat. Bun B & Joell Ortiz

Title

Street Hop

2009年 : One Records
CD, 2 × LP

ミニマリズムから脱却し、新天地を開拓

やがてプライムに結実する2人のコラボだが、プリモのビートスタイルは良い意味での一本槍なミニマリズムから脱却し、かつてなかった新天地を開拓している。"引き〃の美学の導入により曲全体が立体的で、ダイナミズムのある展開を獲得しているのだ。例えば、「Shake This」ではデヴィッド・アクセルロッド曲のギターとストリングスのモチーフによる3つの箇所を繋げ、プリモには珍しくドラムの重ねによっても"押し引き〃の展開を強調。その上に乗るロイスのストーリーテリングでの感情の爆発とビートの展開がシンクロする劇的な1曲。「Hood Love」もイブ・デュテイユ曲のアコギのカッティングから始まるという新境地で、ストリングスの入りかたと4小節目の最後でドラムを"引いて〃ベースラインのみになる展開が、曲全体に緩急をもたらしている。ロイスのようなクリエイティヴなMCをパートナーにするとプリモの視野も開けるのだという好例となっている。(吉田雅史)

Artist

Rhymefest

ライムフェスト

Track

RNQ

Title

The Manual

2009年 : Not On Label

意外にも唯一のプレミアとのコラボ

全編をスクラム・ジョーンズがまとめた回顧感の強いミックステープ『The Manual』収録の「RNQ」は、ライムフェスト本人名義では意外にも唯一のプレミアとのコラボレーションとなる。ゲバラやマルコム・Xの名を挙げて、差別への怒りを顕にする同曲は、プレミア制作のストリングス使いのビートと見事にマッチ。これ以外にもプレミアのクラシック・ビートが使用されている部分もあり、その相性の良さから、さらなる共演を期待せざるを得ない。(橋本修)

Artist

Reks

レックス

Track

Cloud 9

Title

More Grey Hairs

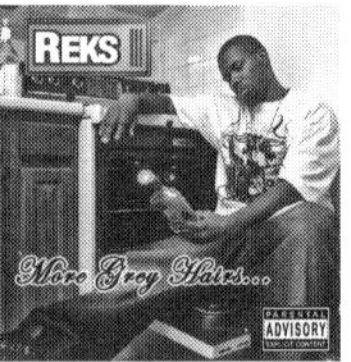

2009年 : ShowOff Records
CD-R

未発表曲集にも見逃せない御大仕事

ボストンのアングラ・シーンを代表するラッパー、レックスによる前年発表のアルバム『Grey Hairs』制作においての未発表曲をまとめた本作にもプレミア仕事が。本編で採用されたプリモ監修曲「Say Goodnight」と比較すると新鮮味は感じられないためアウトテイク行きとなった背景は想像できるものの、これぞ御大!といえるベースラインが妙味な1曲。レックスによるフックの軽快さも聴きどころのひとつだ。(高橋圭太)

2005-2009

Artist

Deams

ディームス

Track

DJ Premier Legacy Intro feat. DJ Premier

Title

The Legacy EP

2009年：Deams

オランダのパイオニアによるEP

オランダのヒップホップ・シーンのパイオニアで、ギャング・スター・プロダクションと契約していたこともある、ディームスによるEPのイントロを担当。LL・クール・J「4、3、2、1」のレッド・マンのヴァースを最初と最後で擦り、聴く者の期待を存分に煽ったところで、EPに参加するゲストの名前をプリモ自身がマイクを握り、次々にシャウトアウトして盛り上げていく。これぞ幕開けにふさわしい1曲。（二宮慶介）

Artist

M.O.P.

エム・オー・ピー

Track

What I Wanna B feat. Rell

Title

Foundation

2009年：E1 Entertainment
CD

ソリッドかつ力強さに溢れた1曲

ビリー・ダンズとリル・フェイムからなるヒップホップ・デュオによる5作目に収録。ソリッドかつ彼ららしい力強さに溢れたアルバム全体のムードの中では異質かもしれない。R&Bシンガーのレルも参加。リリックはそこまで内省的とは言えなさそうだが、シルキーなヴォーカル・サンプルとラップのコントラストが美しくも複雑な印象を残していく。息継ぎ的な1曲としても聴くことができるだろう。（高久大輝）

Artist

Seven

セブン

Track

Go Slow feat. Talib Kweli (DJ Premier Remix)

Title

Go Slow

2009年：Nation Music
12"

珍しいファンキーなシンセ

まず原曲から聴いてほしい。スイスのR&Bシンガー、セブンの「Go Slow」は爽やかでポップとすら言える曲であっただけに、リミックスの太いキックが響いた瞬間、笑いそうになるだろう。プレミアらしいタフでタイトなドラムだけでなく、師にしては珍しいファンキーなシンセも聴きどころだ。まるで初夏のビーチを流すオープンカーのような原曲を、深夜の都会を走るリムジンのような曲へと大きく変化させている。（斎井直史）

Artist

Rytmus

リドゥムス

Track

Jedinə feat. DJ Premier

Title

KRAL

2009年：Monitor / EMI
CD

低音しゃがれヴォイスが貫禄抜群

スロバキアで90年代よりキャリアを開始し、現在も第一線で活躍を続け、自らをキングと名乗るラッパー、リドゥムスと09年にコラボした1曲。スクラッチとギターリフをループさせた威勢のいいビートに、ねっとりと絡みつくような低音しゃがれヴォイスが貫禄抜群の仕上がり。フックもブラック・ポエット、M.O.P.、ブラーゼイ・ブラーゼイというヘヴィー級ラッパーの声ネタを矢継ぎ早にスクラッチしたハーコーシット。（二宮慶介）

――特別対談

illicit tsubo i× OMSB

実験性と〝踊れる〟ことを両立する天才

illicit tsuboi（以下「T」）：レコードを買い出したのが1985〜6年だから、ギャング・スターは、ほぼ最初期から聴いていたことになります。もちろんファースト・シングル「Lesson」（1987年）も持ってるけど、リアルタイムで買ったのは、セカンド・シングルの「Moving On」（1988年）が最初。当時の僕は45キングの超熱狂的なファンで、ワイルド・ピッチのレコードをレーベル買いをしていたんです。最初に「Moving On」を手に取った時は「45キングがらみだけど知らないグループだな」くらい。つまり僕が初めて聴いたギャング・スターにはプレミアがいなかったんです。で、DJプレミアが加入したギャング・スターは、翌年にファースト・アルバム『No More Mr. Nice Guy』（1989年）をリリースしています。ちょうどヒップホップとジャズのクロスオーバー・ムーヴメントが始まって、僕自身もジャズにハマり出した時期でしたね。当時、僕とかキミドリのクボタタケシくんは、ジャズだけでなくハードコア・パンクを演ってるライブハウスはじめ、クラブ以外のいろんな場所で多様な音楽を吸収していたんです。だからプレミアに対して「きっと俺たちと同じで、ヒップホップにいろんな要素をクロスオーバーさせる変人なんだろう」って、勝手に親近感を抱いていたね（笑）。

OMSB（以下「O」）：親近感といえば、自分は89年生まれなんで、リリースが『No More Mr. Nice Guy』と一緒なんですよ（笑）。当然だけどギャング・スターは後追いで、最初に出会ったのは14～5歳の時。まだヒップホップにハマり出したばかりの時期でしたね。親のCDコレクションをディグってたら『Caught Up』（1998年）ってブラック・ムービーのサントラを見つけて、なんとなく「ヒップホップが入ってそうだな」と思って聴いてみると、ギャング・スターの「Work」が収録されてた。これがメチャクチャ良くて、速攻でツタヤに走ったら、ベスト盤の『Full Clip』（1999年）を見つけたんです。で、一緒に棚に並んでた新作の『OWNERZ』（2004年）も一緒に、って感じでした。

プレミアのサウンドには特有の〝クセ〟がある（OMSB）

O：そこからの流れも良くて、家でテレビを観てたら、ギャングスターの「Skillz」（2002年）のMVが流れたんですよ。それまで聴いてたネリーとか50セントに代表される2000年以降のヒップホップとは、明らかに音が異質で「ドラムの音が鋼みたいだな」って感じたのを覚えてます。当時の俺からすると〝シュール〟な感じすらありましたね。

T：僕がプロデューサーとしてのプレミアを意識したのは、ファースト・アルバムに入ってる「DJ Premier in Deep Concentration」（1989年）。当時はEPMDもそうだったけど、アルバムのA面とかB面の最後に、DJのソロ曲を収録するのが流行りだったんですよ。この曲もA面の最後に入っているんですが、プレミアが思い切り自分の世界を展開しています。めちゃくちゃ衝撃を受けて、すぐにコピーしてみましたね。で、その次が「Jazz Music」。当時の僕はヒップホップとジャズを融合している人は、とりあえず全員リスペクトって感じだったので。ところが次のアルバム『Step In the Arena』（1991年）を聴いてみたら、全然違うことをやっていた。ずっとワンループなんですね。周りのヒップホップ好きは「手抜きじゃねえか！」って怒ってたけど、僕はすごく良いなって。不思議な中毒性があって、しかもそれをアルバム1枚通していた。フリップにも言えることなんですけど、プレミアって実験的な音楽をやってきた人でもあるんです。3枚目、4枚目に関しても、人と違う実験的なことをスマートにやってる。言うなれば「皆が踊れる実験音楽」ってところですよね。

O：「実験的」といえば、ある意味でチョップ&フリップもそうなんでしょうけど、俺がヒップホップを聴き始めた時には、手法として当たり前になっていました。とはいえ、プレミアのチョップ&フリップには特有のスタイルというか「クセ」がありますよね。聴けば「彼の音だ」って分かるし、個人的にも反応してしまう。初めてギャング・スターを聴いた直後、たしか16歳ぐらいの時なんですけど、安いリズムマシーンを買ってビートメイクを始めたんです。で、最初にオマージュしたのも、プレミアが手がけたロイス・ダ・ファイヴナイン「HipHop」でした。あのベースが遅れて入って、ドラムで揺らす感じを再現してみたかったんです。なんていうかプレミアのビートって、洒落てるんだけど、不思議と嫌味がないのが良いんですよね。

T：感性がグルーヴに特化しているんだろうね。シャイヒーム「On&On」のプレミア・リミックス（1993年）も「カツン、ドツン」と前に来るグルーヴがあってさ。以前、同じサンプルを使って曲の一部を再現してみたんだけど、どうやっても同じにならない。いろいろ考えてみたんだけど「これは機材の違いもある」って思って調べてみたら、彼はMPC60II、S900、S950というクラシカルな機材を使っていた。あとは、プレミアのエンジニアをやってるエディ・サンチョさんが、何か特別なことをしてるんじゃないかと思って、本人に聞いてみたんだけど「出てきた音が最初からすごいんだよ」って。サンプラーを叩けば、すべての魂が出てくる感じなんだろうと思う。そこはOMSB君と似てるかもしれない。

プレミアは〝前後上下〟でノる感じがある（illicit tsuboi）

T：あとさ、プレミアのフリップといえば「縦ノリ感」だよね。例えばジェイ・ディーもめちゃくちゃなフリップをするけど、彼はソウルフルな横ノリなんですよ。だけどプレミアは元々ロック好きだからなのか、前後上下でノる感じがある。クラブでプレミアの曲がかかると、みんな頭を前後に振っているじゃないですか。ロックのヘッドバングと通じるところがあるよね。ちょっと面白い話があって、いわゆる〝ソウルバー〟の人って、プレミアの曲をプレイしたがらないらしいんです。おそらく彼の縦ノリが好きになれないんだと思う（笑）。あとフリップって、ウワネタに関してしか語られないじゃないですか？ でもプレミアって、ドラムのフリップ、ブレイクビーツのフリップを、初めてちゃんとやった人だと思うんですよね。これは結構凄いことなんです。ドラムのフリップで自分のグルーヴを作って、かつウワネタもフリップしているわけだから。

O：ドラムのフリップでいうと「Skillz」（2002年）もそうだし、バンピー・ナックルズとのジョイント作「More Levels」（2012年）が、めっちゃ好きなんですよ。プレミアって、そういう凄いことを「天然」でやってる感じも凄い。最近出したアルバム『Beats That Collected Dust.Vol.3』（2023年）って聴きました？「Perc Pad」って曲が超変で良いんですよ。あのシュール過ぎるウワネタを聴いて「あ、この人ってド天然なんだな」って思いました（笑）。「天性」と言った方がいいかもですけど。

T：機材とノリとグルーヴありきで、ひたすら自分が好きなことをやっていたら、その中の曲がトレンド化していった感じなんだろうね。一方で、時代の流れと共にプレミアの使用機材も変化していて、サウンドも変わってきてる。まず活動の拠点だったD&Dスタジオが終わる時に買い取って、名前を変えて自分のヤサにしてるよね。そこで元々あったアナログ・コンソールをデジタル化してるんだけど、その時点では大して音は変わってない。だけど、その後にスタジオが入っ

てるビルを立ち退かなきゃいけなくなったんだよ。このタイミングで、MPCルネサンスに代表される最新の機材を導入して、一気に音が変わっちゃった。あの時は「曲は悪くないんだけど、ちょっと……」って思ったね。

O：「これはプレミアじゃなくてもいいだろう」みたいな。PRhymeのアルバムが出た時だから、2014年前後の話ですね。

T：基本的なプロダクションは同じだし、曲も悪くはない。「でも何か違う」って感じだったよね。ルネサンスを使い始めて、フリップをしなくなって、8小節ループとかをするようになって。それはそれで格好良いんだけど、プレミアの持ち味であるグルーヴはなくなってた気がする。

O：プライムの頃って、確かエイドリアン・ヤングが演奏を提供してるんですよ。

T：それもあるんだろうね。音楽的には「豊か」になったってことなんだろうけど、予定調和感が出てしまった。古い素材や機材からひねり出した「偶然ノリ」が無くなってしまったというか。とはいえ、その後に見事バッカゲンしていて、今は全然良い。僕もずっとスタジオにいる人間だからわかるんだけど、便利な機材が出れば、大半の人はそっちに行っちゃうんだよ。逆らうことが難しい時代の流れの中にあって、プレミアはかなり健闘してる方だと思う。新しい機材も使いながら、自分のスタイルを貫いて、結果を出してるわけだからね

O：「戻ってきた」感で言うと、エイサップ・ファーグ「Our Streets」（2020年）、もしくはギャング・スターの現状最後のアルバム『One of the Best Yet』（2019年）かな。音自体の解像度が上がりすぎてしまった感じもあるけど、なんだかんだで良い。まあ使いやすいネタを選んでる感じはあるけど（笑）。

T：ネタといえば、スカル・スナップス「It's A New Day」（1973年）をフリップしてるギャング・スターの「Take It Personal」（1992年）。はじめてアレを聴いたときは、エンジニアとして「音を悪くしやがって」って憤りを感じたよ(笑)。とにかくコンプをかけ過ぎ。エリックB&ラキム『Follow The Leader』（1988年）、クール・G・ラップ&DJポロ『Wanted: Dead or Alive』（1990年）、ウルトラマグネティックMCズ『Funk Your Head Up』（1992年）辺りは全部そうなんだけど、当時って過剰コンプが流行ってたんだよね。俺らが好きなコンプ感はスーパー・ラヴァー・シー&カサノヴァ・ラッド「Do the James」（1988年）みたいな質感だったのに、これ

じゃ〝ペコンペコン〟じゃねーかって思った。でもプレミアならではのグルーヴ感はあって、すごく格好良かったりもするんだよね。
O：めっちゃパワーがあるんですよね。『Daily Operation』（１９９２年）収録曲で言うと「B.Y.S」も凄い。あれはワンループだけどブチくらいましたね。
T：あと僕は「The ? Remainz」（１９９４年）が好きで。なんていうか、ノイズがグルーヴになってるよね。
O：たしかにノイズの気持ち良さってありますよね。個人的にプレミアで良いなと思ったのは、ジェルー・ザ・ダマジャ「Static」（１９９４年）。ノイズだけになる瞬間とかもある（笑）。
T：フリップで言うと「Mass Appeal」（１９９４年）なんかも格好良いと思ってたけど、ほぼ同時期に「Crooklyn Dodgers '95」（１９９５年）みたいな4小節ループの作品を作ってたりもする。当時「プレミアってこんなこともするのか」って意外に思いつつ「もう何をやっても独自のグルーヴが出せるんだろうな……勝てねえわ……」って感じたのを覚えてる（笑）。ネタはアーマッド・ジャマルなんだけど、これがまたプレミアが使わなそうなネタなんだよ。『Crooklyn Dodgers』シリーズって、Qティップがやった一作目（１９９４年）が大ヒットしたじゃん？「ここは絶対外せない」と思って、あえてカマしてきたんだろうね。
O：〝天然〟の人って、追い詰められた時の方がポテンシャルというか、初期衝動を発揮するんですよ。自分で言うのもアレですが、俺もそうだからわかる気がします(笑)。ちなみにプレミアは、最新作でもバトルブレイクスを普通にネタとして使ってるんです。しかも「どうだ！」って感じで（笑）。けど出てきた音は間違いないんですよね。
T：そういうのが一番ヤバい。みんな周りを気にして、悪い意味で「普通」になっていくんだよ。プレミアはあれだけ名前が売れてるのに、周りの目を全然気にしてないっていうね。

ビッグネームとやる時も、むしろゴリゴリになってたり（illicit tsuboi）

T：さっき年齢を聞いて驚いたんだけど、プレミアって、もう57歳なんだよ。89年とか90年から活動しているヒップホップ・アーティストで、今でも結構なペースで活動してる人って中々っていないよね。
O：ワーカホリックでもあるんだろうし、おそらく〝作らざるを得ない状況〟に身を置き続けてるんでしょうね。〝金さえ積めば誰でもプロデュースする〟なんて噂があったりするけど、基本的には〝アンダーレイテッドでも認めれば関わる〟ってことでしかないんだと思います。
T：有名無名、上手下手より、自分のビートとハマるかハマらないかを重視してるんだろうね。グリセルダの連中とかもめちゃくちゃハマってる。あとワールドワイドなアーティストと一緒にやると、ビッグネーム用のフォーメーションを組むのもおもしろいんだよね。リュダクリス「ＭＶＰ」（２００８年）が典型的なんだけど、ミックスやマスタリングのグレードが一気に上がって、音が変わる。普通に考えるとダサくなりそうなもんだけど、プレミアの場合は良くなるんだよ。個性がまったく死なない。むしろゴリゴリになってたりする。

O：メジャー仕事で言うとクリスティーナ・アギレラ「Ain't No Other Man」(2006年)がヤバかったですよね。あの手の曲で自分の世界観を出せるのは本当にすごい。

わけがわからないけどヤバい曲を期待できるベテランって、なかなかいない(OMSB)

O：今後のプレミアに期待することは、今のところひとつしかないですね。ソーラーからグールーのアカペラを買い取って、現状は最後のアルバムってことになってる『One of the Best Yet』に続くギャング・スターの新作を作って欲しい。俺は、これからもプレミアのビートでグールーのラップを聴きたいんですよ。現状は最後のアルバムってことになってる『One of～』を聴いて「昔の作品に比べるとイマイチ」って感じた人もいるかもしれないけど、俺的には「よくここまでやったな」って感じてます。

T：僕は「DJ Premier in Deep Concentration」のPart.2を作ってほしい。プレミアひとりで構築したインストの曲って、実はそんなに多くないんですよ。今の感性で全身全霊を込めて、自分だけの世界観を表現する曲を作ったらどうなるんだろう。凄く聴いてみたい。

O：そろそろ終わらなきゃだけど、全然話し足りないですね……。

T：無理矢理まとめると、OMSB君ってリアルタイムじゃないのに、初期から最新までプレミアをキッチリ追いかけてるのが凄い。そういう人ってあまりいないよね。だからといって自分で作るトラックがプレミアっぽいわけでもなくオリジナリティがある。そういうひとりの個性的なビートメーカーの視点から語ってる感じがおもしろかったよ。

O：ありがとうございます。俺、プレミアがプロデュースしている曲が出たら、とりあえず聴いちゃうんですよ。プレミアって何をするかわからないところがあるじゃないですか？　わけがわからないけどヤバい曲を期待できる大ベテランって、なかなかいないと思います。

最後になりますが、プレミアって人格も素晴らしいんですよね。赤レンガ倉庫で見た時、彼の出番はトリだったんです。お客さんもそろそろ帰り始めていて、でもキラキラした目でプレミアを見つめてるヘッズが、俺含めて10人くらい会場に残ってたんです。そうしたらプレミアがステージを降りてきて、いきなり俺たちの目の前まで歩いてきて、帽子を取って頭を下げたんですよ。めっちゃ謙虚で超カッコい い。あの時は「一生ついて行きます」って思いました(笑)

T：いい話だなあ。常に面白いことをやってる人なのは間違いないし、人柄も昔から変わらないんだろうね。流行が移り変わったり、多様化しても基本的にブレない。だからこそ今に至っているんだと思う。そもそもひとりのヒップホップ・プロデューサーを一冊の本にまとめ上げるなんて、世界的に見ても前例がないんじゃないかな。この本が出ること自体がプレミアの凄さを象徴してると思いますね。

illicit tsuboi

プロデューサー／レコーディング・エンジニア。80年代にＤＪユニット〝GOLD CUT〟をスタートし、以後A.K.I. PRODUCTIONS、キエるマキュウのＤＪとしても活躍。ＥＣＤと多数の音源を共作してきたことでも知られる。

illicit tsuboi が選ぶ、プリモワークス・ベスト３

１．DJ Premier「DJ Premier in Deep Concentration」

２．Shyheim「On&On」

３．Gang Starr「The ? Remainz」

ＯＭＳＢ

２０１０年にSIMI LABのラッパー／トラックメーカーとして活動を開始。２０１２年発表のファースト・アルバム『Mr. "All Bad" Jordan』をはじめ、ソロ名義でも多数の音源をリリースしているほか、プロデューサーとしても数多くの楽曲を手がけている。

OMSB が選ぶ、プリモワークス・ベスト３

１．KRS-One「Outta Here」

２．Bumpy Knuckles「More Levels」

３．Big Shug「Counter Punch」

聞き手：吉田大

2 0 1 0 - 2 0 1 4
I'M LEGEND
DJ PREMIER
SOULKOST
MEMENTO MORI
DJ PREMIER, O.C. KAINDY, DANY DAN, BRAHI, JOELL ORTIZ
PRHYME
BIG DADDY KANE
DJ PREMIER
28 BARS OF KANE
FIGHTIN WORDS
RE:GENERATION
JOELL ORTIZ
PROJECT BOY
PRODUCED BY
DJ PREMIER
DILATED PEOPLES
Khaleel
DJ Premier
A GIANT STEP
DEMOLITION MIX
SUCCESS IS CE
DISCLOSURE
DARKSIDE
L.A. NOIRE // Remixed
SAIGON : G.S.
The Troubled Times of Bri
SUMP UP
AFRIKA
BAMBAATAA
NEW YORK
A LOVE STORY
DYNASTY
PAOLO NUTINI

2010-2014

匠の技の研鑽、そして、まったく新たな相手との共同制作

2010年2月のグールーの緊急入院から1ヵ月以上が経って、プリモはようやく彼を見舞うことができた。しかも、病院の職員に賄賂を渡して……というのも、ヴァージン/EMIとギャング・スターとの契約終了以来、ソロ活動に専念していたグールーの新たな制作パートナーとして活動を共にしていたプロデューサーのソーラーが、一方的に彼の家族及びプリモとの面会を許可していなかったからである。そんななか病室に忍び込んだプリモは、昏睡状態にあったグールーの胸にギャング・スターTシャツを載せ「俺たちは永遠にギャング・スターだから」などと語りかけたという。その数週間後の4月19日にグールーは帰らぬ人となった。

こうして幕を開けた2010年から2014年までの5年間のプリモの活動内容には、大きくわけて2つの特徴がある。それは、自ら築き上げた匠の技のさらなる研鑽、そして、国外のアーティストなどのまったく新たな相手との共同制作だ。

この5年間のヒップホップ・シーンを俯瞰するなら、ミックステープが興隆期を迎え、多種多様な新進アーティストが次々と作品を発表し、その中から特にトラップ(・ミュージック)が存在感を増す一方だった。そんななか、プリモは、90年代半ばに確立した自身のスタイルの維持と研鑽に余念がなかった。彼自身が2007年に立ち上げ、ブラック・ポエット、NYGズ、(ピート・ロックとのジョイント来日ライヴにも連れてきた)ニック・ジャヴァス、カリールなどを擁する新レーベル、イヤー・ラウンド・レコードのお披露目コンピ『DJ Premier Presents Get Used To Us』が2010年末にリリースされる。

翌2011年には、グラミーが制作に携わったドキュメンタリー映画『RE: GENERATION』ではプリモも被写体のひとりとなる。これは異ジャンルのアーティスト同士による5例のコラボの過程をとらえたもので、プリモはバークリー音楽大学のオーケストラとの、つまり、クラシックとのコラボに挑む。そこでは、彼が子供の頃ピアノを習っていた時に摑んだ感覚をよみがえらせたりもしている。

それと並行して、海外のヒップホップ・アーティストとのコラボがこれまで以上に活発となる。ドイツを代表する人気ラッパー、ブシドー(〝武

士道〟に由来する）が、制作陣に米国そしてフランスのアーティストを招き、アルバムをレコーディング。そのプロデューサーのひとりとしてプリモがプロデュースした、その名も「Gangster」を含む『Jenseits von Gut und Böse』が２０１１年にリリースされ、本国に加え、オーストリアとスイスでもアルバム・チャートで首位に立った。また、フランスはリールからの新生ながら、仏米のベテラン・ラッパーたちを全曲に配したソウルキャストのデビュー・アルバム『Hororis Causa』の幕開けとなる「Première Salve」のビートを手掛ける。さらに、２０１３年からは、東欧のアーティストとの仕事が続く。まずは、ポーランド勢から、男女２人組Sokol I Marysia Starostaの楽曲を、さらに地元の多くのラッパーたちが結集した「Najsilniejsi przetrwaja」のプロデュースを、続いて、スロバキアのコントラファクトのアルバム収録曲を手掛ける。加えて２０１４年には、韓国の人気ラッパー２人組ダイナミック・デュオのシングルに楽曲を提供する。そして、ＵＫで爆発的なヒットを記録した『Sunny Side Up』で知られるシンガー、パオロ・ヌティーニがこの年のにシングル・カットした楽曲のリミックスも担当したのだった。

こうしてキャリアにおいて新たな方向性を見せるものの、やはり、同じ時代を経験してきた旧知のＭＣたちとの活動に注ぐ情熱には変わりはなかった。まずは、２０１３年12月にYouTubeで「Bars in the Booth」を始める。これは、選りすぐりの、気合の入ったスピッターたちがスタジオのブースに入り、プリモのビートで、フリースタイルをかまして見せるというものだ。そこでは、ドープなライムとドープなビート、それさえあれば最高のものが生まれる、その瞬間が克明に記録される。

ここでの試みは、もともとはスローターハウスとのコラボ・アルバムとして企画されながら、結果的には、彼らのメンバーのひとり、ロイス・ダ・ファイヴナインとのコラボ、そして、新たなコンビという形に落ち着いたプライムとしての活動にも表れることになる。２０１４年に始動したこのプロジェクトにより、プリモはギャング・スター以来久々にプロデューサーのみならず、アーティストとして露出することになる。

この５年の間も、プリモの制作拠点は、レコーディングはもちろん、ヘッドクォーターズ・スタジオであることは変わらず、そこでは、２００５年から始まった、彼がホストを担当するSirius/XMラジオでの番組『Live from HeadQCourterz』も（２０１２年４月半ばからの１カ月半の空白期間を除き）継続的に発信された。しかし、このスタジオの入った建物全体がリノベーションされることになり、２０１４年の大晦日をもってスタジオは閉鎖され、翌年からは移転先でクイーンズにあり、百年以上の歴史を持つカウフマン・アストリア・スタジオ内に拠点を移し、彼の音楽活動は（ラジオ番組も）継続されることになる。

そして、この２０１４年には、ギャング・スターとしての活動にも新たな光が差し込む。グールーの死後、彼の遺族はソーラーと係争中だったが、この年、裁判所はソーラーに対し、グールーとギャング・スターに関わるあらゆるビジネスからの排除と、横領した金品の返却を言い渡した。それでもソーラーを訝しんだプリモは、グールーのアカペラ30曲分の存在を突き止め、彼と交渉し買い取った。ここから、実に16年振りとなるギャング・スターのアルバム制作が始まったのだ。（小林雅明）

Artist

DJ Premier

ディージェイ・プレミア

Track

01. Bang Dis!feat. Blaq Poet
02. Policy feat. NYGz
03. Opportunity Knoccs feat Nick Javas
04. Hot Flames feat. Khaleel
05. Epic Dynasty feat. Dynasty
07. Temptation feat. Young Maylay
08. 5% feat. KRS-One & Grand Puba
09. Ya Dayz R #'d (NYGemix) feat. NYGz, Lady Of Rage, Bumpy Knuckles & Royce Da 5'9"
10. Sing Like Bilal feat. Joell Ortiz
11. Married 2 Tha Game feat. Teflon & Styles P
12. Not A Game feat. Nick Javas
13. Ain't Nuttin' Changed (Remix) feat. Blaq Poet, MC Eiht & Young Maylay
14. Lifetime Membership feat. Teflon, Saigon & Papoose
16. The Gang Starr Bus feat. Bumpy Knuckles

Title

DJ Premier Presents Get Used To Us

2010年：Year Round Records
CD-R

盟友の喪失を振り払うかのような充実作

03年に設立され、07年ごろから活動を本格化させたプレミアによる主宰レーベル、イヤー・ラウンド・レコーズから発表された、カタログからのカットや既存曲のリミックスに新録／未発表曲を加えたレーベル・ショーケース的な立ち位置のコンピレーション作。全16曲中、14曲が自身のプロデュースであり、この年の4月に癌で亡くなったグールーへの喪失感を振り払うかのような御大のワーカホリックぶりに気合いが覗ける。そんな本作の肝は豪華な競演陣。ブラック・ポエット、MCエイト、バンピー・ナックルズ、ロイス・ダ・ファイヴナインら親交のあるベテラン勢から、これが初のコラボとなったジョエル・オーティス、新顔ニック・ジャヴァスなど幅広いアーティストとの楽曲制作に臨んでいる。全体のトラックにおける礎となっているのはこれまで同様、オーセンティックなプレミア謹製ビート＝サンプルのチョップ・アンド・フリップとタイトで図太いリズム・パターンなわけだが、50分超そのワークスを聴き続けることでプロダクションの細かい差異が身体に染み入ってくるようで興味深い。なかでも白眉はKRS・ワンとグランド・プーバというレジェンド2人が参加した8曲目「5％」。冒頭で聴こえる足音がそのままビートに変化していく仕組みなんて、まさに彼らしい奇抜なアイデアだ。ラストの「The Gang Starr Bus」まで勢いを落とすことなく続くプレミア楽曲の応酬を聴くに、来たる10年代においても旺盛な活動を予見させる作品であると同時に、不在であることでグールーの存在感がより浮き彫りになるアルバムでもある。（高橋圭太）

Artist

Joell Ortiz

ジョエル・オルティス

Track

Project Boy

Title

Project Boy

2009年：E1 Music

自身の名作を惜しげもなく擦る

細かいハイハットが演出する疾走感と、何かに追いかけられるシーンのようなサンプルが見事に合致して緊張感あるビートに仕上がっている。スローターハウスの一員であるジョエル・オルティスの獰猛な声も、太いドラムと相性が良い。フックではナズ「Nas is Like」、ロイス・ダ・ファイヴナイン「Hip Hop」など自身が関わったクラシックを惜しげもなくスクラッチで投入するあたり、プレミア自身も満足げな様子が滲み出ている。（斎井直史）

Artist

Juice Crew

ジュース・クルー

Track

Mr. Magic Tribute (DJ Premier Remix)

Title

Mr. Magic Tribute (DJ Premier Remix)

2010年：-

ジュース・クルーの豪華ポッセカット

ヒップホップ・ラジオショウの先駆けとなった番組『Rap Attack』のホストであり、マーリー・マールが牽引したジュース・クルーの設立者であるミスター・マジックのトリビュート・ミックスのイントロに使用したビートを、ビック・ダディ・ケイン、MCシャン、クレイグ・G、ロクサーヌ・シャンテ、ビズ・マーキー、TJ・スワン、そしてマーリー・マールといったクルーの面々による豪華すぎるポッセカットでリミックス。（二宮慶介）

Artist

Fat Joe

ファット・ジョー

Track

I'm Gone

Title

The Darkside Vol.1

2010年：Terror Squad / E1 CD

美しいピアノとノイジーなスネア

この頃にはすっかりDJキャレドやクール&ドレーといったフロリダ勢との繋がりをベースとした活動を行っていたファット・ジョーだが、それでもプリモとは継続して制作を続けていた。ここでのプリモは美しいピアノのループとノイジーなスネアが効いたビートを手掛け、トレードマークのスクラッチもしっかりと披露。アウトロではファット・ジョーもD.I.T.C.にシャウトを送り、原点であるNYヒップホップを再訪している。（アボかど）

Artist

Nick Javas

ニック・ジャヴァス

Track

Warning Track (DJ Premier Remix)

Title

Warning Track (DJ Premier Remix)

2009年：-

メジャー・リーグ好きにたまらない

イヤー・ラウンドからアルバムのリリースを予定していたものの、途中で頓挫しレーベルを去ってしまったニュー・ジャージー出身の、ニック・ジャヴァスによるメジャー・リーグをテーマにした1曲が、どこからともなくネット上に流出。チーム名を入れ込みながら饒舌にワードプレイしていくその姿は、野球好きにはたまらないだろう。しかしながら、間延びしたサンプルをただループさせただけのビートはさすがに退屈だ。（二宮慶介）

Artist

Canibus

キャニバス

Track

Golden Terra Of Rap Golden Terra Of Rap(iM Remix) feat. Donwill & Von Pea, Moe Green & Truthlive

Title

C of Tranquility

2010年：Interdependent Media
CD

空中に放り出されるような音階

まず6曲目「Golden Terra Of Rap」のビートが素晴らしい。ループされるのは上昇する音程で、ステップを昇りつつ空中に放り出されるような音階がユーモアやサスペンスを生んでいる。どこか映画の劇伴のような意味性を発しており、こういうものを作らせたらやはり別格。ビートの抜き差しも完璧で、強弱の効果の付け方も◎。それをベースにリミックスされたのが15曲目で、演者が増えることでより一層派手なムードに。（つやちゃん）

Artist

Bun B

バン・ビー

Track

Let 'Em Know

Title

Trill O.G.

2010年：Rap-A-Lot 4 Life / Universal Music
CD

サウス代表との２度目となる共演

サウスを代表するラッパーのひとり、バン・Bによるグールー追悼の辞で始まるこの曲は、彼のソロ3作目の『Trill OG』収録曲。彼がプリモのビートでマイクに向かうのは、2008年に客演したターマノロジーの曲に続き2度目。「東海岸勢と南部勢が別々に演るのでなく、互いに貢献しあう姿を見せたい」とバン・Bが語るこの曲そのものは、ビッグ・L、ファット・ジョーのフレーズをも組み込み、完全にNY仕様だ。（小林雅明）

Artist

DJ Premier

ディージェイ・プレミア

Track

JJ Beat

Title

Def Jam RapStar

2010年：KONAMI
PlayStation 3, Wii, Xbox 360

MBDTF制作時のカニエに制作

マイケル・ジャクソンの兄、ジャーメイン・ジャクソンが73年にモータウンからリリースした楽曲の、ピアノの一瞬をチョップしてジャジーに仕上げたビート。こちらは『My Beautiful Dark Twisted Fantasy』制作時のカニエのために作られたが使われず、落ち着いた先はヒップホップの名曲に合わせカラオケ形式でラップスキルを競ったり、独自のMVを作りオンラインへ投稿ができた、今見てもかなり先進的な試みのゲームに収録。（二宮慶介）

Artist

Smiley the Ghetto Child

スマイリー・ザ・ゲットー・チャイルド

Track

I'm Legend

Title

I'm Legend

2010年：AMOB
12"

12インチオンリーの隠れた名曲

スマイリー・ザ・ゲットー・チャイルドによる12インチオンリーの知る人ぞ知る名曲だろう。ボブ・ジェームスのネタの高揚感のあるイントロには勢いのあるシャウトが乗っかっていきなりめちゃくちゃカッコいい。太いベース、シンプルなドラム、軽快であるにも関わらず哀愁を帯びたウワモノ、煽るコーラス……シリアスで不穏な雰囲気のビートに切れ味の鋭いラップが乗れば、向かうところ敵なしの気分に。（高久大輝）

Artist

DJ Premier

ディージェイ・プレミア

Track

A1. John T.
A2. Ch-Ching
A3. Dots
A4. Doomp Doomp Doomp
A5. Stylesss
A6. Epic-ishh
B1. Beautiful
B2. Change
B3. Live Pro
B4. I Don't Know
B5. Late Night

Title

Beats That Collected Dust Vol. 2

2011年：Year Round Incorporated
LP

ビートメイクに日夜勤しむ姿が目に浮かぶ

自身のレーベルからリリースしたビート集の第2弾。素材の味を活かした余計な味付けなしのインスト故に、プレミアが素材の何を強調したかも含め、ビート・メイクに日夜勤しむ姿が目に浮かぶようだ。既発曲のインストや本作のリリース後にラップ入りが発表されたビートも収録。「N.Y.S.O.M. #20」はナズ「NY State Of Mine Pt.2」、「Epic-ishh」はダイナスティー「Epic Dynasty」、「I Don't Know」はバンピー・ナックルズ「The Gang Star Bus」のインスト。また、「Dots」「Doomp Doo-mp Doomp」「I Don't Know」はバンピー・ナックルズが、「Beautiful」「Live Pro」はワイス・Pが後にラップを吹き込んでいる。一方、『Welcome 2 Detroit』のJ・ディラのビートを彷彿とさせる「Late Night」、2000年前後のバスタ・ライムスのラップがハマりそうな「Ch-Ching」、ショウ&AG「Next Level」の本人のリミックスのビートを想起させる「John T.」などからは遊び心を感じさせる。（二木信）

Artist

Louis Jordan

ルイ・ジョーダン

Track

Ain't Nobody Here But Us Chickens (DJ Premier Remix)

Title

Verve Records and Rockstar Games Present LA Noire Remixed

2011年：The Verve Music
12", CD

クラブミュージックの文脈でも評価

『グランド・セフト・オート』シリーズでお馴染みのゲーム会社、ロックスター・ゲームスがリリースしたゲーム『L.A.ノワール』のサントラのリミックス盤。プリモはサックス奏者であるルイ・ジョーダンのオールディーズをスタイリッシュに作り変えた。なお、本作にはムーディーマンも参加している。2010年代のプリモはいわゆるヘッズのみでなく、クラブミュージックの文脈でも評価されていたことがわかる。（宮崎敬太）

Artist

Reks

レックス

Track

25th Hour

Title

Rhythmatic Eternal King Supreme

2011年：Showoff
CD

ラップの強度を底上げするベース

もはやベテラン・ラッパーの域に達したレックスによる、錚々たるプロデューサーたちが勢揃いした5作目『Rhythmatic Eternal King Supreme』の口火を切る1曲。パワフルにスピットされるラップを聴くと、まずこのラッパーが未だ過小評価されているのではないかと言いたくなるが、それはさておき、ラップの強度を底上げするようなベースラインを持ったタイトなビートにただ首を振りたくなる。（高久大輝）

Artist

SebastiAn

セバスティアン

Track

Embody (DJ Premier 95 Break Remix)

Title

Embody

2011年：Ed Banger Records / Because Music
12"

原曲のフレーズを活かして再構築

フレンチエレクトロ系デュオ、セバスチャンによるシングルのリミックス。原曲はシャープなシンセと機械的な歌が光るハウスだったが、プリモはファットなベースやドラム、そしてスクラッチで見事に〝95年のブレイク〟に生まれ変わらせている。歌だけ残して新たなビートに乗せるのではなく、原曲のシンセのフレーズを活かして再構築するセンスが見事。サンプリングというビートメイク手法を極めるプリモならではの名仕事だ。（アボかど）

Artist

Venom

ヴェノム

Track

Vigilantes (DJ Premier VHS Remix) feat. Blaq Poet

Title

Vigilantes (DJ Premier Remix)

2011年：Marvel Records
12"

どんなネタでも説得力を持たせる

パリのMCであるヴェノムのフレンチラップは、プリモとの相性抜群の唾が飛んで来そうな暑苦しいハードスタイル。スクリューボールのブラック・ポエットとのインターナショナルなマイクリレーを支えるビートは、キャンプ・ローのネタで有名なヴァン・マッコイのディスコ曲のストリングスを、まったくそれとは気づかない使い方でフリップ！　どんなネタでも説得力を持たせてしまうドープビート製造マシン、それがプリモ。（吉田雅史）

Artist

Soulkast

ソウルキャスト

Track

Première salve

Title

Honoris Causa

2011年：Alariana
CD、2×LP

ファン投票で1位に選出

プレミアのオフィシャル・ブログのファン投票で2010年の1位に選ばれたビートが、このフランスのラッパーに提供したものだった。「Boom-Bap」という単語がジェームズ・ブラウンのシャウトのサンプリングの前に飛び出し、プレミア自らも「Boom-Bap」という声をスクラッチしている。つまり、今に続く90年代のブーム・バップの再定義の試み以降の楽曲と言えるだろう。ゴーストフェイス・キラーやM.O.P.も参加。（二木信）

Artist

Edo G

エド・ジー

Track

Fastlane

Title

A Face In The Crowd

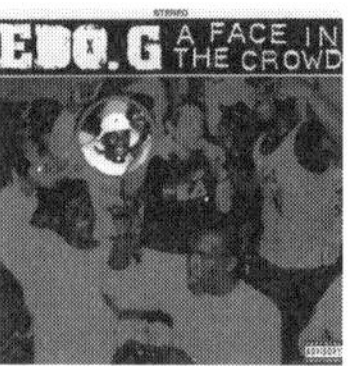

2011年：Envision Entertainment
CD

流麗なピアノといなたいラップ

ボストンのレジェンド・ラッパーによるデビュー作にして名盤『Life of a Kid in the Ghetto』から20周年のタイミングでリリースされた、スタティック・セレクターなども参加するアルバム『A Face In The Crowd』のオープナー。ギターとスクラッチが交差するイントロから、流麗なピアノのサンプルといなたいラップが美しいコントラストを生んでいるヴァースまで、プリモの存在感はあまりに大きい。（高久大輝）

2010-2014

Artist

ChrisCo

クリスコー

Track

Straight Up feat. Jon Connor & Elzhi

Title

MI State of Mind

2012年：TaxFree Muzik
CD

〝いかにも〟なプリモビート

アルバムタイトルからして〝いかにも〟なクリスコーだが、客演のジョン・コナーも後に「Nas Is Like」などのビートジャックを含むナズオマージュのミックステープを発表しており、エルザイに至っては前年に『Illmatic』のリメイク作品をリリースしている。この曲でのプリモは、クールなループと太いドラムが光るシンプルなビートを提供。フックはスクラッチ。〝いかにも〟なプリモをきっちりとこなしている。（アボかど）

Artist

Bushido

ブシドー

Track

Gangster

Title

Jenseits von Gut und Bцse

2011年：ersguterjunge
CD・DVD

プリモの存在感を改めて確認

「武士道」をMCネームに持つドイツのベテランラッパーによる一撃。哀愁と緊張感が入り乱れるハープとストリングスの上ネタにブッといドラムのダークで渋いプリモビートに、説得力のあるヴォイスによるドイツ語のライムには冒頭からEPMDやビッグ・L、モブ・ディープにD.I.T.C.といった名が登場し、ワールドワイドなヒップホップとその象徴としてのプリモの存在感を改めて確認。同作にはスウィズ・ビーツとの曲も。（吉田雅史）

Artist

Apathy

アパシー

Track

Stop What Ya Doin' feat. Celph Titled

Title

Honkey Kong

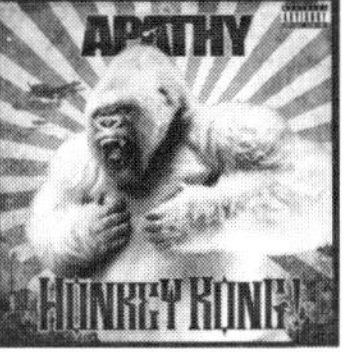

2011年：Dirty Version Records
2×CD、2×LP

ギターが唸るラフなビート

コネチカットのコレクティヴ、デミゴッズの一員としても知られるラッパーのアパシー。この曲でのプリモは、アパシーのマイク・シノダとのコラボ経験を踏まえたのか、ロック的なエレキギターが唸るラフなビートを手掛けている。それはリック・ルービンあたりに通じるようなもので、いかにも「プリモ！」という感じではない。しかし、イントロでの渋い喋りとフックのスクラッチでプリモ印をしっかりと刻印している。（アボかど）

Artist

DJ Fudge

ディージェイ・ファッジ

Track

Jump Up (DJ Premier Remix) feat. Afrika Bambaataa

Title

Jump Up (DJ Premier Remix) feat. Afrika Bambaataa

2011年：Funk La Planet Records

バムのヴォーカルを擦りリミックス

フランス人ハウス・プロデューサーのDJファッジが、アフリカ・バンバータをヴォーカルとしてフューチャーした曲のリミキサーとしてプリモを指名。4つ打ちにバンバータという違和感しかない原曲から、ニューヨーク出身のシンガー、レナホーンをネタに、引き伸ばしたストリングスとピッチを落としたヴォーカルでスクラッチしまくりヒップホップサイドへ戻そうとするも、さすがに強引すぎな印象はいなめない。（二宮慶介）

2010-2014

Artist

Royce Da 5'9"

ロイス・ダ・ファイヴナイン

Track

09. Writer's Block (DJ Premier Remix) feat. Eminem

13. Second Place

Title

Success Is Certain

2011年：Gracie Productions Orchard
CD, 2×LP

プライム結成前夜に制作された作品

デトロイトのラッパー、ロイス・ダ・ファイヴナインによる5枚目のアルバム。しばしば〝史上最高のリリシスト〟とも評される彼をフックアップしたのは、同郷のエミネム。共に「バッド・ミーツ・イーヴィル」を結成後、アルバム『The Slim Shady LP』の客演にも招いている。そんなロイスだがジョエル・オーティス、クルキッド・アイ、ジョー・バドゥンとのユニット、スローターハウスの一員として存在感を発揮する一方、ソロではセールスに恵まれず、大物アーティストのゴーストライターに甘んじていた時期も。しかし、ラッパーとしての実力はプレミアも長年に渡って認めるところで、ラッパーと外部プロデューサーという関係を超え、2014年にはスペシャル・ユニット「プライム」まで結成している。本作は、その前夜に制作された作品で、プレミアはシングルカットもされた「Second Place」のプロデュース、エミネムが参加した「Writer's Block」のリミックスを手掛けている。(吉田大)

Artist

The Game

ザ・ゲーム

Track

Born In the Trap

Title

The R.E.D. Album

2011年：DGC Records / Interscope Records
CD

ギャングスタ・コンシャスネス

プレミアは、ギャング・スター「Comin' for Datazz」やラキム「When I B on Tha Mic」でサンプリングしたエモーションズ「Blind Alley」のブレイクビーツをアレンジ。そしてNYを拠点に活動する彼に対して通算4作目収録のこの曲でコンプトンのラッパーは「カリフォルニアへようこそ」と切り出し、経験してきたゲトーやギャング・カルチャーについてラップする。いわば〝ギャングスタ・コンシャスネス〟の1曲。(二木信)

Artist

Kendra Morris

ケンドラ・モリス

Track

Concrete Waves (DJ Premier 320 Remix)

Title

Concrete Waves

2011年：Wax Poetics Records / Serato Pressings
12"

透明感のあるヴォーカルと相性抜群

ワックス・ポエティックス誌がフックアップしたSSW、ケンドラ・モリス嬢のリミックス仕事では、もともとヒップホップ色強めの原曲をさらにマッチョにビルドアップ。透明感のある主役のヴォーカルとも相性抜群で、スリック・リック「La-Di-Da-Di」のフレーズを擦り切ったイナタいフックも含めてヒップホップ・ソウル的。キャリア最初期にプリモが援護射撃したことで、今も名刺代わりになっている好仕事だ。(VD_BB)

Artist

Slick Rick

スリック・リック

Track

Need Some Bad

Title

The Sitter(Music from the Motion Picture)

2011年 : Sony Music Entertainment

十八番のストーリーテリングが展開

ジョナ・ヒル主演のコメディ映画『ピンチ・シッター』のサントラ収録曲。それゆえ、ライブラリー・ミュージックにサンプル源を求めたのか、ハロルド・スマートの弾く「Creepy Crawley」のオルガンをウワモノに使用。そんなトラックの上で、自慰の現場を目撃した母親にまだ未経験なのと咎められた息子が「なら、売春婦を買っていいの、お金頂戴！」などという、スリック・リック十八番のストーリーテリングが展開される。（小林雅明）

Artist

Teflon

テフロン

Track

4 Tha Love

Title

4 Tha Love

2011年 : -

主役のラップとベストマッチ

プリモ全面バックアップという、まさかのカムバック作となった2023年のセカンドに遂に公式に収められたが、2011年時点ですでに存在が確認されていた1曲。アイザック・ヘイズをネタに使った重めのビートは、M.O.P.バリにアツくスピットする主役のむさ苦しいラップとベストマッチ。盟友リル・フェイムの声ネタをチョイスし、見事にハメてくる演出がニクいアウトロのプリモの擦りまで油断禁物だ。（VD_BB）

Artist

Evidence

エヴィデンス

Track

06. You

17. The Epilogue

Title

Cats & Dogs

2011年 : Rhyme Sayers

CD, LP

11年最高のヒップホップアルバム

LAを代表するグループ、ダイレイテッド・ピープルズのメンバーであるエヴィデンスの『ザ・ウェザーマンLP』に続くセカンド・ソロ作。2011年最高のヒップホップアルバムの1枚に数えられる逸品で、制作陣もアルケミストやラーキら豪華な面々がプロデューサーに。プリモが担当しシングルも切られた「You」はエヴィデンスが「レースを主導しているのは誰だ」「代わりに走っているのは誰だ」と自問自答するナンバーであり、規則正しく刻まれるリズムが、タイムを競うレースの緊張感を表しているかのように聴こえる。メイヴィス・ステイプルズが「You Send Me」で披露しているヴォーカルが引用されているが、「You」自体もエントラーダの「Derechos Reservados」に使われているというサンプリング数珠繋ぎも。「The Epilogue」ではプリモが自らの曲「Spin Live」のビートを使い盛り上げ、アルバムの最後を締めくくる。中盤で聴かせるカッツ&スクラッチングもスリリング。（つやちゃん）

Artist

Mac Miller

マック・ミラー

Track

'92 'Til Infinity

Title

Face the Facts

2011年：Unreleased leek

未完成に終わったミックステープ収録曲

ジャジー・ジェイ、プリモ、ピート・ロックなど数々のクラシックを生んだプロデューサーたちとのコラボをテーマに進行していたが、マックが超多忙なまま亡くなり、未完成に終わったミックステープ『92 'Til Infinity』（彼は92年生まれだ）収録曲とされる作品。

　マックは「俺が15歳の頃、夢はプリモと曲を作ることだった。彼は俺を信じてる、そしていま彼がこのビートを作ってる」とラップを切り出す、プリモがドナ・ワシントン「If You Leave Me Now」のイントロをループして作ったビートにのせて。

　プリモによれば、レコーディングのために旧D&Dスタジオにやって来たマックは、ブースに立ちつくし、ここでKRS・ワンが録音したんだとしばらく感慨に耽っていたという。なおサビは、リル・フリップ、マイク・ジェロニモ、213のスヌープ・ドッグ、ニック・ジャヴァスなどのフレーズを各楽曲から抜き出し、擦りながら組み立てるプリモお得意の手法だ。（小林雅明）

Artist

Wais P

ワイズ・ピー

Track

02. Multiple Sclerosis
04. Money In The Yard
05. Some of The Be
06. Lessons
07. Premo Still Prevail
08. Come Back To Collect
09. When The Cops Come (Snitch Bitch)
10. Trill OG Bun B (Skit)
11. Ampitheatre

Title

Premo Pimpin' EP

2011年：Not on Label / Free download Mixtape

プリモのビート集から多くを採用

ダ・レインジャーズのメンバーとして知られ、ソロではピンプ・ラップを踏襲し、自らのスタイルを「ピンプ・ホップ」と称しているワイズ・PのEP。「Amphitheatre」でプリモは、ギャング・スターのヒット曲「DWYCK」からグールーの名調子"I wreck the mic like a pimp pimps hoes"を擦り、サビに。

　他はプリモ謹製の既存のビートでPがスピットしたという趣向。例えば、前年発表のイヤー・ラウンドのコンピ収録曲「Epic Dynasty」で女性MC、ダイナスティがライムしているビートを「Money in the Yard」で使っている。さらに本作と同年発表のプリモのビート集『Beats Collected Dust Vol.2』からは4曲を使用。「Doomp Doomp Doomp」を「When the Cops Come（Snitch Bitch）」で、「Styless」を「Come Back to Collect」で、「Beautiful」を「Lessons」で、「Live Pro」（映画『フランス軍中尉の女』のサントラ収録曲をチョップ!）を「Multiple Sclerosis」で使用。（小林雅明）

Artist

Torae

トレイ

Track

For the Record

Title

For the Record

2011年：Internal Affairs Entertainment / Fat Beats

CD, 2×LP

10年代のNYを象徴する1曲

レッド・ヴァイナルが発売時瞬く間に売り切れたという、トレイのデビュー・アルバム『For the Record』。その表題曲の「For the Record」は2010年代のニューヨークを象徴する1曲。"ニューヨークを代表するトレイのラップを聴いて他のラッパーはみんなメモを取り始める"という意味合いを持つスクラッチを、レイクウォンの「Live From New York」レッドマンの「4,3,2,1」から引用している。(MINORI)

Artist

Nick Javas

ニック・ジャヴァス

Track

Anonymous feat. Khaleel / One of Them Days

Title

Anonymous feat. Khaleel / One of Them Days

2011年：Unreleased leek

プリモの寵愛を受けた不遇のMC

ニック・ジャヴァスは、プリモ主宰のイヤー・ラウンドでフックアップされるも、結果的にアルバムリリースまで行き着けなかった不遇のソロマイカー。だが、当時プリモが入れ込んで数曲を手掛けており、それらがもしもちゃんとした形で世に出ていたなら、と悔やまれる逸材と言えよう。「Anonymous」、「One of Them Days」共に彼のユニークなキャラクター性が存分に引き出された、なかなかの力作だ。(VD_BB)

2010-2014

Artist

N.O.R.E.

ノリ

Track

Thiz Iz Hip Hop feat. Bumpy Knuckles

Title

DJ Green Lantern presents Crack On Steroids mixtape

2012年：Militainment Business

フレディー・フォックスの存在感

DJグリーン・ランタンによるノリのミックステープに収録の1曲。いつになくハードにスピットする主役には悪いが、犬のような唸り声を上げながらサード・ヴァースでカットインしてくるバンピー・ナックルズことフレディー・フォックスの存在感が最高で、プリモの不穏なストリングスによるダークで重いビートにジャストフィット。「これがヒップホップだ／これで踊るな／ただこの音を聴け」というフックも最高！(吉田雅史)

Artist

DJ Premier

ディージェイ・プレミア

Track

Regeneration feat. Nas

Title

V.A. - RE:GENERATION

2012年：GreenLight Media & Marketing

CD-R, 12" Promo

ナズとバークリー交響楽団とコラボ

クラシックとポップスをミックスするヒュンダイUSAが企画したドキュメンタリー映画のために制作された楽曲。プリモはナズと共にバークリー交響楽団とコラボした。ヒップホップを知らない広告屋が企画しました感が満載。ヒップホップから一番遠い存在であるクラシックとのシュールな共演は、互いの良さを打ち消し合う残念な仕上がり。プロモ用CD-Rに収録されたこの曲は、プリモ自身も思い出したくない過去なのかも。(宮崎敬太)

Artist

DJ Premier & Bumpy Knuckles
ディージェイ・プレミア & バンピー・ナックルズ

Track

01. StOoDiOtYmE
02. Fake
03. That Preemo S**t
04. tAkEiT2tHeToP
05. Inspired By Fire

Title

StOoDiOtYmE EP

2012年：Gracie Productions

これぞプリモ・シット！配信のみの5曲入りEP

相棒のグールー亡き後、他のMCとスポットで組んでアルバムやEPサイズの作品リリースも重ねるプリモが、2012年に新パートナーとして本指名したのは、グールーのような"柔"のMCではなく、明らかな"剛"のMCと言えるバンピー・ナックルズであったのに驚いたのは筆者だけではあるまい。同年のタッグ作『KoleXXXion』に先駆け、プロモーションがてら配信のみでリリースされた本EPは、ギャング・スター作品とはまた違った色味を揃えた前哨戦的な全5曲を収録。バカバカしくも最高にアツいプリモ賛歌「That Preemo S**t」が突出して目立った出来だが、それを含めた全曲、ひいては「KoleXXXion」も全編プリモがかねてよりストックしてきたビートにラップを後乗せして作り上げたものだそう。実際、本EPには前年リリースのビート集『Beats That Collected Dust Vol. 2』ですでに確認できた楽曲も一部含まれており、そちらと聴き比べてみるのもおもしろいだろう。(VD_BB)

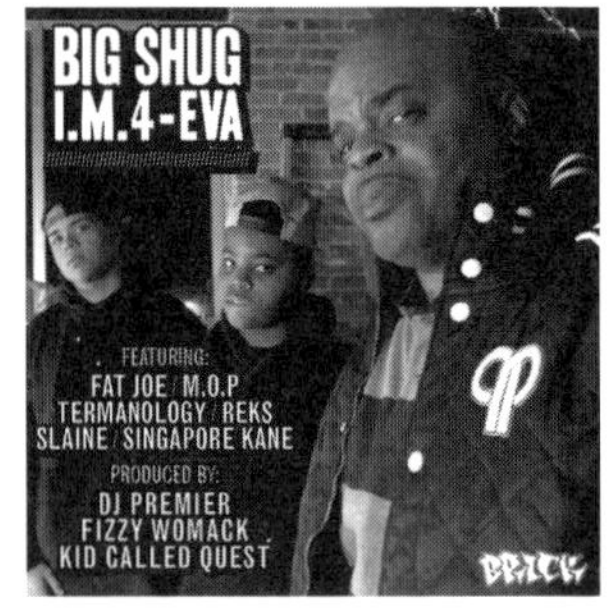

Artist

Big Shug
ビッグ・シュグ

Track

02. Hardbody feat. Fat Joe & M.O.P
03. Spit Six
05. Blue Collar
11. We Miss You

Title

I.M. 4-Eva

2012年：Brick Records
CD

和のニュアンスを感じる哀愁のあるビート

ビッグ・シュグの4作目のアルバムでプリモは4曲で参加。シュグにはブレイクスルーした印象は薄いかもしれないが、いつの時代もアーティストの規模感にこだわることなくプリモが共作していることが垣間見える作品でもあるだろうし、もちろん抜かりない仕事ぶりも体感できる作品だろう。ファット・ジョーとM.O.P.を招いた「Hardbody」ではメロウなビートと切れ味の良いスクラッチが聴けるし、「Spit Six」では和のニュアンスを感じる哀愁のあるビートで魅せる。「Blue Coller」にはシンプルなドラムに持続的なウワモノを合わせ、「We Miss You」にはシュグの太い声に馴染む柔らかな陽光のようなビートを提供。ちなみにJ.コールがバスケットボールのプレイヤーとして注目を浴びたのは比較的最近のことだが、シュグはバスケのユースチームのコーチとしてそこそこ成功しているらしい。面倒見の良さはプリモの影響を受けてなのだろうか。(高久大輝)

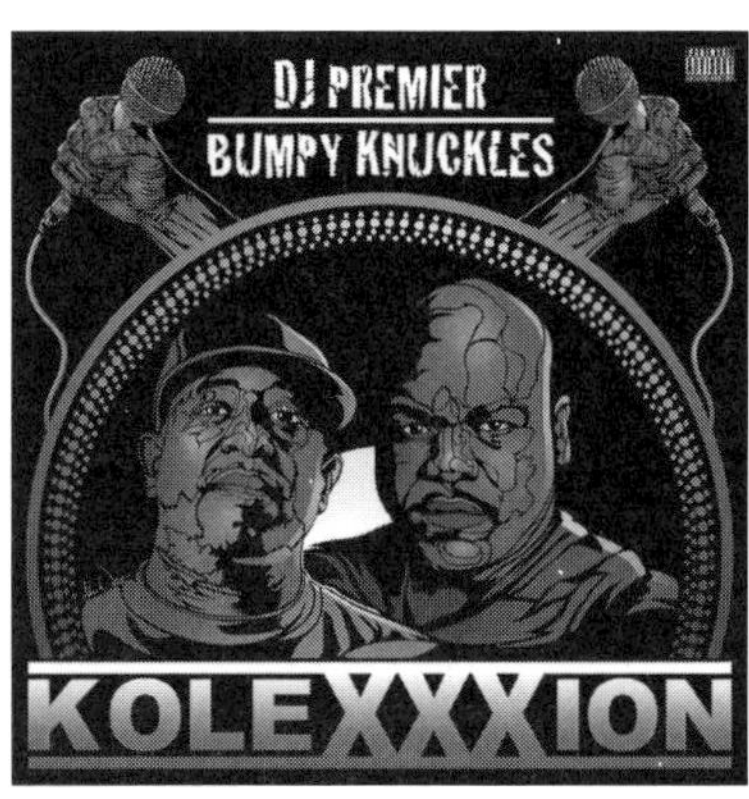

Artist

DJ Premier & Bumpy Knuckles

ディージェイ・プレミア&バンピー・ナックルズ

Track

01. My Thoughts
02. Shake The Room
03. B.A.P. (Bumpy And Premier)
04. eVrEEbOdEE
05. wEaRe aT WaR
06. P.A.I.N.E.
07. The Life
08. FYPAU
09. D'Lah
10. More Levels
11. GrEaTnEsS
12. EyEnEvErPuTmY4cUsAwAy
13. Turn Up The Mic (DJ PREMIER RMX) feat. Nas
14. The Key
15. OwNiT
16. The Gang Starr Bus

Title

Kolexxxion

2012年：Gracie Productions / Works of Mart
CD, 2×LP

2人の盟友関係の集大成とも言える作品

プレミアとギャング・スター・ファウンデーションのひとりとしても知られるMCのバンピー・ナックルズ（別名フレディー・フォックス）によるコラボレーション・アルバム。1997年のOC『Jewelz』での共演に始まり、2012年の同作に至るまで続いた2人の盟友関係の集大成とも言える作品で、バンピー・ナックルズによるセルフ・プロデュース曲「Word Iz Bond」を除くすべての曲がプレミアプロデュース。客演アーティストは、フレイヴァー・フレイヴとナズの2名のみと、超タイトかつ、シンプルな構成になっている。収録されているビートのほとんどが、他のアーティストに使われなかったビートで、例えば、アルバムからのファースト・シングルとしてリリースされた「Shake The Room」はバスタ・ライムスが使用しなかったビート。また、「B.A.P. (Bumpy And Premier)」のビートは、2009年のジェイ・Zのアルバム『The Blueprint 3』に収録される予定だったが間に合わずボツに。さらに、12曲目の「EyEnEvEr-PuTmY4cUsAwAy」のビートは、カニエ・ウェストに送ったにもかかわらず結局彼のプロジェクトには収録されることはなかった、とプレミア自身が『Hot 97.5』にて語っている。バンピー・ナックルズの太く安定感のあるラップが、プレミアのシンプルで無駄のないワンループビートを乗りこなし、彼のラップスキルの懐の深さを、あえて〝ボツ・ビート〟を多く選んだことによって逆説的に示している。至極のチョップ・テクニックが散りばめられたビートに、ワイルドで堂々としたラップが映える、ハードコア・ヒップホップな作品。(MINORI)

Artist

38 Spesh

サーティエイト・スペッシュ

Track

No More

Title

Time Served mixtape

2012 年：Team Invasion
CD-R

スイングするフロウが相性抜群

グリゼルダ勢やクール・G・ラップとも縁の深いハードコアラッパーのミックステープ収録曲。以前と異なるドラムの質感から、MPCルネッサンスに機材を変えた後のビートだろうか。特にスネアに顕著だがハイが目立ち、コンプの効きが以前より弱め。スゴいリリースペースで今やハードコアラップシーンの一線で活躍するスペッシュだが、この頃はテンション高めでスイングするフロウを聴かせていてプリモとの相性も抜群だ。（吉田雅史）

Artist

KRS-One

ケーアールエス・ワン

Track

It's Gettin' Hectic

Title

DJ JS-1 - Demoution Mix

2012 年：-

これぞポリティカル・ラップ

『Return Of The Boom Bap』に収録予定だったがお蔵入りになった1曲。真相は定かでないが、リリース元のジャイブが難色を示したのだろう。なぜなら、国連・EUのヨーロッパ中心主義、そしてラップを社会悪と見なし一掃しようとする当時の政権への痛烈な批判を、シンプルながら強度のあるビートの上で2ヴァースに渡り、たっぷりしているからだ。2012年発表のDJ JS-1のミックスに初収録。これぞポリティカル・ラップ。（二宮慶介）

Artist

Vinnie Paz

ヴィニー・パズ

Track

The Oracle

Title

God of the Serengeti

2012 年：Enemy Soil
CD, 2× LP, Cassette

攻撃的で唯一無二な世界観を表現

イタリア生まれのアメリカ人ラッパーで、ローマ・カトリック教徒からスンニ派イスラム教徒に改宗した彼は歴史・宗教を含む暴力的な言い回しと巧みな言葉遊びを交えたMCとして知られる。このプレミア・プロデュース曲も攻撃的なブーンバップで唯一無二な世界観を表現。豪華客演陣と共に展開した本作はアンダーグラウンド・シーンにおけるパズの地位を守る作品であり、長年のファンを確実に満足させるだろう。（DOMO+PoLoGod.）

Artist

Lord Finesse & DJ Mike Smooth

ロード・フィネス&DJ・マイク・スムース

Track

Inconsiderate Females

Title

Inconsiderate Females

2012 年：Slice of Spice / Underboss Entertainment
5"

完全コレクター向けのソノシート

デモや未発表曲を矢継ぎ早に（それも結構なお値段で）リリースし、世界中のコレクターを悩ませ続けるスライスオブスパイス・レーベルから落とされた『Funky Technician』期の未発表曲。ワンループのミニマムなビートに、フィネスのポエトリー・リーディングのようなフロウはマッチしているものの、あまりにもシンプルで、なるほど未発表……というクオリティ。5インチのソノシートというフォーマットも含め完全にコレクター向け。（橋本修）

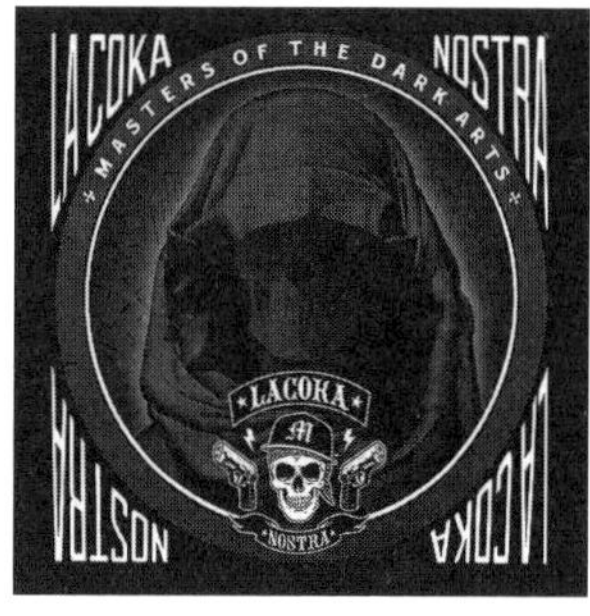

Artist
La Coka Nostra
ラ・コカ・ノストラ
Track
Mind Your Business
Title
Masters of the Dark Arts

2012年 : Fat Beats
CD, 2×LP

対人関係のあり方を綴ったリリック

アイルランド系ヒップホップ・グループ、ハウス・オブ・ペインのラッパーとして知られるブルックリン出身のダニー・ボーイを中核に結成された、ラ・コカ・ノストラ。本作は彼らにとってセカンド・アルバムにあたる。プレミアはプロデューサーとして、数多くのアーティストに引用されてきた鬼才デヴィッド・アクセルロッドの名曲「The Fly」を使用して「Mind Your Business」のビートを制作。ジョシュア&ベニー・サフディ兄弟の映画『アンカット・ダイヤモンド』でも描かれた、ニューヨークのインナーシティに存在するユダヤ系のストリート社会に生きる同クルーにマッチした焦燥感溢れる楽曲を完成させた。ラップは、サード・ベースのMCサーチが結成したグループ、ノン・フィクションの元メンバーとしても知られるブルックリン出身のイル・ビル、俳優としても活躍中のスレインがスピット。対人関係のあり方を綴ったティープなリリックもチェックしつつ聴いてほしい1曲。(吉田大)

Artist
The Game
ザ・ゲーム
Track
HVNAGNGSTA feat. Master P
Title
Sunday Service

2012年 : Not On Label

ゲームのミックステープに収録

南部のヒップホップを知らしめたニューオーリンズのラッパー/プロデューサーとの共作曲は通算5作目『Jesus Piece』に収録される予定だった。が、カニエ・ウェストらとの「Rollin'」、ケンドリック・ラマーらとの「Murder」などと同様にこのミックステープに収められた。ソウル/ファンク・バンド、スウィッチのゴスペル・フィーリングのある曲を素直にループしたプレミアの中でも異色のシンプルさではないか。(二木信)

Artist
Lil' Fame & Termanology
リル・フェイム&ターマノロジー
Track
Play Dirty feat.Busta Rhymes & Styles P
Title
Fizzyology

2012年 : Brick Records
CD, LP

不穏なストリングスに固いドラム

プリモとも縁の深いM.O.P.のひとりとスキルで名を馳せたプエルトリカンMCのコラボ作。クール・G・ラップのように息継ぎなしで踏みまくるターマノロジーとリル・フェイムのド迫力ストロングスタイルの対比に加え、スタイルズ・Pとバスタ・ライムズが参戦する激アツのマイクリレー! 不穏なストリングスに固いドラムのプリモらしいビートは、ここでも各MCのスキルとフロウを存分に引き出してしまう最高の競技場だ。(吉田雅史)

2010-2014

Artist
Joey Bada$$
ジョーイ・バダス
Track
Unorthodox
Title
Summer Knights

2013年：Vinyl Digital / Cinematic Music Group
12"

若きジョーイの成長を示すには十分な内容

少なくないファンがヒップホップの黄金期だと考える1990年代のニューヨークのサウンドを再現したとして、デビュー・ミックステープ『1999』(2012年)で注目を集めたジョーイ・バダスは、翌年『XXL Freshman Class』にも選出され、ミックステープも精力的にリリース。まさに黄金期を代表するプロデューサー＝DJプレミアとの仕事を、シングル「Unorthodox」にて果たす。同曲における"Money ain't a thing if I got it"の一節は、自身のデビュー・アルバム『B4.DA.$$』(2015年)に収録されている「Papep Trail$」(こちらもプレミア産!)にもサンプルされることに。『1999』の衝撃および期待の大きさゆえか、同作ほど評価は振るわなかった印象だが、それでも若きジョーイの成長を示すには十分な内容。アートワークからも想起されるように幾分ダークな印象だ。なお、各種ストリーミング・サービスで聴けるのは、本作から5曲を抜き出し2曲を加えたEP版。(奥田翔)

Artist
Big Daddy Kane
ビッグ・ダディ・ケイン
Track
28 Bars of Kane
Title
28 Bars of Kane

2013年：Nike (Air Jordan XX8's Promortion)

80年代中期を思わせるシンセ

アーサー・ベイカーなど80年代中期のヒップホップを思わせるシンセが主体のビート。ただ、同氏なら808などを組み合わせるところを、プリモはサンプラーらしい丸みを帯びたドラムと組み合わせる。また、ビッグ・ダディ・ケインの「壊れてないなら手直しするな」というリリック中のことわざを拾ったのか、冒頭には録音開始のカウントが残っており、一発録りのようなフレッシュさだけでなく、プリモの配慮も感じる。(斎井直史)

Artist
Khaleel
カリール
Track
Nobody Tryna Hear Ya
Title
Nobody Tryna Hear Ya

2013年：Year Round

1音目からプリモとわかる楽曲強度

プリモ主宰のレーベル、イヤー・ラウンドからミックステープ『The Authentic Vol.1』をリリースしたラッパー。プリモの公認ファンブログによると、この楽曲は『EP 2013』に収録予定だったが、現在はSoundCloudで聴くことができる。ただ楽曲自体の強度は凄まじく、一音目から「あ、プリモですね」とわかる固いブーンバップ。2013のスヌープ・ドッグの声ネタに"らしさ"感じる人も多いのでは。(宮崎敬太)

Artist

Ill Bill

イル・ビル

Track

World Premier

Title

The Grimy Awards

2013年：Fat Beats
CD, 2×LP,

ストレートなスタンスの名作

イル・ビル在籍グループ、ノン・フィクションが2002年にリリースした『The Furtre Is Now』は大ヒットし、その後のソロ作では陰謀論者さながらのリリックで賛否を分けていた。本作は本来のファン向けの作品として再起を計ったもので、それに応える様にDJプレミアもソウルフルなビートを送り込み、ビルはプリモへのトリビュート曲としてリリックを仕込んだ。ストレートなスタンスに賞賛の声が上がった名作。(DOMO+PoLoGod.)

Artist

Czarface

ザーフェイス

Track

Let It Off

Title

Czarface

2013年：Brick
CD, 2×LP, Cassette

不吉な匂いを漂わせるビート

ボストンのデュオ、セブンエル&エソテリックにウーラン・クランのインスペクター・デックが合流する形で結成されたヒップホップ・グループによるセルフタイトルのファースト・アルバムに収録された1曲（この曲以外のプロデュースは基本的にセブンエル）。ジャケットの通りコミック的なアルバムの中でも、とりわけわかりやすく不吉な匂いを漂わせるビートは、プリモの底知れなさを証明しているかもしれない。（高久大輝）

Artist

Papoose

パプース

Track

Turn It Up

Title

The Nacirema Dream

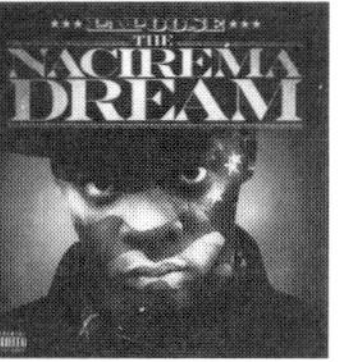

2013年：Honorable Records
CD

これがヒップホップの本来の形

デビュー契約としては破格のディールだったジャイヴ・レコーズとのひと悶着の結果、完成から7年の歳月を経てリリースされたデビュー作。なかでも本作でのプレミアとの共演を「これがヒップホップの本来の形であり、アルバムの中で最も重要なコラボだ」と自身が語る「Turn it Up」は、長尺のイントロやスクラッチされたセンテンス「Keep it Underground, Hardcore」から双方のこの曲に対する思いを感じ取ることができる。（橋本修）

Artist

Demigodz

デミゴッズ

Track

Worst Nightmare

Title

Killmatic

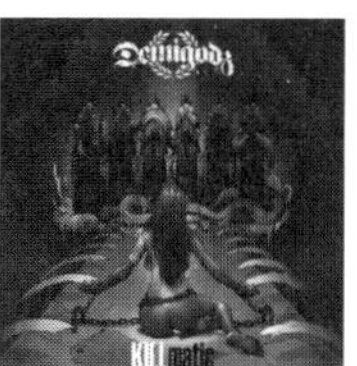

2013年：Dirty Version
CD, 2×LP

ゴシック×ヒップホップを昇華

コネチカットのラッパー、オープンマイクとリフレックスによって設立されたヒップホップコレクティブ、デミゴッズが2013年にリリースしたアルバム『Killmatic』。その中の1曲「Worst Nightmare」は、ドラマチックな展開とホラー感のあるトラックが印象的。リリックの中にもオカルト的なワードが多く登場したり、社会的な発言を悪魔を絡めて語ったりと、ゴシック×ヒップホップが上手く昇華されています。（MINORI）

Artist

Rapsody

ラプソディ

Track

Kingship

Title

She Got Game

2013年：Jamla Records / Culture Over Everything

プリモと組んだリズミカルなナンバー

ケンドリック・ラマーの「Com-pexion」に客演したラプソディによる、優れたミックステープ作品がこちら。2010年代以降のヒップホップ・フェミニズムを語る上では避けては通れないコンシャスなリリックはもちろんのこと、ラップスキルも抜群。その彼女がプリモと組んだ本曲は、「DJ Premier, Rapsody, 9th Wonder !」という掛け声からスタートするリズミカルなナンバー。〝私は決して美人ではないけれどラップは強気だよ〟と流麗なフロウで決め、その威勢を盛り上げるかのように、トラックはウワモノが光る。「Kingship＝王権」というタイトル通りの気高さだ。さらに、1分30秒の中盤や終盤フィニッシュの盛り上がりでサンプリングされるのは、ザ・ゲーム「Born in the Trap」の声ネタ。ラプソディは「クイーンたちが帰ってきた、若きブラック・エリザベス」と結ぶ。何というカッコよさ。このあたりの起伏のつけかた含め、最高のコラボレーションだ。（つやちゃん）

Artist

Disclosure

ディスクロージャー

Track

Latch feat. Sam Smith (DJ Premier Remix)

Title

Settle: The Remixes

2013年：PMR / Island

オリジナルの真逆をいく重厚感

ハウス／UKガラージを中心とした兄弟デュオのデビュー・アルバムに、リミックス盤を加えた豪華版。興味深いのは、ケイトラナダやフルームといった現在進行系のビートメイカーに依頼するのと同時に、ラリー・ハードやプレミアなどレジェンドにも依頼をしていることだ。肝心のプレミアは、BPMを半分に落とし、軽やかなオリジナルの真逆をいく、重く、哀愁感のあるピアノと呼吸音を用いた、ノー・サンプリングでの制作。（橋本修）

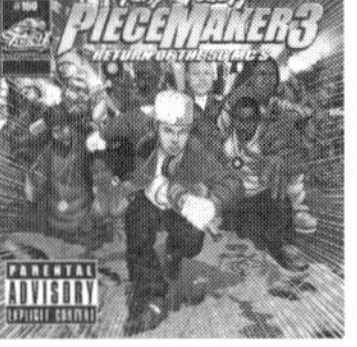

Artist

Tony Touch

トニー・タッチ

Track

Touch And D-Stroy feat. D-Stroy

Title

The Piece Maker 3: Return Of The 50 MC's

2013年：Red River Entertainment
CD、2×LP

D・ストロイのヴァーズの高揚感

AKAトニー・トカのデビュー作である『The Piece Maker』にギャング・スターとして参加したプレミアだが、シリーズ3作目ではノンフィクションからD・ストロイを迎えた、その名も「Touch And D-Stroy」（まんま！）をプロデュース。主人公であるトニー・タッチのヴァースは凡庸だが、オニクス「Slam」のスティッキー・フィンガーズのサンプリングからスタートするD・ストロイのヴァースの高揚感といったらどうだ。（橋本修）

2010-2014

Artist

Mack Wilds

マック・ワイルズ

Track

Keeping It Real

Title

New York: A Love Story

2013年：Louder Than Life / RED
CD

サラーム・レミとの共作で参加

サラーム・レミのレーベルと契約したR&Bシンガーのアルバムに、プリモもサラーム・レミとの共作で1曲参加。極太ベースとタイトなドラムを使ったビートはヒップホップ色強めながら、クールなエレピでメロウな歌モノとしての魅力も備えている。さらにプリモはギャング・スターの名曲「You Know My Steez」での自らの声をスクラッチで挿入。マック・ワイルズのNYヒップホップ愛に見事に応えている。（アボかど）

Artist

Fat Joe

ファット・ジョー

Track

Your Honor

Title

The Darkside Vol. 3

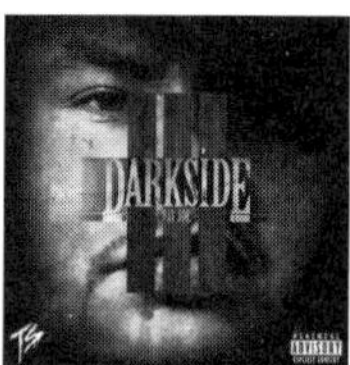

2013年：Be Music
CD

マフィア的な物騒さのあるリリック

ファット・ジョーの『The Dark-side』シリーズ3作目にして（少なくとも2023年現在では）最後の作品。2010年代前半ということもあり、「MGM Grand」や「Bass」などからは、ジージーらに代表される、当時シーンを席巻していた勇壮系トラップの影響が窺える。そうした中にあって、プレミア仕事の「Your Honor」はマフィア的な物騒さのあるリリックと、それにマッチしたビートが魅力的。（奥田翔）

Artist

Prop Dylan

プロップ・ディラン

Track

Shock & Amaze

Title

The Cardinal Sin

2013年：Catapults Entertainment
LP

ジャズファンク的なトラックを提供

固いライミングとファンキーなスタイルが特徴のスウェーデンのラッパー。この4thアルバムには、プリモに加えタリブ・クウェリ、エビデンス、ラカア・イリサイエンスも客演しています。プリモはギターのカッティングが牽引するジャズファンク的なトラックを提供しました。この曲を聴くと、ヨーロッパではプリモのメロウネスやインテリジェンスからコンシャスな受け取られ方をしていたのかなと感じました。（宮崎敬太）

Artist

Dynasty

ダイナスティ

Track

Street Music

Title

A Star In Life's Clothing

2013年：Jakarta Records
CD, LP

淡々とグルーヴを深めるようなビート

サンプル元のトニー・オルランドゥ&ドーンの「To Be With You」と聴き比べると、驚くほどかけ離れた3箇所を抽出していて驚かされる。淡々とグルーヴを深めるようなビートはプレミアが〝スピット・クイーン〟と絶賛するダイナスティを引き立てるためのものだろう。ギャング・スターOG、ビッグ・シュグの「Do Ya」のヴァースが、スクラッチだけでなく曲名にもなっているあたり、御大の太鼓判は本物だ。（斎井直史）

Artist

Kontrafakt

コントラファクト

Track

O5 S5

Title

Navždy

2013年：Tvoj Tatko Records
CD, LP

アウトロでの鬼のスクラッチ

スロバキアのラップクルーであるコントラファクト3枚目のスタジオアルバム『Navždy』に収録された1曲。このビートでは、映画『サブウェイ・パニック』のサウンドトラックがサンプリングされており、危機感を煽るかのようなループが、それぞれのメンバーのラップの鋭さを自覚させてくれます。ヴァース以外はほとんどプレミアのスクラッチで構成されていて、特にアウトロでの鬼のスクラッチは聴きどころ。(John)

Artist

Sokół i Marysia Starosta

ソクウ&メリシア・スタロスタ

Track

Zepsute Miasto

Title

Czarna Biała Magia

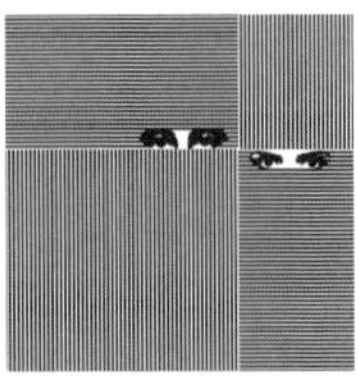

2013年：Prosto
CD

鉄板のプリモ・スタイル

ポーランドの人気ラッパー、ソクウ。ポーランド語はわからないのだが、再生回数が400万回近いMVがクライム物なのでハードコア路線だろう。低音の声と聴きなれない発音の組み合わせ、メリシア・スタロスタのコーラスが興味深い。冒頭にスクラッチ、最後に転調が入る鉄板のプリモ・スタイル。ソクウはチェコ共和国やラトヴィアでもビジネスを展開する実業家。東欧でもラッパーの勝ち上がり方は同じらしい。(池城美菜子)

くすんだストリングスと小気味のいいホーン

Artist

DJ Premier

ディージェイ・プレミア

Track

Zoo York Welcomes Gavin Nolan (Instrumental)

Title

Zoo York Welcomes Gavin Nolan

2014年：Zoo York

1993年にニューヨークでヒップホップ、グラフィティ・カルチャーに影響を受けたプロスケーターのロドニー・スミス、アダム・シャツ、イーライ・モーガンの3人によって設立されたスケートブランド、ズーヨーク。そんなズーヨークがボストンで生まれ育ったスケーターであるギャビン・ノーランをファミリーに迎え入れる際に制作したスケートヴィデオに使用された1曲だ。プリモらしいくすんだストリングスと小気味のいいホーン、そしてまさにここでトリックをメイクしろと言わんばかりの余白。ブランドの持つバックグラウンドやイメージ的にもプリモ以上の適役はおそらくいなかったのだろう。カルチャーに貢献する姿勢にも背筋が伸びる。スケートヴィデオを観て素晴らしい音楽と出会うのはスケーターたちにとってはひとつの常識かもしれないが、オリンピックを機にスケートボードに興味を持った層にもそういった感覚は広がっているのだろうか。(高久大輝)

Artist

DJ Premier

ディージェイ・プレミア

Track

Bars in the Booth シリーズ SESSION 2~8

Title

Bars in the Booth

2014年 : YouTube self-released

様々な人を呼びバースを蹴ってもらう企画

DJプレミアが様々な人を呼びヴァースを蹴ってもらうという企画。YouTubeにはトラックを操るプリモに合わせてまくし立てる演者たちが映されているが、これが滅法カッコいい。セッション2ではブラック・シープのドレスが参加し、3ではジャック・フロスト、4ではショウビズ&AGのAG、5ではロウディド・ラックス、6ではバンピー・ナックルズ、7ではスカイズー&トレイ、8ではラス・カスが参加。プリモらしさが特に感じられるのは5と6で、5はベースの音が、6は鍵盤の音が1拍目から入ってきて完全にキマる。まさに開始3秒のマジック、なかでも6の元ネタはジェイ・Z「Feelin' It」と同じ(!)アーマッド・ジャマルの「Pastures」で、ア・トライブ・コールド・クエスト「Buggin' Out」を彷彿とさせるようなウッドベースの感触が心地よい。つんのめるようなビートで挑発する2もおもしろく、ここにしっかりと乗せてくるドレスもさすが。(つやちゃん)

Artist

Scott Knoxx

スコット・ノックス

Track

Make the Sound (featuring Rhymefest & Money B)

Title

Take Off

2014年 : Xtra Entertainment

いかにもプレミア!なピアノリフ

初出典はベイエリアのレジェンドであるマネー・Bとのプロジェクト、M.A.S.K.が12年に発表したシングルだが、現在では本作『Take Off』に再収録されたものが比較的入手しやすいだろう。シリータ「What Love Has Joined Together」から借用したピアノ上を、プリモによるイグジビット「Hey Now (Mean Muggin)」の扇動的なコスりが走る本曲は、シカゴの手練れ、ライムフェストも参加した濃厚な1曲。(高橋圭太)

Artist

D.I.T.C.

ディー・アイ・ティー・シー

Track

Diggin' In the Crates (DJ Premier Remix)

Title

The Remix Project

2014年 : Slice-of-Spice / D.I.T.C. Ent. CD

歴史的な作品に最高のビートを

突如、2014年にリリースされた『The Remix Project』は、意気投合した仲間内をフィーチャーしたリミックス・アルバムとなっている。D.I.T.C.のお披露目的マイクリレーとなった92年リリースのクラシックス、ショービズ&AG「Diggin' In the Crates」のリミックスをDJプレミアが担当し、歴史的な作品に対し最高のビートを提供。さらにスクラッチでマイクリレーにもバッチリ参加している。(DOMO+PoLoGod.)

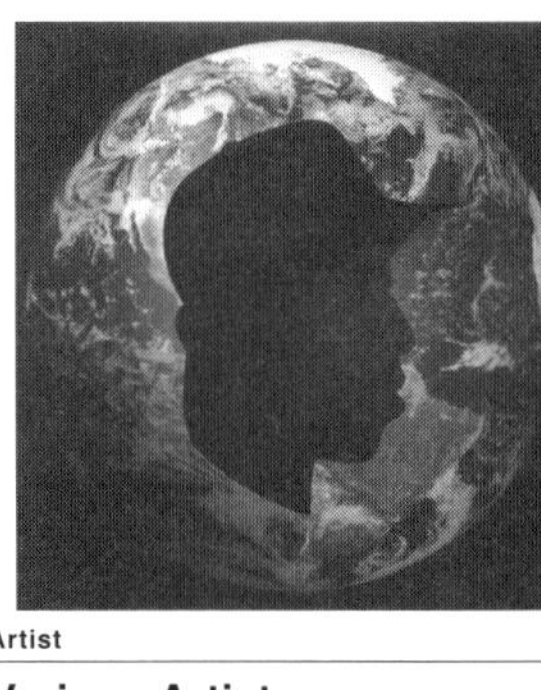

Artist
Various Artists
ヴァリアス・アーティスツ
Track
A1. NYGz - My Influences
A2. The Lady of Rage - Chemical Burn
A3. Spaced Dem Mo (Instrumental)
A4. Scarz Face (Instrumental)
Title
DJ Premier X Serato 2x12"

2014年：Serato
Control Vinyl

裏面をコントロールヴァイナルにした限定盤

NYGズの「My Influences」はシックでありながらも大音量で流したくなるようなバンガー。シンプルで丸みのあるベースとドラムが、疾走感溢れるサンプルをより引き立てており、NYGズのハッキリしたラップがより一層の高揚感を与えてくれる。「Chemical Burn」はプレミアには珍しくBPM105と速く、普段ガッチリとしたフロウのザ・レディ・オブ・レイジも珍しく軽快なリズムでラップをする。終盤は〝ポメー〟でプレミアとふざけ合うようで、長いキャリアを積んだベテラン同士の戯れの様子が印象的。今作はセラートが裏面をコントロールヴァイナルにした限定盤だが、上の2曲はプレミアが自身のSoundcloudにて公開している。残る2曲はどちらもインストゥルメンタル。「Spaced Dem Mo」は前半とは対象的に渋くて煙たくレイドバックしたビート。「Scarz Face」はプレミアらしい叩きつけるようなドラムと、悲壮感漂う上ネタのフリップによるシンプルな構成。（斎井直史）

Artist
38 Spesh
サーティエイト・スペッシュ
Track
The Meeting feat. Kool G Rap
Title
The Art of Production

2014年：Trust Comes First
CD-R

ハードなハスラー哲学が展開

ロバート・グリーン著『The Art of Seduction』の表紙を想起させるアートワークの通り、ハードなハスラー哲学が展開される本作。プレミアのプロデュース曲ではクール・G・ラップが登場し、ストリートにおける自らの影響力を誇示している。ちなみに、2年後には『The 38 Laws of Power』と題された、これまた同氏による自己啓発本『The 48 Laws of Power』を模したタイトルとカヴァー・アートのアルバムがリリースされている。（奥田翔）

Artist
Skyzoo & Torae
スカイズー＆トレイ
Track
The Aura
Title
Barrel Brothers

2014年：First Generation Rich, Inc. / Internal Affairs / Loyalty Digital Corp.
CD, 2×LP
(co-produced by AntMan Wonder)

2人の詩的かつ鋭いラップにマッチ

ニューヨークをベースに活動するスカイズーと、デビュー当時からプレミアとの関係性が深いトレーのコラボレーション・アルバム『Barrel Brothers』に収録された1曲。コメディ・シリーズ『Chappelle's Show』内の場面を切り取ったイントロから始まり、映画の一場面のような壮大で堂々とした雰囲気のあるトラックが、2人の詩的かつ鋭いラップに気持ちよくマッチ。安定感が感じられる作品になっている。（MINORI）

Artist
Dynamic Duo
ダイナミック・デュオ
Track
01. AEAO
02. Animal
Title
A Giant Step

2014年：Amoeba Culture

プレミア側からのラブコールで実現

2000年代韓国ヒップホップ・シーンの立役者であるダイナミック・デュオとDJプレミアのコラボレーションEPである本作は、まさかのプレミア側からのラブコールにより実現した。当時、ドイツ（ブシドー）やフランス（ソウルキャスト）、スコットランド（パオロ・ヌティーニ）など海外勢とのコラボレーションに力を入れていたプレミアは、以前より韓国のシーンに興味をしめしており、彼らとのタッグを切望したそうだ。タイトル曲「AEAO」はバハマディア「True Honey Buns」を彷彿させるようなBPM80を切る、スローで実験的なトラックに、ラップ、ヴォーカル、スクラッチが見事に3位一体となった傑作ジョイント。かたや「Animal」は、壮大なオーケストレーションと跳ねたドラム、少しクリアになったミキシングという、2010年代のプレミア・サウンドのど真ん中をいく仕上がりで、わずか2曲だけでいかにプレミアがこのプロジェクトに真摯に取り組んでいたかが伝わってくる。（橋本修）

Artist
Dilated Peoples
ダイレイテッド・ピープルズ
Track
Good As Gone
Title
Directors of Photography

2014年：Rhymesayers Entertainment LLC
CD, 2×LP

湿度ゼロのトラックとスクラッチ

LAのヒップホップ・トリオによる『20/20』以来、8年振りとなるフルアルバムの先行トラックは御大による監修作。図太いキックとベースをサウンドの中心に置き、アル・スチュワート「Sirens of Titan」をプリモらしいチョップで全編に配す本楽曲で、2010年代においても彼のトラックの方法論がいまだ有効であることを証明した。湿度ゼロのビートの上を正確無比に走るDJバブーのスクラッチも聴きどころ。（高橋圭太）

Artist
Soulkast
ソウルキャスト
Track
French Touch
Title
Memento Mori

2014年：Alariana
CD

力強いダミ声とダイナミックな展開

プレミアを含め、M.O.P.、ゴーストフェイス、オニクスらと交友があるフランスのラッパー、ソウルキャスト。リリックは全編フランス語となっているが、言葉の壁を感じないほどのパワフルなヒップホップのソウルを感じられる1曲。力強いダミ声と金管楽器のダイナミックな展開と合わさり、迫力がとにかく凄い。プレミアも出演するMVは必見です。（MINORI）

Artist

Slaughterhouse

スローターハウス

Track

Y'all Ready Know

Title

V.A. - Shady XV

2014年：Shady Records/ Interscope Records
CD

スクラッチ芸の巧みさに惚れ惚れ

エミネムのシェイディ・レコードよりリリースされた2枚組のレーベルコンピ。全編に渡り派手でトリッキーなトラックが配された作品だが、スローターハウスによる本曲はその中でもプリモらしく流麗なピアノを織り交ぜながらループさせるトラックが渋い。特に冒頭20秒の小技を効かせまくる展開は素晴らしく、ジョエル・オルティスの「ya'll ready」という掛け声に絡むスクラッチ芸の巧みさに惚れ惚れ。これぞプリモ！（つやちゃん）

Artist

Diabolic

ダイアボリック

Track

Diabolical Sound

Title

Fightin' Words

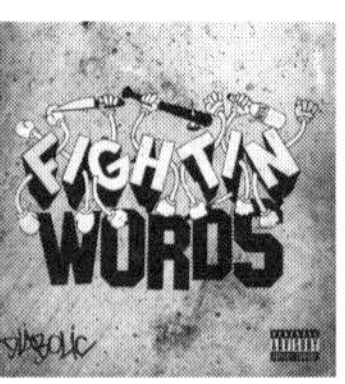

2014年：Warhorse Records
CD

ロング・アイランド出身の2作目

「悪魔的」と名乗っているロング・アイランドのダイアボリックのセカンド。インモーラル・テクニックと仲が良く、MCバトルに強く、緊迫感のあるハードなトラックを好む。90年代後半のNYアンダーグラウンド・ヒップホップ・シーンの匂いが強い人だ。満を持してプレミアと組んだのか、本人のテーマ曲の扱いだ。ワードプレイが得意なMCにありがちな、観念的な内容をテクニックでねじ伏せるあたりは好みが分かれるかも。(池城美菜子)

苦労人にプレミアが贈ったトラックは3曲

1977年生まれながら2000年まで刑務所に服役していたブルックリン出身のハードコアラッパーのサード・アルバム。2000年代前半からストリートからプロップスを積み重ねてきた叩き上げです。そんな苦労人にプレミアが贈ったトラックは3曲。出色はシングルカットされた「Nunya」。アイザック・ヘイズ「A Few More Kisses to Go」をサンプリングしたとのことだが、痕跡がまったくわからないレベルで組み換えられている。これはナイス&スムース「Funky for you」がネタになった「Let's Get Smart」も同様。アヴァンギャルドなのにポップでもあり、プリモのチョップ&フリップはもはや別次元のアートに進化している感があった。ジェイ・Zがサイゴンのついて語るインタビューを冒頭にサンプリングした「One Foot In The Door」も激アツ。プリモがいかにサイゴンを気に入ってるかわかる強力な3曲。(宮崎敬太)

Artist

Saigon

サイゴン

Track

08. Let's Get Smart

09. One Foot In The Door feat. Big Daddy Kane

10. Nunya (None Of Ya Business)

Title

G.S.N.T. 3: The Troubled Times of Brian Carenard

2014年：Squid Ink Squad
CD

息のあう旧知の2人によるアルバム第1弾

「グールーの代役で俺がここにいるのか、なんて絶対俺に訊いてこないリアルなヒップホップ好きにこの曲を捧げる」3曲目の「U Looz」でロイス・ダ・ファイヴナインのこの言葉を受け、「その通り……」と思わずプリモがラップを始めてしまう！ほど息のあう旧知の2人によるアルバム第1弾。当初企画された、ロイスを含む4MCグループ、スローターハウスとプリモとの5曲入りコラボEPがスケジュールの問題で実現できず（彼らが客演する、その名も「Microphone Preem」が本作のラストを飾っているのは、その名残か）、ロイスと2人で作ることに。企画の始動時から、プリモの意向で基本的なサンプル源は、2010年代においても、アナログ機材で60年代末から70年代初頭頃のヴィンテージ感濃厚なサウンド、つまりサンプル源としてこれまで多くのビートメーカーが重宝してきたあの感触を湛えた音楽を生み続けているエイドリアン・ヤングの楽曲で統一することに決めていた。それにより、ヤングの最新曲を使いながら、いかにもプリモらしい楽曲が生まれた。その意味において本作は、プリモ、ロイス、ヤングの3人の共同作品とも言える。当初、プリモとしては、客演は「Wishing」でのブラック・ソートのみ決めていたが、機会を逸し（後に「Wishing II」として実現し、本作の一年後に発表されたデラックス版に収録）コモンに依頼。「Dat Sound」のマック・ミラー、ラン・DMC「King of Rock」の出だしの“I'm a”を擦って始まる「Underground Kings」のスクールボーイQ、「To Me, To You」のジェイ・エレクトロニカは、ロイスの呼びかけで参加。（小林雅明）

Artist

PRhyme

プライム

Track

01. PRhyme

02. Dat Sound Good feat. Ab-Soul, Mac Miller

03. U Looz

04. You Should Know feat. Dwele

05. Courtesy

06. Wishin' feat. Common

07. To Me, To You feat. Jay Electronica

08. Underground Kings feat. Killer Mike, Schoolboy Q

09. Microphone Preem feat. Slaughterhouse

Title

PRhyme

2014年：PRhyme
CD, LP

Artist

DJ Premier

ディージェイ・プレミア

Track

Love At The Store (Instrumental)

Title

Love At The Store

2014 年 : HBO

コメディー特番のために書き下ろし

HBOが制作した同名のコメディー特番のために書き下ろされたインスト・チューン。ストリングスのループ上で控えめにピアノとホーンが響く、哀愁漂うナンバーとなっている。あくまでTV番組のテーマ曲という事情もあり、楽曲の尺は短め。ちなみに同番組の監督はスパイク・リー、そして主演はタイラー・ザ・クリエイターのアルバム『イゴール』にも参加しているコメディアンのジェロッド・カーマイケルが勤めている。(吉田大)

Artist

Paolo Nutini

パオロ・ヌティーニ

Track

Let Me Down Easy (DJ Premier Remix)

Title

Let Me Down Easy (DJ Premier Remix)

2014 年 : -

ピッチを上げてスクラッチを多用

スコットランドのシンガーソングライター、パオロ・ヌティーニの14年リリースのヒット曲をリミックス。過剰にエフェクトを効かせたスネアとサイレンで始まるイントロでのプリモ自身によるシャウトアウトから、UKのレーベル、トルゥー・ソウツのロバート・ルイシャウトへ向けて制作されたと思われるが、それ以外の詳細は不明。ソウルフルな原曲のピッチを上げ、スクラッチを多用することでフロア対応へと変貌させている。(二宮慶介)

Artist

Various Artists

ヴァリアス・アーティスツ

Track

Najsilniejsi przetrwają feat. Pyskaty, Numer Raz, Proceente, Pelson, Rahim, Łysol, Mielzky, Dwa Sławy, Zeus, Chada, Klasik, Quebonafide, JodSen, Joteste, Bezczel, Siwers & Ten Typ Mes

2014 年 : Urban
produced by DJ Premier & Luxon

総勢 17 名のラッパーによる大作

ポーランドのMCとDJたちがプリモを招いて企画した2014年の1曲。フックで使われているモブ・ディープの「only the strong survive」というラインが示しているように、総勢17名のラッパーたちがシノギを削る8分超えの大作。ルクソンとの共同プロデュースだが、同年リリースのプライムのファーストにも似た音像のメインパートがプリモ産だろう。プリモ効果なのかMVもやたら凝っていて微笑ましい。(吉田雅史)

Artist

PRhyme

プライム

Track

PRhyme Time

Title

FILA commercial

2014 年 : self-released

ビートがスイッチする２部構成

フィラのスニーカー、「T1-Mid」のコマーシャルソングとして制作された今曲は、ヴァースの移り変わりと共にビートもスイッチする2部構成。ネタ元は前後半どちらもプライムのファースト制作時期と被ることもあってかエイドリアン・ヤング。ロイスがマイクの前でスピットし、プリモがパットを叩く、レコーディングの空気感をそのままにパックした映像と共に楽しみたい。このタイトルが付いた時点で勝利確定案件。(二宮慶介)

DJプレミアとスクラッチ

プレミアのスクラッチはとにかく〝口ずさめる〟

ＤＪプレミアを語る上でトラックメイキングやＤＪプレイと同等に語られるもの、それはスクラッチと、そのスクラッチを駆使して組み上げられるフックだろう。決して技巧派というわけではないが、オリジナルなアイデアや独特な、メロディアスとでも例えればいいのかわからないその〝フロウ〟は、多くのＤＪやプロデューサーだけでなく、スクラッチを専門とするターンテーブリストにまで大きな影響を与えた。

例えば、ギャングスター「Code Of The Street」（１９９４年）や「Who's Gonna Take The Weight」（１９９０年）で聴くことのできるロングトーンに緩急をつけてメロディをつくる手法は、もともとターンテーブリストが得意とするトランスフォーマー・スクラッチの発展系だが、それを楽曲のフックに用いた第一人者はプレミアであろう。また、ラキム「It's Been A Longtime」（１９９７年）に代表されるような、至極簡単なベイビーやフォワードといったスクラッチに音階やテンポ（グルーヴ?）をつけることで、独自のフロウを作り上げたことも大きい。前述のトーンでのスクラッチも含め、プレミアのスクラッチはとにかく〝口ずさめる〟スクラッチであり、これこそが彼のスクラッチを特に印象的なものとしているし、同時に他者にはないワン・アンド・オンリーな魅力となっている。

もうひとつ、１９９４～95年以降、センテンス同士のスクラッチ・コラージュを用いるようになったことも大きな特徴だ。いわゆる〝ワード・プレイ〟であり、それ自体はスクラッチ楽曲の金字塔でもある自身の「DJ Premier In Deep Concentration」（１９８９年）でも聴くことはできるが、より楽曲の内容にマッチしたワードプレイを作るようになった。例えば、グループ・ホーム「Livin' Proof」（１９９５年）におけるウータン・クラン「C.R.E.A.M.」（１９９３年）のインスペクター・デックのバースの組み換え“Leave it up to me while I be living proof”→“Life as a shorty shouldn't be so rough”→“Kick the truth to the young Black youth”の流れなどはあまりにも完璧で、ＭＣ２人のリリックに、より一層の説得力を与えている。この手法は後に多くのスクラッチ・フックを手がけるＤＪレヴォリューションやＡ・トラック、スタティック・セレクターなどに非常に大きな影響を与えたとはずだ。

また、先にも書いたようにターンテーブリストたちからのプレミアに対するリスペクトは大きく、ビート・ジャンキーズのＤＪバブー属するダイレイテッド・ピープルズの「Clockwork」（２００１年）やエクスキューショナーズ「Premier's X-cution」（２００２年）では、トラックの提供と共に、それぞれのメンバーたちとスクラッチでの共演も果たしている。

一貫しているのは2チャンネルタイプのミキサー

エキップメントに関しても少し触れておこう。まずプレミアのターンテーブルとＤＪミキサーのセッティングは独特で、ターンテーブルを2台並べ、一番左にDJミキサーという配置を採用している。また、ライブや制作では上記の配置としているが、DJプレイの際にはオーソドックスなセッティングとしているのを見ると、おそらくスクラッチに特化した場合は前者、ミックスをする場合には後者としているのであろう。

ターンテーブルに関しては、TechnicsのSL-1200シリーズをキャリア初期より使用。DJミキサーは初期作品で使用しているヌマーク社製と思われるDJミキサーに関しては詳細を突き止るに至らなかったが、このミキサーの入力切り替えスイッチこそ、初期〜中期のスクラッチを特別なものにしてきた立役者だ。クロスフェーダーで刻んだものとは明らかに異なるプチプチ音で誰のスクラッチであるか聞き分けられたものだし、初期の少し跳ねた感じのスクラッチというのは、あのスイッチに起因していたはずだ。その後、ベスタクス社PMC-05PRO→RANE社TTM-56→AlphaTheta社DJM-S9へと使用ミキサーは変遷しており、もちろん時代と共にスペックなどは進化しているが、一貫しているのは2チャンネルタイプのミキサーであること、またその時代のスクラッチ・ミキサーのフラッグシップ・モデルであることだ。

いまとなってはヒップホップの楽曲（のフック）にスクラッチを用いること自体が珍しくなってきているが、プレミアに関してはいまだに多くの楽曲でスクラッチを用いたフック（やイントロ／アウトロ）を作り続けており、スクラッチ・パターンこそ据え置きではあるが、センテンスやアイデアなど、いまだ進化を続けている。（橋本修）

DJ PREMIER SCRATCH SONGS

プロデュースを手掛けた楽曲では当然のごとく十八番のスクラッチを披露するが、なかにはスクラッチのみ参加した楽曲も数多く存在する。ここではそんな楽曲を一覧で紹介する。

Artist	Track	Year
Lord Finesse	Return Of The Funky Man	1991
Showbiz & A.G.	A Giant In The Mental	1991
Slam Slam	Free Your Feelings	1991
Bo$$	Drive By (Rollin' Slow Remix)	1992
Masta Ace Incorated	Saturday Nite Live	1992
Me'Shell NdegéOcello	Two Lonely Hearts (On The Subway)	1993
Nefertiti	No Nonsense	1994
DJ Honda	What You Expected	1995
DJ Honda	What You Expected (Original Version)	1996
Jay-Z	Where I'm From	1997
Afu-Ra	Whirlwind Thru Cities	1998
Afu-Ra	Trilogy Of Terror	1998
M.O.P.	Anticipation	1998
D.I.T.C.	Time To Get This Money	1998
DJ Skribble	Play That Beat, Mr. DJ	1999
DJ Skribble	Soul	1999
Paula Cole Band	Amen	1999
Paula Cole Band	Rhythm Of Life	1999
De La Soul	Much More	2003
Gang Starr Foundation	Intro	2005

Artist	Track	Year
AZ	New York	2005
9th Wonder	Brooklyn In My Mind (Crooklyn Dodgers III)	2006
Chris Brown feat. will.i.am	Picture Perfect	2007
Common	The Game	2007
Kanye West	Everything I Am	2007
KRS-One	The Victory	2007
Royce Da 5'9"	Street Hop	2007
Showbiz & A.G.	Business As Usual	2008
Big Shug	Murdapan	2008
Black Milk	The Matrix feat. Sean Price, Pharoahe Monch	2008
Jadakiss	From Now Till Then	2008
O.C. & A.G.	Two for the Money	2009
Duck Sauce	Barbra Streisand (Video Version)	2010
Khaleel	Rappin' Exercise	2010
MC Eiht	Where U Goin' 2	2011
DJ Khaled	Hip Hop	2012
Freddie Foxxx	Word Iz Bond	2012
Showbiz & A.G.	In Trouble	2012
Showbiz & A.G.	South Bronx Shit	2012
Marco Polo	G.U.R.U.	2013
MC Eiht	The Reign	2013
MC Eiht	Blue Stamp	2013
MC Eiht	Bigg	2013
MC Eiht	Let's Do This	2013
MC Eiht	Make Me Some Mo	2013
Sauce Money	Just Nice	2013
Dwagie	Classic (經典)	2014
Khaleel	Never Boring	2014
M.O.P.	187	2014
M.O.P.	NewHeistmasters (Still At It) DJ Premier Mix York	2014
Rick Ross	Black Opium	2015
Classified	Filthy	2015
Macklemore & Ryan Lewis	Buckshot	2016
MC Eiht	Represent Like This	2017
MC Eiht	CPT Zoo	2017
MC Eiht	Heart Cold	2017
MC Eiht	Medicate	2017
MC Eiht	Pass Me By	2017
MC Eiht	Sittin' Around Smokin'	2017
MC Eiht	Honcho	2017
Torii Wolf	Free	2017
Jamo Gang	Highway	2018
Dave East	They Wanna Kill You	2019
Run The Jewels	Ooh LA LA feat. Greg Nice	2020
Eminem	Book of Rhymes	2020
Me'Shell NdegéOcello	Two Lonely Hearts (On The Subway)	2020
Papoose	Workin	2020
Royce da 5'9"	On The Block	2020
Nas	Wave Gods feat. A$AP Rocky	2021
Logic	Vinyl Days (Audio)	2022
Macklemore	Heroes	2023

2015 - 2019
HEADLINES
FEAT. WESTSIDE GUNN CONWAY BENNY
TABERNACLE
YOUNGER NOW
MILEY CYRUS
SLAINE vs. TERMANOLOGY
ANTI HERO
SHADOWS CRAWL
THE KING & I
J. COLE - 1985
(DJ PREMIER
1966 REMIX)
REMIER
FEBRUARY 25TH
LANE BOY
REMIX
2 LOVIN U
Bumpy Knuckles and Sy Ari
THE LOX
Son Of G Rap

２０１５-２０１９

キャリア20年以上のレジェンドにしてこのフットワークの軽さ

２０１０年代半ば頃から後半にかけてのヒップホップシーンでは、リル・ヨッティやコダック・ブラックのような新たな感覚でトラップに挑むラッパーが次々と登場していった。世代間の違いから諍いが起こることもしばしばあったが、プリモもその当事者として巻き込まれたことがあった。リル・ウージー・ヴァートが２０１６年に『Ｈｏｔ97』の番組に出演した際、ギャング・スターの名曲「Mass Appeal」のビートでのフリースタイルを拒否したのだ。後にプリモと共に名曲「GOTTA RAP」を生むアブ・ソウルが激怒したこともあり、ヒップホップリスナーの間でかなり大きな話題となった。しかし、当のプリモはGeniusの取材で「俺がやっていることで彼がライムする必要はない」と話しており、まったく気にする素振りを見せていなかった。それどころか、プライムのアルバム『PRhyme 2』収録の「Everyday Struggle」のフックをリル・ウージー・ヴァートに歌ってもらう計画もあったという。

そんな柔軟なプリモだが、この時期は作品でも柔軟な姿勢で作られたものが目立つ。カニエ・ウェストのアカペラ・ラップ曲「I Love Kanye」が出ればリミックスを作り、デザイナーが『ＸＸＬ』の企画で披露したほぼアカペラのフリースタイル動画がバズればリミックスを作り、Ｊ・コールの「１９８５」がグッと来れば直接Ｊ・コールに頼んでアカペラを送ってもらってリミックスを作り、いずれもSoundCloudにアップしている。キャリア20年以上のレジェンドにしてこのフットワークの軽さである。自身名義でリリースしたシングルにしても、客演が同世代のベテランではなくエイサップ・ファーグやカサノヴァのような当時の注目ラッパーのほか、インディ系デュオのチェラブ、オルタナティヴR&Bシンガーのミゲルなどなかなか攻めた人選だ。気心の知れた古くからの仲間と一緒に鉄板のコンビネーションを聴かせる選択肢もあったはずだが、プリモは新たな才能と共に挑戦する道を選んだのである。先述したプライムのアルバム2作目『PRhyme 2』もかなり奔放で、とにかく新しいものに刺激を受けながら楽しんで音楽活動を行っているのが伝わってくるような作品だった。

一方で、昔からのファンのことも決して見捨てないのがプリモの泣かせてくれるところだ。この時期のプリモにおける最大のトピックは、何よりも2019年にリリースされたギャング・スターのアルバム『One Of The Best Yet』だろう。オリジナルアルバムとしては2003年の『The Ownerz』以来となった同作は、2人でしか味わえないコンビネーションが堪能できるファンにはたまらない作品だった。プライム作品や各種コラボレーションも素晴らしいが、やはりプリモの相方といえばグールーなのだ。

こういったプリモ主導の作品以外についても興味深い動きは多い。まずひとつ挙げられるのが、マイリー・サイラスやDJスネイクといった非ヒップホップ作品へのリミキサーとしての参加だ。異種格闘技的なコラボレーションはこれまでにも行っているプリモだが、それにしてもポップスターやEDMと妙に華やかな場所での活躍である。プリモがブーンバップ界のヒーローというだけではなく、クリスティーナ・アギレラと共にヒット曲を放ったスーパープロデューサーでもあることを思い出させてくれる仕事ぶりだ。

リミックスではない通常のプロデュースでも華やかな話題は多い。iPhone用ゲーム『アングリーバード』のヒップホップ・トーナメントのテーマ曲としてシドニー・マックスの「Here Come the Birds」を制作。テレビゲーム『NBA 2K16』ではマスタードとDJキャレドと共にサウンドトラックのキュレーションを担当した。アルバムへの参加でもドレイクやドクター・ドレーといったメインストリームの大物アーティストの作品でその手腕を発揮している。歌モノ仕事でも人気を集めており、自らフックアップしたトーリー・ウルフを筆頭に、ユナやマイク・ポズナーなどの作品に参加。プリモといえばアンダーグラウンド・ヒップホップの重鎮のようなイメージだが、それに留まらない幅広いフィールドで活躍していた。とはいえ、メインストリームと近くないところにあるヒップホップ作品への参加も当然多い。ギャング・スター・ファウンデーションの盟友ビッグ・シュグのほか、たびたび共作してきたMC・エイトやバンピー・ナックルズ、2002年代に名曲を共に生み出したトーレイやターマノロジー、2010年代ブーンバップを牽引したジョーイ・バダスなど多彩な顔ぶれと制作している。この頃にはスタティック・セレクターやマルコ・ポーロといったプリモのフォロワーたちもベテランの風格が漂っていたが、それでも本家プリモは第一線で活躍し続けたのだ。

そんなプリモを取り巻く環境が変化していった2015年から2019年。先述した通りシーンの様子も変化し、少年時代のプリモにドラムを教えたジャックス・ウェブスターの息子であるトラヴィス・スコットも、プリモとはあまり近くないトラップ寄りの音楽性で成功していた。プリモの主な活動領域であるブーンバップ周りのシーンでも、アンダーソン・パークのようなミュージシャン的な側面を強調するアーティストや、ドラムを足さずにループの魅力だけで引っ張っていくビートを好んで用いるグリゼルダ勢などが注目を集めた。では、プリモの作風には変化はあったのだろうか？　次のページから始まるレビューで取り上げた64作品に収録されたプリモ仕事を聴いてみよう。（アボかど）

Artist

Joey Bada$$

ジョーイ・バダス

Track

Paper Trails

Title

B4.DA.$$

2015年：Cinamatic Music Group
CD, 2×LP

理想的な化学反応のようなコラボレーション

バダスのデビュー・アルバムである本作にはプレミアが手掛ける「Paper Trails」が収録されているが、さらに遡ること2年前、初顔合わせはミックステープ『Summer Knights』収録の「Unorthodox」だ。この曲をバダスと契約したレーベルが、彼とプレミアを繋いだ。バダス本人もインタビューでその出会いを「夢が叶った」と言っている通り、ブーンバップ至上主義／懐古主義とも言える当時のバダスにとってプレミアは雲の上の存在であったはずだ。同時に、現在進行系のサウンドとは距離を置き、いつの時代もスキルフルなMCへ関心を示してきたプレミアにとっても、この出会いは大きかった。「Paper Trails」と言えば、アルバム全体のコンセプトにも通じる、金を手にすることで変わってしまった多くのもの憂い、その痛切さに呼応するように、楽曲の前半1／3をドラムレスという形で示したプレミアのプロダクションも素晴らしく、まさに理想的な化学反応のようなコラボとなっている。（橋本修）

Artist

DJ EFN

ディージェイ・イーエフエヌ

Track

Who's Crazy? feat. Troy Ave, Scarface, Stalley & DJ Premier

Title

Another Time

2015年：Crazy Hood Productions / Redefinition Records
CD, 2×LP, Cassette

コーラスワークのようなループ

近年ではポッドキャスト『Drink Champs』でお馴染みのDJイーエフエヌ。長きに渡りフロリダのシーンからブーンバップ的なサウンドの楽曲を発信してきたわけですが、2015年リリースの本作では、DJプレミアと共に、より本場NYのブーンバップを踏襲した形で登場。客演にはトロイ・エイブにスカーフェイス、スターリーが名を連ね、プレミアのコーラスワークのようなループが彼らのラップを引き立てる渋めな1曲。（John）

Artist

The Four Owls

ザ・フォー・オウルズ

Track

Think Twice

Title

Natural Order

2015年：High Focus Records
CD, 2×LP

MPCルネッサンスでの作りの好例

各自ソロでも活躍するUKの4人組。フレンズ・オブ・ディスティンクション曲ネタのビートは、MPCルネッサンスでの作りの好例。大きな変化はサウンドの定位が以前のMPC60のモノラルからステレオになったこと。これによってシンバルやベース、エレピの微細なニュアンスやテクスチャーまで聞き取れるように。さらにドラムはキックとスネアのみのため、ネタのシンバルが強調されるプリモ流ミニマリズムの新境地。（吉田雅史）

2015-2019

Artist

Big Shug

ビッグ・シュグ

Track

01. I Am Somebody

02. I Bleed for This

09. Off Rip feat. Termanology & Singapore Kanerails

Title

Triple OGzus

2015年：Brick Records
CD, 2×LP

グールーへの弔いの意が込められたヴァース

ビッグ・シュグの巨体をビートにしたような、アルバムの始まりにピッタリの「I Am Somebody」。おどろおどろしい音を引っ張ってきた後、突如高音を差し込むフリップにプリモらしい手癖を感じる。続く「I Bleed for This」では、カチッとした硬いドラムが、彼の踏み固めるようなフロウと相性が良い。それだけでなく、寂しげなハミングの上ネタも、フックでのビッグ・シュグの見事なコーラスに絡み合う。ギャング・スター・ファウンデーションの共同創設者としてプレミアより先にグールーと出会っていたビッグ・シュグなので、この曲に込めた彼なりの弔いの意を、プレミアが汲み取って仕上げたと容易に想像できる。「Off Rip」はビッグ・シュグのちょっとおどけたフックを、ターマノロジーのエネルギッシュで前のめりなラップが引き締める。続いてシンガポール・ケインがスムースに引き継いで、プレミアがスクラッチで〆るという、安定したチームプレイだ。（斎井直史）

Artist

DJ Premier & BMB Spacekid

ディージェイ・プレミア＆ビーエムビー・スペースキッド

Track

Til It's Done feat. Anderson .Paak

Title

Til It's Done feat. Anderson .Paak

2015年：-

数日スタジオに入り実現した１曲

ロシアのサンクトペテルブルク出身のビートメイカー、BMBスペースキッドと共にLAを拠点に活動するノーウォーリーズの片割れ（現在はシルク・ソニックの片割れでもある）アンダーソン・パークを客演に迎え、3人で数日スタジオに入り実現したという1曲。ヒップホップらしいドラムに、エレクトリックなウワモノが乗って、さらにアンダーソン・パークの自由な歌が舞う。グルーヴは非常にファンキーだ。（高久大輝）

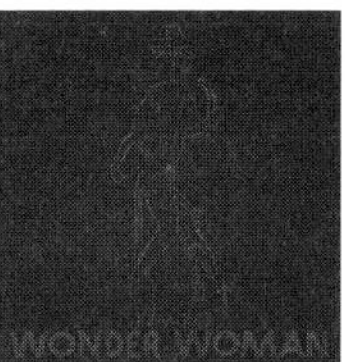

Artist

Lion Babe

ライオン・ベイブ

Track

Wonder Woman (DJ Premier Remix)

Title

Wonder Woman (DJ Premier Remix)

2015年：LIONBABE

ファレル制作曲をブーンバップに

NYのR&Bデュオ、ライオン・ベイブのシングルのリミックス。原曲はファレル・ウィリアムス制作のシンセや高速ハイハットを使ったザ・ネプチューンズ流儀のビートだったが、プリモはファットなドラムやジャジーなピアノ、そしてスクラッチを用いてブーンバップ仕様に生まれ変わらせている。エリカ・バドゥを思わせるソウルフルな歌声は、むしろこちらの方が合っていると感じるリスナーも多いのではないだろうか。（アボかど）

Artist

Jakk Frost

ジャック・フロスト

Track

Dope Boy Talk

Title

Dope Boy Talk

2015年：self-released

つまり何も言わず首が振れるやつ

カチッとハメていくフロウにオーセンティックなブーンバップ、それはつまり"何も言わず首が振れるやつ"だ。マイクを握るのはフィリーをレップする重量級ラッパー、ジャック・フロスト。1ヴァース目から、"back"で踏み続け、締めのラインでの"The serial killer of instrumentals is back"が渋すぎる。なお、ジャック・フロストとは『Bars in the Booth』シリーズでも共演。こちらでも相性抜群な姿が観れるのでチェックすべし。(二宮慶介)

Artist

Ea$y Money

イージー・マネー

Track

Nothin Alike

Title

The Motive of Nearly Everybody, Yo

2015年：ST Reecords

CD

イントロから自身でシャウトアウト

ターマノロジーの兄弟分的なMCのスタティック・セレクターによるバックアップ作に、9thワンダーやバックワイルドに加え、プリモもジョイン。アコギのアルペジオネタのイントロから自身でシャウトアウトし、MVにも出演する存在感マシマシ。若干ピッチを上げたメランコリックなネタ遣いで、プリモも歳につれこういうのもアリになった？と思わせつつ、フックではストリングスの別パターンを突っ込む"らしさ"も健在。(吉田雅史)

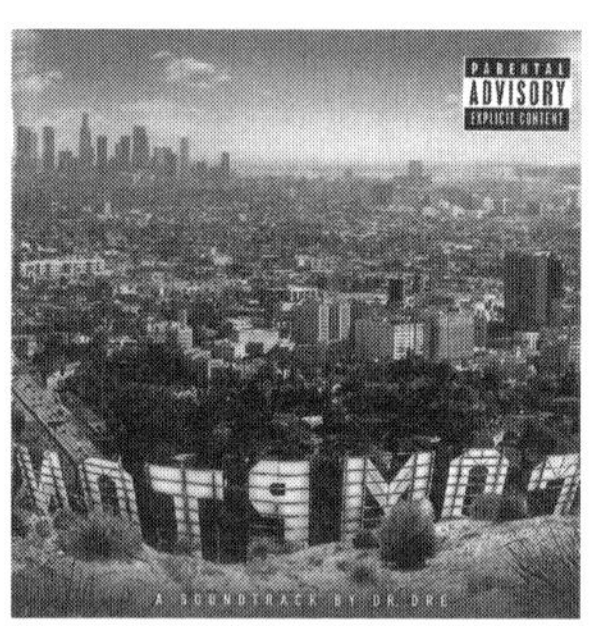

Artist

Dr. Dre

ドクター・ドレー

Track

Animals feat. Anderson .Paak

Title

Compton

2015年：Aftermath / Interscope Records

CD, 2×LP

あの事件を機に実現した東西レジェンドのタッグ

ドレーが『2001』以来、実に15年振りに発表したオリジナル・アルバムの終盤に収められたプレミア監修楽曲。正確にはロシア在住のプロデューサー、BMBスペースキッドとの共作ではあるものの、聴けばすぐに御大のシグネチャーを感じ取ることができる楽曲で、ドレーとの初めてのコラボレーション楽曲でもある。もともとは本楽曲でヴォーカルを執るアンダーソン・パークがプレミアから譲り受けたトラック（当初はMFドゥームに提供する予定だったそう！）が最初にあり、それをアルバムに収録しないかとドレーに提言。かくして東西のレジェンドによる初のタッグが誕生したのだった。リリックはフレディ・グレイ事件（15年、ボルティモアにてアフリカ系アメリカ人が警察に逮捕された際に負った傷が原因で死亡した事件。その後、アメリカ各地で激しい抗議活動が行われた）から着想を得て書かれたポリティカルな内容で、時代性と意義深さを強く刻印した楽曲となっている。(高橋圭太)

2015-2019

Artist

Papoose
パプース

Track

The Plug

Title

You Can't Stop Destiny

2015年：Honorable Records
CD

レミー・マーのラインをチョップ

ニューヨーク生まれのラッパー、パプースが2015年にリリースした2枚目のアルバム『You Can't Stop Destiny』に収録された「The Plug」。イントロ、アウトロ部分のスクラッチは、パプースの妻であるレミー・マーのライン（テラー・スクワッドの「Terra Era」）をサンプリングし、チョップしたもの。印象的なギターリフとパプースの攻撃的なラップがマッチした1曲。(MINORI)

Artist

King Magnetic
キング・マグネティック

Track

Status

Title

Timing Is Everything

2015年：King Mag Music
CD

なぜかRZAっぽいビート

ヴィニー・パス率いるアーミー・オブ・ファラオの周辺メンバーだったキング・マグネティックの14年作。本作はアンダーグラウンドの重要アーティストが軸となりジェダキス、スミフ・ン、ラプソディー、ナインス・ワンダー、マルコ・ポーロらが華を添えるブーンバップ志向の作品。DJプレミアによる「Status」は機材の転換期に当たったのか、なぜかRZAっぽいビートとなっており、その意味では貴重な1曲だ。(DOMO+PoLoGod.)

Artist

Sidney Max
シドニー・マックス

Track

Here Come The Birds feat. Dres

Title

Here Come The Birds feat. Dres

2015年：Year Round Inc

ドレスの息子のシドニー・マックス

ブラック・シープのドレスの息子のシドニー・マックスが、ゲーム『アングリーバード』にまつわるラップを披露した動画が話題を集めたことから生まれた1曲。ピアノなどを使いつつもベースで引っ張るビートは、微妙にブラック・シープの代表曲「The Choice Is Yours (Revisited)」を踏まえたようにも聞こえる。完全に子どもの声なのに安定したラップを聴かせるシドニー・マックスのラップも素晴らしい。ドレスも控えめに登場。(アボかど)

Artist

PRhyme
プライム

Track

Mode feat. Logic

Title

Southpaw (Music from and Inspired by the Motion Picture)

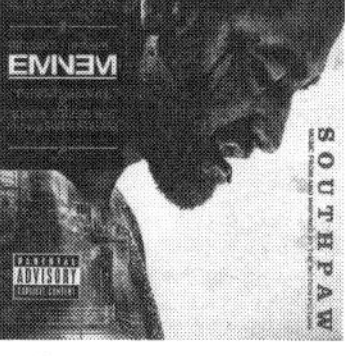

2015年：Shady Records / Interscope Records
CD

架空のサントラをサンプリング

ロイス・ダ・ファイヴナインとプレミアからなるデュオ、プライムがロジックと手を組み、映画『サウスポー』のサウンドトラック用にリリースした楽曲。本作の用途もあってか、プレミアはエイドリアン・ヤングが架空の映画のサウンドトラックとして制作した作品をサンプリングしており、彼らしい機知に富んだ発想が伺える。ラップスキルに定評のあるロイスとロジックのヴァースはライムと闘争心に溢れておりさすがの仕上がり。(John)

Artist

Various Artists

ヴァリアス・アーティスツ

Track

Papoose - Hold the City Down

DJ Premier - Bum Bum Bum

Title

NBA 2K16 Soundtrack

2015年：2K

LP

バスケットボールゲームのサントラをキュレーション

DJキャレドとマスタードと共に、バスケットボールゲーム『NBA 2K16』のサウンドトラックのキュレーションを担当したプリモ。ギャング・スターやジェルー・ザ・ダマジャなどのクラシックを中心としつつも、ここが初出となる曲も2曲収録されていた。1曲はパプースがラップする「Hold the City Down」。ドリーミーな質感のウワモノを細かく刻んで太いドラムやベースを合わせた、プリモ王道スタイルの曲だ。パプースのスマートでいてアグレッシヴなラップとの相性も素晴らしい。フックではスクラッチももちろん披露しているが、プリモの声も聞くことができる。もう1曲はDJプレミア名義でのインストの「Bum Bum Bum」。ドリブルの音やバッシュが床を擦る音といったバスケの試合で発生する音を使い、ゲームに合わせたビートを制作している。ドラムとベース、声ネタによる最小限の味付けも見事だ。ユニークなアイデアとそれを実現させる熟練の技が光る名仕事。(アボかど)

Artist

DJ Premier & The BADDER

ディージェイ・プレミア&ザ・バッダー

Track

BPATTER

Title

BPATTER

2015年：YouTube Self-released

ライヴバンド・プロジェクトの初披露

プレミアによるライヴバンド・プロジェクト、ザ・バッダーの結成お披露目曲としてMVが公開。自身がバンドを引っ張っていこうとする、その気概はビートボックス、スクラッチ、そしてシャウト・アウトを通り越し、雄叫びまで上げる、そのすべてを担っていることからも明らかだ。その後の活動を見る限り、バンドメンバーはその場に応じて流動的に変わるようだが、本曲のトランペット奏者は、日本人の黒田卓也がつとめた。(二宮慶介)

Artist

Jimi Charles Moody

ジミ・チャールズ・ムーディー

Track

Other Man (DJ Premier Remix)

Title

Other Man (DJ Premier Remix)

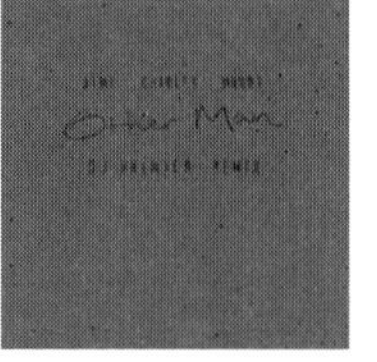

2015年：Island Records

哀愁を纏った微ヒップホップトラック

UKのヒップホップデュオ、リズル・キックスの一員であるハーレイ・シルベスターの別名義ジミ・チャールズ・ムーディーとしてリリースした楽曲をプレミアがリミックス。オールドスクールソウルの原曲から、よりミニマルかつプレミアらしい哀愁を纏った微ヒップホップトラックへとアレンジされている。手数こそ多くないものの絶妙な塩梅でスクラッチも入っており、プリモ的灼熱ソウルが聴ける珍しい1曲である。(John)

Artist

The Game

ザ・ゲーム

Track

The Documentary 2

Title

The Documentary 2

2015年：Entertainment One / Blood Money

CD, 2×LP

ストリートの情景が浮かび上がる

ザ・ゲームの2005年作『The Documentary』の続編に当たる6作目で、気鋭も入り混じるプロデューサー陣の中でもプリモはタイトル・トラックを担当。殺伐としたストリートの情景が浮かび上がるスリリングかつ派手なビートで、ザ・ゲームのタイトなラップを後押しする。その上、西海岸のヴァイブスまで感じさせてしまうのは、さすがプリモと言うべきだろうか。アウトロまで聴きどころたっぷりだ。（高久大輝）

Artist

First Division

ファースト・ディヴィジョン

Track

This Iz Tha Time

Title

Overworked & Underpaid

2015年：Slice-of-Spice / Spaghetti Bender Music / Soulspazm Records

CD, 2×LP, Cassette

イーストコーストラップを継承

シャイローとエクスパティーズによるカナダのデュオ、ファースト・ディヴィジョンが、2015年にファースト・アルバムの先行シングルとして制作した1曲。彼らのラップは古き良き90年代のイーストコーストラップを継承した非常に硬派なスタイル。プレミアのビートも、当時のヒップホップに思いを馳せ、あの時代に再び花を持たせるような華やかで厳かなループが目立つ。後半の怒涛のマイクリレーも聴きどころです。（John）

Artist

G. Fisher

ジー・フィッシャー

Track

Fish Over Premier

Title

Fish Over Premier

2015年：Enterprize Entertainment LLC

ノイズまでを連打フリップ

クール・G・ラップやOCとの共演曲もあるブロンクスのMCとのジョイント。聴き覚えのあるビートはプリモのインスト集に収録の「Dinky」にDMXらの声ネタを擦った再利用。アイザック・ヘイズ曲のオルガンが印象的なチョップと共に注目したいのはベースライン。上ネタに入っているベースをそのまま活かす形の7〜8小節目のパターンが見事で、良く聴けば弦を指がスライドするノイズまでを連打フリップ！（吉田雅史）

Artist

Ryan Bowers

ライアン・バウワーズ

Track

The Premier

Title

Owtsider

2015年：Csalohcin WorldWide

CD-R

硬質なループとファットなドラム

ニック・キャノン周辺での活動で知られるサンディエゴのラッパー、ライアン・バウワーズ。路線的にはポップなトラップ寄りのものが多いラッパーだが、ブーンバップにもたびたび挑んでいる。プリモとタッグを組んだこの曲では、ドクター・ドレー「Still D.R.E.」あたりを思わせる硬質なループとファットなドラムが光る重厚なビートを採用。詰め込み気味のフロウも用いてプレミア印のビートを巧みに乗りこなしている。（アボかど）

Artist

PRhyme

プライム

Track

10. Golden Era feat. Joey Bada$$

11. Wishin' II feat.Black Thought

12. Highs and Lows feat. Phonte and MF Doom

13. Mode II feat.Logic

Title

PRhyme (Deluxe Version)

2015年：PRhyme Records

重量級作品にさらにウェイトを上乗せする4曲

14年に発売され高い評価を受けたロイス・ダ・ファイヴナインとのタッグ作に4曲の未発表曲を加えたデラックス盤。オリジナル盤だけでも濃厚なラップ・アルバムだというのに新たに追加された楽曲群も重量級の出来栄えとなっており、この4曲だけでも一聴の価値あり。まずジョーイ・バダスを迎えた「Golden Era」。元ネタを提供したエイドリアン・ヤングによるイントロからして香り立つ〝あの頃〟を彷彿とさせるビートに、ジョーイもしっかりと応える。続く「Wishin' II」ではザ・ルーツのブラック・ソートが参加。ここでのヴァースはXXLマガジンが選ぶその年のベスト・ヴァース15選にも選出されている。「Highs and Lows」にはフォンテとMFドゥームが助太刀。こちらはラッパー3者の緩急が楽しめるバンギン・シットだ。そして豪華な追加客演のラストを飾るのは「Mode II」でのロジック。スキルとリリシズムを兼ね揃えたヴァースでクラシックを見事に締めている。（高橋圭太）

Artist

Termanology

ターマノロジー

Track

Get off the Ground (DJ Premier Mix) feat. Sean Price, Fame, Ruste Juxx, Justin Tyme, Hannibal Stax, Papoose & Reks

Title

Term Brady

2015年：ST. Records / ShowOff CD

よりキャッチーなプレミア節が炸裂

スタティック・セレクタとのユニット、1982でも知られるラッパー、ターマノロジーによる「Get off the Ground」のDJプレミア・ミックス。原曲に加えてパプースとレックスが参加した。ドイツのヒップホップグループ、スノーグーンズによるアンダーグラウンドな原曲とはガラッと雰囲気を変え、イントロに『ミッション・インポッシブル』のテーマをサンプリングし、よりキャッチーになったプレミア節が炸裂している。（MINORI）

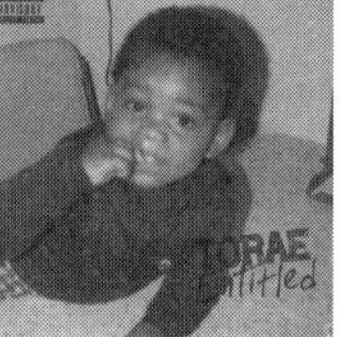

Artist

Torae

トレイ

Track

Saturday Night

Title

Entitled

2015年：Internal Affairs CD, 2 × LP

珍しい中華風のネタ使い

プレミアにしては珍しい中華風のネタ使い。ただ単に東洋らしさを出すのではなく、ネタ元に含まれていると思われる打楽器がブーンバップのドラムの隙間にハマっていて気持ちが良い。トレーのさっぱりしたフロウも、金欠の土曜の夜の物語をコミカルに演出している。ただ、中華の出前を頼んだら配達に来たアジア系の女の子に誘惑され、彼女の追手の空手忍者とトレーが戦う展開は、いかにもアメリカらしいアジア観だ。（斎井直史）

2015-2019

Artist

Classified

クラシファイド

Track

Filthy

Title

Greatful

2016年:Half Life / Universal Music Canada

CD, 2×LP

プリモへの憧れと強いリスペクト

1977年生まれのカナダのラッパー、クラシファイドによるメジャー4作目(通算15作目!)のアルバムのオープニング・トラック。『Rap City』(1989年から2008年まで放送されていた音楽番組)のVHSを再生して始まるMVを見てわかる通り、プリモへの憧れとリスペクトも強く感じる1曲で、ゆったり余裕のあるノリがドープ。スクラッチで参加したプリモはクラシファイドの想いに応えてみせている。(高久大輝)

Artist

Ahm & DEEVEE

アーム&ディーヴィー

Track

Least Expected

Title

The Breaks

2016年:HBO

LBのフォンテがゴーストライター

ニューヨークが拠点のケーブルテレビチャンネル、VH1で2016年に公開された1990年代初頭のヒップホップ業界で勝ち上がっていく若者たちの姿を描いた映画内で披露された1曲。というのも本作のサウンド・プロデューサーをプレミアが担当しているのだ。定番ブレイクに、ESG「UFO」ネタをアクセントに中核メンバーがラップする。なお、歌詞はリトルブラザーのフォンテがゴーストライターとして参加し、書いている。(二宮慶介)

Artist

Bumpy Knuckles & Sy Ari

バンピー・ナックルズ&サイ・アリ

Track

EmOsHuNaL GrEeD

Title

EmOsHuNaL GrEeD

2016年:Krupt Mob Entertainment Group

子供を巡る夫婦間の泥仕合がテーマ

ソウルフルでオーセンティックなビートの上を、バンピーがいつも通り躍動感溢れるラップをする。一聴すると聴き心地の良い曲だ。しかし内容は子供を巡る夫婦間の泥仕合。妻に原因があるかと思いきや、子の意見は逆で、真相は藪の中という語り口だからこそ、冒頭で不自然に流れるザ・エモーションズ「What's the Name of Your Love」は、プレミアが私たちに曲中のドラマを考えさせるための仕掛けなのかもしれない。(斎井直史)

Artist

DJ Premier & The Badder

ディージェイ・プレミア&ザ・バッダー

Track

Rockin' With The Best feat. Royce Da 5'9"

Title

NBA 2K17: Park After Dark

2016年:Bad Half Entertainment

バンド・サウンドと混交する野性味

スポーツ・チャンネルESPNによるNBA番組『NBA Countdown』内の主題歌として、16年に提供された本楽曲は、これまで数々の名曲を共同制作してきたロイス・ダ・ファイヴナイン、そしてプレミアのホーム・バンドともいえるザ・バッダーとの共作。ラッパーとしてリアルを探求するさまとスポーツの世界で頂点を目指す精神を掛詞的にリリックに込め、プレミア特有のワイルドさをバンド・サウンドでアウトプットした佳作。(高橋圭太)

2015-2019

Artist

Royce Da 5'9"

ロイス・ダ・ファイヴナイン

Track

Black History

Title

Tabernacle: Trust the Shooter

2016年 : Not On Label

高速のラップとポエトリー

プレミアとデュオ、プライムを組むデトロイトのラッパーのフリーEPの冒頭に収められた本作は、前年のケンドリック・ラマー「For Free?」を想起させる。高速のラップとポエトリー、ジャズとヒップホップの融合という点において。スピリチュアル・ジャズのような前半から一転ヒップホップ史を振り返るヴァースに入ると重厚なビートが鳴り響く。EPにはコンウェイ、ウエストサイド・ガン、プッシャ・Tらが参加。(二木信)

Artist

Kanye West

カニエ・ウエスト

Track

I Love Kanye(T.L.O.Preemix)

Title

I Love Kanye(T.L.O.Preemix)

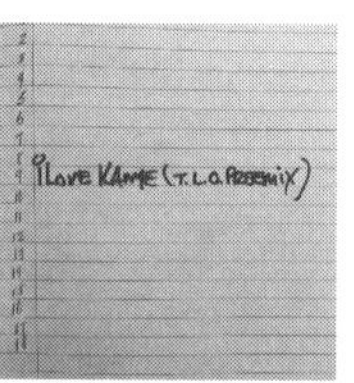

2016年 : self-released

アカペラを特製ビートとミックス

『The Life of Pablo』収録のアカペラを、プリモ特製のビート(アイザック・ヘイズ「Randolph & Dearborn」のピアノをループ)とミックス。アルバム内容や曲名を意識したのか、イントロでは、聖書のコリント人への手紙1の12章6節を含む台詞をサンプルし、カニエの『Late Registration』の最初の2曲のスキットに含まれる「...Mr. West」を擦っている。なお、T.L.O.PreemixとはThe Life of Preemo Remixの略だと思われる。(小林雅明)

Artist

Yuna

ユナ

Track

Places to Go

Title

Chapters (Deluxe)

2016年 : The Verve Music Group
CD

マレーシアのシンガーと異色コラボ

マレーシアのシンガー、ユナによる1曲。収録作『Chapters (Deluxe)』はアッシャーやジェネイ・アイコらも迎えてオルタナティヴR&Bに挑んだ作品で、デラックス版のボーナストラックという位置付けも納得できる異色コラボだ。ここでのプリモは暖かいホーンのループや美しいピアノが光るビートを制作。スクラッチも入れてヒップホップ感を出しつつ、ユナの穏やかな歌声のソウルフルな魅力を引き出している。(アボかど)

Artist

Lord Finesse

ロード・フィネス

Track

DJ Premier: From The Beginning / Keep The Crowd Listening

Title

The Remixes - A Midas Era Retrospective

2016年 : Slice of Spice
CD

これまで縁のある制作陣が集結

ロード・フィネスが、リリースから25年近くを経たファースト、セカンド・アルバム収録楽曲を新たに見直し、作り直すという企画盤。リミキサーも自身を筆頭に、プレミア、ラージ教授、DJスピナ、MUROという、縁のある制作陣が集結。プレミアは本盤のイントロとなる「From The Beginning」と、「Keep The Crowd Listening」のリミックスで参加。フィネス、そしてD.I.T.C.のヒストリーを語る前者は、好事家にはたまらない珍品。(橋本修)

2015-2019

Artist

DJ Snake

ディージェイ・スネーク

Track

You Know You Like It (DJ Premier Remix)

Title

Encore (Target Edition)

2015年：Interscope Records

スーパーヒット曲をリミックス

バンリュー（パリ郊外）で暮らす移民青年たちを描いた名作フッドムービー『憎しみ』が音楽的ルーツと語るフランスのプロデューサー、DJスネークによるデビュー・アルバム。プレミアが手掛けた「You Know You Like It」の原曲はUKの電子音楽デュオ、アルーナジョージによるもの。同曲をDJスネークがリミックスしたところ、MVが1億ビューを超えるヒットを記録。さらに同ヴァージョンをプレミアがリミックスしている。（吉田大）

Artist

Torii Wolf

トーリー・ウルフ

Track

1st (Remix) feat. Dilated Peoples

Title

1st (Remix) feat. Dilated Peoples

2016年：TTT (To The Top)

ダイレイテッド・ピープルズが参加

ニューヨーク出身のシンガー・ソングライター、トーリー・ウルフのデビュー・シングルのリミックスで、一部からは西海岸のレジェンドとも呼ばれるヒップホップ・トリオのダイレイテッド・ピープルズが参加。原曲のプロデュースもプリモで、リミックス版のビートにも大きな変更はないようだが、トーリー・ウルフの幻想的な歌声とダイレイテッド・ピープルのヒップホップが衝突して一筋縄ではいかないフィーリングに。（高久大輝）

Artist

Torii Wolf

トーリー・ウルフ

Track

Shadows Crawl (Open Eyes Remix) feat. Rapsody

Title

Shadows Crawl (Open Eyes Remix) feat. Rapsody

2016年：self-released

最もクリエイティヴなプリモワーク

いつものようにスタジオでその場で作って行ったというプリモのピアノとベース＋SEが幻想的なビートに「アンサーするように」書いたというトーリーの数音だけで構成されるヴォーカルパートはビート共々メチャクチャ中毒性があり、最もクリエイティヴなプリモワークのひとつ。トーリーのリリックを別解釈して恋人との添い寝のエピソードをイレギュラーなフロウを交えながら披露するラプソディのヴァースもヤバし！（吉田雅史）

Artist

Desiigner

デザイナー

Track

Tiimmy Turner (Preemix)

Title

Tiimmy Turner (Preemix)

2016年：self-released

原曲にあった分厚いロウをカット

2016年「Panda」で一躍スターダムに躍り出たデザイナーは続く「Tiimmy Turner」もヒット。カニエのリミックスなどと並んでプリモの本曲もドロップした。原曲にあった分厚いロウをカットし、よりタイトなリズム感を作り出した上でピアノのフレーズとスクラッチで魅せる。態度はラフだがリズムはキッチリという、プリモらしい料理が効いている。23年にリリースした続編となる2は、オリジナルに則したテイストに。（つやちゃん）

Artist

Twenty One Pilots

トゥエンティ・ワン・パイロッツ

Track

Lane Boy (DJ Premier Remix)

Title

Lane Boy (DJ Premier Remix)

2016年：self-released

ビートに乗るキレキレの擦りは圧巻

ヒップホップも含む多彩な要素を取り入れたオハイオのロックバンド、トゥエンティ・ワン・パイロッツによるシングルのリミックス。原曲はレゲエ風味のエレクトロニックで賑やかなものだったが、プリモは重厚なベースやピアノを用いてどっしりとしたブーンバップに仕上げている。スクラッチの聴きどころも多く、特に後半での原曲のシンセを活かしたビートに乗せたキレキレの擦りは圧巻だ。両者のセンスが見事に噛み合った好曲。（アボかど）

Artist

D.I.T.C.

ディギン・イン・ザ・クレイツ

Track

Connect 3 feat. Diamond D, A.G. & O.C.

Title

Sessions

2016年：D.I.T.C. Studios / The Fam Agency

豊かなループの引き出しを披露

今さらながら、"クレイツをディグる"とは物凄い名前である。D.I.T.C.の久々のアルバム『Sessions』収録の本曲でプリモは、同じドラムを使いつつもラッパーごとにウワモノが切り替わるビートを制作。そのディガー集団にふさわしい、豊かなループの引き出しを披露した。長くキャリアを重ねたベテラン同士のタッグで、少し捻った試みをする姿勢は天晴だ。ビッグ・Lの名前を叫ぶライヴ音源のサンプリングも熱い。（アボかど）

Artist

DJ Premier & Bumpy Knuckles

ディージェイ・プレミア＆バンピー・ナックルズ

Track

Rock The Room feat. Flavor Flav

Title

Rock The Room feat. Flavor Flav

2016年：Gracie Productions

コラボ作収録曲をハードロックに

バンピー・ナックルズとプレミアが2012年にリリースしたコラボ作『Kolexxxion』収録曲のハードロック・ヴァージョン。2012年にバンピー・ナックルズのSoundCloudにて公開された本作は、はたしてプレミアの手によってリミックスされたものなのか、はたまた生バンドによってカヴァーされたものなのか定かではないですが、プレミア関連作の中では珍しいロックバンガーであることに変わりはありません。（John）

Artist

The Lox

ザ・ロックス

Track

Move Forward

Title

Filthy America... It's Beautiful

2016年：D-Block / Roc Nation
CD, LP

ザ・ロックス16年振りのサード

パンデミック期のバトル、ヴァーサスでディプロマッツの面々をマイクで皆殺しにして、再評価が高まったザ・ロックスの16年振りのサード。三者三様の冷徹なリリシズムとバッド・ボーイ出身らしい華やかさの両方があって聴きごたえがある。モブ・ディープとの5人のマイクリレー「Hard Life」と、楽器の音色を活かしたループの切り替えがブラック・エクスプロイテーションの映画を思わせるプリモの「Move Forward」がハイライト。（池城美菜子）

OGが渾身を込めて作った1枚

Artist
MC Eiht
エムシー・エイト
Track
06. Runn the Blocc feat. Young Maylay
13. Last Ones Left feat. Compton's Most Wanted
14. 4 Tha OG'z feat. Bumpy Knuckles
Title
Which Way Iz West
2017年：Blue Stamp Music Group
CD, 2×LP

西海岸の伝説的グループであるコンプトンズ・モスト・ウォンテッド（以下CMW）のリーダー格で、映画『メナス2ソサエティ』への出演でも知られる稀代のギャングスタ・ラッパーによる13枚目のアルバム。地元のOGが渾身を込めて作った1枚ということもあり、アウトロウズ、コラプト、レディ・オブ・レイジ、イグジビット、B・リアルなどウエストサイドの重鎮が多数参加。プレミアはアルバムのエグゼクティヴ・プロデューサーを務めるかたわら、楽曲プロデューサーとしても制作に参加。ネットリとしたベースにファンクなシンセが絡みつく「Runn the Blocc」、CMWをゲストにプレミア然としたブーンバップに仕上げた「Last Ones Left」、そして哀愁漂う「4 Tha OG'z」の3曲を手掛けて、東西のヒップホップと融合することに成功している。ちなみにプレミアとMCエイトの関係は意外と古く、初共演はCMWが92年にリリースした「Def Wish II (Remix)」まで遡る。（吉田大）

珍味だが静謐で味わい深いSSW監修作

Artist
Torii Wolf
トーリー・ウルフ
Track
01. Everlasting Peace
04. Big Big Trouble
06. I'd Wait Forever And A Day For You
08. Go From Here
10. Nobody Around
12. Where We Belong
Title
Flow Riiot
2017年：TTT (To The Top)

NY出身、現在はLAを拠点とするシンガーソングライターが17年に発表したデビュー作であり、DJプレミアが全15曲の収録楽曲のうち9曲を監修した作品。これまで手掛けたヒップホップ作品とは趣を変え、非サンプリングの制作方式やバンド・サウンドも取り入れ、プレミアの別側面を聴くことのできる意欲的な作品で、彼が「ビョークやポーティス・ヘッドのようだ」と評するトーリーの歌声はウェットで静謐な魅力を放っている。彼女のステージネームのアナグラムが冠された本作においても、プレミアはその強みを活かすようなトリップホップ／ダウンテンポのテイストを折り込んでいて、その意図が特に顕著なのは先行シングルとして発表された「1st」。またキング・オブ・チルが監修、グラミー戴冠ラッパーのマックルモアを客演に迎えた「FREE」ではスクラッチでも参加している。プレミア参加作品のなかでは珍味ともいえる作品ではあるが、これはこれで味わい深い魅力がある。（高橋圭太）

Artist

DJ Premier

ディージェイ・プレミア

Track

Our Streets feat. ASAP Ferg

Title

Our Streets / Wut U Said?

2017年：Payday
12"

「ストレートで生のニューヨーク」と表現する1曲

ジェルー・ザ・ダマジャ、ジェイ・Z、モス・デフ（U.T.D）などのラッパーのキャリアをスタートさせたことでも知られるパトリック・モクシーが1992年に立ち上げたニューヨークを拠点とするヒップホップ・レーベルで、ギャング・スターとも関わりのあったペイデイ・レコーズの再始動を記念してリリースされたシングル。客演にはハーレム出身でエイサップ・モブのメンバーでもあるラッパー、エイサップ・ファーグ。プリモ本人が「ストレートで生のニューヨーク」と表現する1曲で、メロウな声ネタと重すぎないドラムがうまくスペースを作り、ラフなグルーヴを生んでいる。ハードなスタイルの印象も強いファーグのラップもここでは内省的な色が強く、控えめでスマートなボースティングとグールーへのシャウトアウトが静かに心揺さぶる。2人が楽しげにニューヨークのストリートを歩き回るMVとあわせて楽しむのが吉。（高久大輝）

Artist

Faith Evans And The Notorious B.I.G.

フェイス・エヴァンス＆ザ・ノトーリアス・ビーアイジー

Track

NYC

Title

The King & I

2017年：ATCO / Prolific Music Group

ビギーのデモのごく一部を抜き出し

ビギー没後20年目に実現されたフェイス・エヴァンスと彼の（元）夫婦による（疑似）デュエット・アルバム収録曲。生前ビギーにビートを提供し続けたプリモが、ここでサンプルしたのは、デビュー前にストレッチ＆ボビートの番組内のデモテープ・バトル宛に送られた、ビギーのデモ曲の最初の長いヴァースから、ごく一部分を抜き出したもの。それをリフレイン、アウトロとして使用、後者ではジェイダキスとかけあいに。（小林雅明）

Artist

DJ Premier with Cherub

ディージェイ・プレミア ウィズ チェラブ

Track

My Space Baby

Title

My Space Baby

2017年：TTT (To The Top)

聴く度に引き込まれる隠れた名作

DJプレミアのインディペンデント・レーベルTTTからリリースした2018年作。プライムのツアーでヒューストンに滞在していた際、エレクトロ・デュオ、チェラブの「Doses and Mimosas」のMVを観て連絡を取り合い、チームアップに至った。センセーションズ・フィックス「Dark Side Of Religion」のサンプリングが心地よく、聴き込む度にチェラブの美声とトラックの相性に引き込まれる隠れた名作だ。（DOMO+PoLoGod.）

Artist

PRhyme

プライム

Track

01. Interlude 1 (Salute)

02. Black History

03. 1 of the Hardest

04. Era feat. Dave East

05. Respect My Gun feat. Roc Marciano

06. W.O.W. (With Out Warning) feat. Yelawolf

07. Sunflower Seeds feat. Novel

08. Streets at Night

09. Rock It

10. Loved Ones feat. Rapsody

11. My Calling

12. Made Man feat. Big K.R.I.T. & dEnAun

13. Relationships (Skit)

14. Flirt feat. 2 Chainz

15. Everyday Struggle feat. Chavis Chandler

16. Do Ya Thang

17. Gotta Love It feat. Brady Watt & CeeLo Green

Title

PRhyme 2

2018年：PRhyme / INgrooves
CD, 2×LP

2人の濃すぎるヒップホップ愛と特出した実力

ヒップホップ最高！　ロイス・ダ・ファイヴナインとプリモによるプライムのセカンドは、そんな熱い気持ちがこみ上げてくるアルバムだ。アントマン・ワンダーネタ縛りで制作されたビートはプリモらしいブーンバップが中心……なのだが、「ロイスならどんなことをやっても大丈夫だろう」と言わんばかりの攻めたものも多い。ミッシー・エリオットが出てきそうなエレクトロの「Era」、シカゴドリルみたいなスネアの打ち方の「Everyday Struggle」、スナップをスネアに使った「Do Ya Thang」、終盤までドラムレスで進む「Gotta Love It」などなど、プリモ&ロイスの組み合わせからパッと浮かぶイメージとは一味違うビートがたっぷりと堪能できる。そこに乗るロイスも、得意のド迫力のスピットからスムースなフロウ、さらにはゆるい歌まで多彩なアプローチを披露。ギャング・スターとは質の異なるコンビネーションで魅せてくれる。また、プリモがスクラッチで入れる声ネタだけではなく、ロイスの口からもヒップホップ史を彩った名曲の引用・ラッパーの固有名詞が大量に飛び出すのも本作の楽しさだ。その引用やラッパー名も、キャンプ・ローからスウェイ・リーまで幅広い。「Rock It」のフックではプリモもマイクを握って「イェス、ユーキェン！」と全力で合いの手を入れている。本作リリース当時のシーンでは世代間の対立・感覚の違いがしばしばクローズアップされていたが、ここでの引用、ネームドロップ祭りはそのギャップを埋めるべく過去の遺産を現代に繋ぐ意図があったのかもしれない。2人の濃すぎるヒップホップ愛と特出した実力が感じられる傑作だ。（アボかど）

自身のスタイルを突き詰め続けてきた2人の説得力

Artist

Evidence

エヴィデンス

Track

10,000 Hours

Title

Weather or Not

2018年：Rhymesayers Entertainment
CD, 2×LP

ダイレイテッド・ピープルズのメンバーであり、LAのラッパー／プロデューサーのエヴィデンス、3枚目のソロ・アルバム『Weather or Not』に収録された1曲。"どんなことでも、その分野で習熟するには1万時間の練習を要する"というジャーナリスト、マルコム・グラッドウェルの言葉をベースにリリックが繰り広げられ、エヴィデンスがラップを始めた日から、どんな困難やプレッシャーがあったのか語られている。シカゴの「Sing a Mean Tune kid」をサンプリングした煙たいビートに、最初の部分ではドクター・ドレーによる「Nuthin' but a "G" Thang」のリリックを引用。プレミアが得意とするサンプリング、チョップ、スクラッチの技法を活かしつつ、LAへのリスペクトも忘れない、まさに「ローマは一日にして成らず」を体現するような、自身のスタイルを突き詰め続けてきた2人の説得力ある作品になっている。(MINORI)

Artist

Miley Cyrus

マイリー・サイラス

Track

Younger Now (DJ Premier Remix)

Title

Younger Now (The Remixes)

2017年：RCA

ニヤニヤが止まらないリミックス

実現の経緯は定かではないが、マイリー・サイラスが2017年にリリースしたリミックス盤には、リハブやフレッド・フォークと並び、DJプレミアの名前が。ロックかメタルからのサンプリングと思われる硬質の重たいドラムと自らが弾いたであろうベースで進行する骨太リミックスに仕上げたが、お馴染みDJキャレド「All I Do is Win」の"Go Up"のフレーズをこれでもかと擦り倒し、良くも悪くも終始ニヤニヤが止まらない。(橋本修)

Artist

Slaine & Termanology

スレイン&ターマノロジー

Track

Anti-Hero feat. Bun B & Everlast

Title

Anti-Hero

2017年：Brick Records
CD

イントロのメンバー紹介スクラッチ

ラッパー／プロデューサー問わずコラボアルバム制作に積極的なターマノロジーが、ラ・コカ・ノストラなどで知られる同じマサチューセッツのスレインと組んだアルバム『Anti-Hero』のタイトル曲。主役2人にバン・Bとエヴァーラストというあまり見ない組み合わせだが、プリモは重厚なループと硬質なドラムが効いたビートで持ち味の異なる全員の魅力を巧みに引き出している。イントロでのメンバー紹介スクラッチも見事。(アボかど)

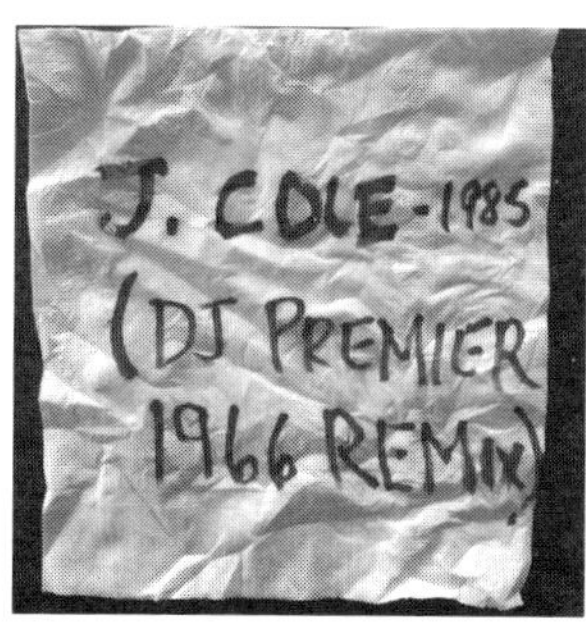

Artist
J.Cole
ジェイ．コール
Track
1985 (1966 DJ Premier Remix)
Title
1985 (1966 DJ Premier Remix)

2018年：self-released

プリモ渾身のブーンバップなリミックス

リリース即購入した『KOD』を聴いて、すぐにJ・コールに連絡して「1985」のアカペラを手配してもらったプリモ渾身のリミックス。

原曲が1985年生まれのコールから下の世代へのメッセージであるのを踏まえてか、1966年生まれのプリモの思いを込めたリミックスは、彼より下の世代に贈るブーンバップ仕様なのが心憎い。

イントルーダーズ「Together」のホーンのチョップ、NWA「Always Into Something」から抜き出したドクター・ドレーの「Nineteen ninety muthafakkin」の文句に続き、即J・コールのヴァースが始まる。途中、ラン・DMC「Sucker MC's」のビートを組み込んでいるのも1985年っぽくて良い。そして、アウトロでは、スウェイ&テック「The Anthem」からイグジビット、「Ask About Me」からCLスムース、「99 Problems」からジェイ・Z、それぞれの短いフレーズを抜き出し、プリモなりにリリックを組み立てた。（小林雅明）

Artist
Torii Wolf & DJ Premier
トーリー・ウルフ&ディージェイ・プレミア
Track
Silent Crow
Title
Love Me (Amazon Original)

2018年：TTT (To The Top)

プリモがビヨークと評する甘美な歌

プレミアが自身のレーベル「To the Top Records」から全面プロデュースという形で送り出したデビューアルバムに続き、アマゾンミュージックのバレンタインをテーマにしたプレイリストに提供したエクスクルーシヴ。ファンキーなドラムにピアノ、そしてベルといったビートを構築する布陣は通常運転と言ったところだが、そこにプリモが〝ビヨーク〟とも評する甘美な歌声が乗れば、これまでと違った新鮮な印象へと様変わり。（二宮慶介）

Artist
DJ Premier
ディージェイ・プレミア
Track
2 Lovin U with Miguel
Title
2 Lovin U

2017年：self-released

直球なR&Bに仕立てた好リミックス

ソングライターとしても名の通ったR&Bシンガー、ミゲルとのジョイントは、タイトルを変更した既発曲「Damned」のリミックス。ミゲル自身が手掛けたノイジーな原曲と聴き比べると、むしろプリモの方が整然とした直球なR&Bに仕立てているのがおもしろい。フックでもヴォーカルに添えるように控えめなスクラッチを丁寧に挿し込み、主役を立てながらにわかに盛り上げる粋な仕事ぶりを聴かせている。（VD_BB）

Artist

Trick-Trick

トリック・トリック

Track

Get 2 It feat. B-Real

Title

SmokeGang

2018年：Trick Trick Music LLC / GSM Music Group

主役のハードなラップとも好相性

グーン・スクワッド作品などで古くから西海岸ヒップホップの影響を色濃く出していたトリック・トリックだが、この曲が収録されたアルバム『Smoke-Gang』もその要素が強い作品だった。プリモもそのムードに合わせたのか、少しドクター・ドレーっぽくもある重厚なビートを制作。とはいえプリモの作風から大きく外れるものではなく、フックではお約束のスクラッチも楽しめる。主役のハードなラップとも好相性。（アボかど）

Artist

Apathy

アパシー

Track

2 The Order U with Miguel

Title

The Widow's Son

2018年：Dirty Version Records
CD, 2×LP, Cassette

ハードコア・ライマーの6枚目

コネチカット出身のハードコア・ライマー、アパシーの6thアルバム。セルフ・プロデュース作品も多いアパシーだが、本作ではプレミアの他にもノッツやピート・ロック、バックワイルドらもプロデューサーとして参加。乾いたドラム・サウンドに乗っかるキレキレのフック部分は、アパシーの過去曲に加えてマーリー・マール「The Symphony」に登場するクール・G・ラップのラインをサンプリングしている。（渡辺志保）

Artist

38 Spesh & Kool G Rap

サーティーエイト・スペッシュ＆クール・ジー・ラップ

Track

07. The Meeting

14. Young 1s feat. Che'Noir & Anthony Hamilton

Title

Son of G Rap

2018年：TCF Music Group
CD, 2×LP, Cassette

コラボ・アルバムに収録された2曲

伝説的ラッパー、クール・G・ラップとロチェスター出身のラッパー／プロデューサー、38スペッシュのコラボ・アルバムに収録された2曲。とは言っても「The Meeting」は2014年の時点で公開されていたため、約4年ほどの時が経ってからアルバムに収録されたことになる。こう書いてしまうと、アルバムと噛み合わせが悪くなるのではないかと危惧してしまうものだと思うが（「Young 1s」の方は比較的全体に溶け合っている）、だからこそ目を見張るポイントは「The Meeting」のビートがアルバムの中で、本物の到来を待つかのように控えめでありながら、同時に王座を用意するように荘厳な空気をまとっていることにある。外側から見ればレジェンドが若手をフックアップしたにすぎない（それでも十分価値はある）作品かもしれないが、『Son of G Rap』というタイトルにこの曲がより深い意味を持たせているのは間違いないのだ。（高久大輝）

2018年：Asylum Records

Artist

Rudimental

ルディメンタル

Track

These Days (DJ Premier Remix) feat. Jess Glynne, Macklemore & Dan Caplen

ポップスを奏でる貴重なプレミア

UKのバンド、ルディメンタルのヒットソングをリミックス。どこかおもちゃの楽器のように鳴るホーンのサンプルやスクラッチが、原曲の柔らかい雰囲気を壊すことなくプレミアらしさを演出。すでに数年前から交流があったプリモと彼らは楽曲制作の話こそ度々出ていたもののリリースまで至ることはなく、本作をきっかけに正式なコラボレーションとなった。ポップスを奏でる可愛いプレミアの姿が垣間見える貴重な楽曲。(John)

2018年：Payday Records

Artist

DJ Premier

ディージェイ・プレミア

Track

WUT U SAID? feat. Casanova

Title

WUT U SAID? feat. Casanova

プリモ好みのいかついラップ

ペイデイ・レコーズのリローンチを記念してリリースされたプリモ名義のギャングスタナンバー。カサノバはドスの効いたラップが魅力のブルックリン出身のハードコアラッパー。プリモ好みのいかついラップを最大限に活かすかのようにトラックは非常にシンプル。不穏なピアノと銃の装填音にどデカいドラムのみ。そんなカサノバだが麻薬犯罪と恐喝の罪で2023年6月に15年以上の懲役刑が求刑された。(宮崎敬太)

Artist

Drake

ドレイク

Track

Sandra's Rose

Title

Scorpion

2018年：Cash Money/Republic/Young Money

自身の親に対する感情が入り混じったナンバー

ドレイクとプリモがついにコラボレーション！　プリモは亡き父親を看病していた時にちょうどこの曲を制作していたとのこと。ドレイクにとっても本曲は母に捧げて作ったものなので、奇しくも両者共に自身の親に対する感情が入り混じったナンバーとなった。ソウルフルなトラックはシンプルな構成で、ドレイクはデビュー当時の頃に戻ったような伸び伸びとした歌唱を披露。リリックでは「scratched like Preemo」とネームドロップもした上でリスペクトを示している。一方で、ビーフやスキャンダルを経てのリリースということもあり、アルバム全体は終始メランコリックなムードが漂う。ヒットチャート対応なのか、曲数が膨大になってしまった点は賛否分かれるところだろう。アンビエンスな音の処理や分厚い低音はまさにこの時期のドレイク印だが、その中にあって本曲はややオーセンティックすぎるきらいも。それを浮いているととるか、強弱をつける意味で良しととるか。(つやちゃん)

盟友の声を取り戻し完成させた、ギャング・スターのラストアルバム

Artist

Gang Starr

ギャング・スター

Track

01. You Know My Steez
02. Robbin Hood Theory
03. Work
04. Royalty feat. K-Ci & JoJo
05. *Above The Clouds feat. Inspectah Deck*
06. JFK 2 LAX
07. It's A Set Up feat. Hannibal
08. Moment Of Truth
09. B.I. Vs Friendship feat. M.O.P.
10. The Militia feat. Big Shug, Freddie Foxxx
11. The Rep Grows Bigga
12. What I'm Here 4
13. She Knowz What She Wantz
14. New York Strait Talk
15. My Advice 2 You
16. Make 'Em Pay feat. Krumb Snatcha
17. The Mall feat. G-Dep, Shiggy Sha
18. Betrayal feat. Scarface
19. Next Time
20. In Memory Of...

Title

One of the Best Yet

2019年：To the Top / Gang Starr Enterprises / INgrooves
CD, 2 × LP

6thアルバム『The Ownerz』（2001年）のリリース以降、ギャング・スターのDJプレミアとラッパーであるグールーの関係は急速に冷え込み、会話の機会すら失われていく。この冷戦を加速させていたと言われているのが『The Ownerz』制作中にグールーに近づき、その側近となっていた「ソーラー」ことジョン・モッシャーなる人物だった。ここからグールーとソーラーの蜜月、2人とプレミアとの冷戦関係は10年近くにも渡って続いてゆく。

しかし2010年、グールーが逝去したことで状況が動き始める。その遺書に「死後も元DJ（＝プレミア）とは関係を持ちたくない」との言葉が記されており、グールーが遺したレガシーを、なぜかソーラーが管理することになったのだ。とはいえ死の直前に書かれたとされるこの遺書には不可解な点も多かった。そもそもグールーは亡くなる2ヵ月前から昏睡状態にあり、

口述筆記もままならない状態だったという。

もちろんグールーの遺族やプレミアが、こうした流れに納得しようはずもなく、事態は訴訟へと発展していく。一応の決着がついたのは2014年のこと。ニューヨークの裁判所が「ソーラーはグールー作品の権利を保持していない」との判決を下し、楽曲の管理を遺族が行うことになったのだ。これを不服として控訴したソーラーだったが、経済的な事情もあったのだろう。数年後にグールーの未発表セッション30曲分をプレミアに「売却」している。

本人いわく「半ば身代金を支払う」形で盟友の声を取り戻したプレミアは、ギャング・スターのラスト・アルバムを制作すべく、18ヵ月間に渡る作業に着手する。通常、ギャング・スターのレコーディングは、プレミアが作ったビートを聴きながら、グールーがリリックを書くというスタイルで行われてきた。しかし今度ばかりは、まったく逆のプロセスを辿ることになる。不慣れな作業を亡き相棒に見守っていて欲しかったのだろう。プレミアがこもるスタジオのコンソール上には、グールーの遺灰が置かれていたという。

こうして完成したのが、ギャング・スターにとって16年振りとなるアルバム『One of the Best Yet』だ。J・コールをフィーチャリングに迎えて先行リリースされた「Family and Loyalty」、そして「Bad Name」は大ヒットを記録。満を辞してリリースしたアルバム本編の客演には、バンピー・ナックルズAKAフレディ・フォックス、グールーによってエイリアスを授けられたビッグ・シュグ、そしてプレミア全面プロデュースの元でクラシック・アルバム『Livin' Proof』を世に送り出したグループ・ホームの面々など、ギャング・スター・ファウンデーション周辺のラッパーが集結。さらにQ・ティップ、タリブ・クウェリ、M.O.P.など、かねてからプレミアと親交が厚いアーティストが多数参加して、ギャング・スター伝説の締めくくりを盛り上げた。ちなみにアルバムのタイトル曲「One of the Best Yet」において、感動的なアカペラを披露しているのはビッグ・シュグ。ごくごくシンプルなインタールードではあるが、ギャング・スターを讃える味わい深い歌声に涙を誘われる。

アルバムに耳を傾けた人々の大半は、グールーの死とギャング・スターの終焉を悲しみつつも、ある種の大団円を期待していたはずだ。しかしアルバム発売後、またも怪人ソーラーが騒動を引き起こす。「アルバムに使われたグールーの声は自分から盗まれたものであり、プレミアと法的に合意をした覚えはない」との主張を展開したのだ。これに対しプレミアの弁護士は、2017年のトラック「売却」時にソーラーが署名した法律文書を提示して、隙のない反論を行う。紆余曲折はありつつ、事態は収拾に至ったかのように見えた。

ところが追い討ちをかけるかのように新たなトラブルが発生する。アルバムに使用したグールーの「未発表セッション」の中に、マスタ・エース、アガラ・ザ・ドンらのために録音され、すでにリリース済の音源に使用されたセッションが混入していることが判明したのだ。シーンからはプレミアの確認不足を批判する声も上がった。が、アルバム制作に至る時期の混乱を考えれば、情状酌量の余地はあるようにも思われる。また杜撰な素材管理を行い、プレミアに既発セッションを売り渡してしまったソーラーにも大きな責任があることは言うまでもない。

と言うわけで、山盛りのケチがついてしまったギャング・スターのラスト・アルバムだが「One Of The Best Yet（史上最高のひとつ）」というタイトルに恥じないブーンバップの名作であることも間違いない。ギャング・スター伝説の締めくくりにして、「プレミアのビートにグールーのラップ」という唯一無二のペアリングを味わえる最後のアルバム（2023年現在）である。もし未聴ならば、この機会に是非ともご堪能いただきたい。（吉田大）

Artist

Big Shug
ビッグ・シュグ

Track

02. EMF
10. Still Big

Title

The Diamond Report

2019年：Brick Records
CD

グールーの声ネタもスクラッチ

ビッグ・シュグの2019年作にもプリモは参加。20曲中の2曲と数としては控えめながら、プリモ制作の「EMF」と「Still Big」の前にはイントロとインタールードを配して流れを作っているあたり、やはりビッグ・シュグにとってプリモは〝いまだにデカい〟存在なのだろう。「EMF」はヘヴィなホーンと圧の強いドラムが目立つビートで、スヌープ・ドッグの声ネタをスクラッチで挿入したパワフルな1曲。ヴァース中でビッグ・シュグがプリモの名前を出し、プリモもそれに返事をする変わらぬ盟友ぶりを見せている。「Still Big」はギターやストリングスのループと細かくチョップした声ネタが印象的な曲。フックでビッグ・シュグが聴かせるコクのある歌声は、かつて共に生み出した「Play It」などのクラシックから変わらないものだ。なお、2曲ともグールー追悼ラインがあり、「Still Big」ではグールーの声ネタもスクラッチで入る。故人への2人の思いに涙。（アボかど）

Artist

Papoose
パプース

Track

Numerical Slaughter

Title

Underrated

2019年：Henorable Records / EMPIRE

〝お家芸〟にハマるタイトなビート

ブルックリンのベテランは19年リリースのこの円熟作で自身のお家芸「Alphabetical Slaughter」――AからZのアルファベット順にライムを構築する楽曲で、これまでパート2までがリリース――の後継曲をプリモとのタッグで制作。本楽曲では1から10の数字をベースにリリックが紡がれていき、プリモの熱っぽいマイクもそれを援護する。同トラックでのパート2は次作に収録されているが、プリモは不参加。（高橋圭太）

Artist

Conway The Machine, Westside Gunn & Benny the Butcher
コンウェイ・ザ・マシーン、ウェストサイド・ガン、ベニー・ザ・ブッチャー

Track

Headlines

2019年：Payday Records

プレミアとグリセルダのジョイント

ニューヨーク州バッファローでブーンバップの美学を継承する「グリセルダ・レコーズ」のウェストサイド・ガンとコンウェイ・ザ・マシーン兄弟、そして従兄弟にあたるベニー・ザ・ブッチャーとのジョイント作。参加メンバーがスタジオに集結し、午前2時から一気にビートとリリックを作り上げていったというロウな1曲。プレミアと気鋭のヤングガンズが互いへの深い敬愛を土台に生み出した10年代ヒップホップの名作。（吉田大）

Artist
David Bars
デイビッド・バーズ
Track
01. Just like that
04. Beat The Odds
Title
The Bar Code

2019年：D.I.T.C. Studios
CD, 12"

ヒップホップは死んでなんかない、探してないだけだ

ソウルフルなピアノに、哀愁溢れるストリングス。ドラムもかなり控えめで、「Just like that」のような柔らかいビートは、プレミアのディスコグラフィーにおいては珍しいのではないだろうか。デイヴィッド・バーズはブーンバップ全盛期だった頃のNYを見て育ったブロンクスのラッパー。豊かではない暮らしを綴りながら〝ヒップホップは死んでなんかない、皆が探してないだけだ〟とスピットする彼を、ビートが優しく包み込むようですらある。「Beat The Odds」はジャジーなフリップとスクラッチから、よりプリモらしさを感じられる。D.I.T.C.の援護を受けるデイヴィッドは〝オッズ(期待値)を越えてみせる〟と強気にライムするも、節々で生活の苦しさを滲ませる。徐々に音階を上げるも元に戻るメロディを繰り返すこのビートは、意気込んでも苦しい現実に押し戻される様子を表現したかのようだ。いずれにせよ、2曲ともプレミアには珍しくソフトな印象。(斎井直史)

Artist
Masta Ace & Marco Polo
マスタ・エース&マルコ・ポーロ
Track
E.A.T.
Title
A Breukelen Story (Dekuxe Edition)

2019年：Fat Beats / Spaghetti Bender Music
CD, 2 × LP

近年のプレミア・ワークスでも1、2

2019年にリリースされたマスタ・エースとマルコ・ポーロの2人によるタッグ・アルバム『A Breukelen Story』本編にはなぜか未収録だったDJプレミアとエヴィデンスを迎えた「E.A.T.」。ボーナストラックや限定7インチでようやく日の目を見ることになった楽曲は、最近のプレミアには珍しくネタ感の強いビートにレイクウォンのライン。ドリーミーでメロウなビートは近年のプレミア・ワークスでも1、2を争う完成度。(橋本修)

Artist
Mike Posner
マイク・ポズナー
Track
Slow It Down
Title
Keep Going

2019年：Island Records
CD

坂本龍一の「戦メリ」をサンプリング

USのシンガーソングライター、マイク・ポズナーが2019年にリリースした楽曲。坂本龍一の「戦場のメリークリスマス」がサンプリングされている。ヴォーカルに沿って一音ずつ確実に打ち込まれていくドラムのグルーヴは、ここで歌われている人生を前向きに歩んでいく様子をそのまま反映しているかのよう。打ち込みのトラックでありながらもアコースティックバンドに似た温かい人間味のある1曲。(John)

DJプレミア名言集

ヒップホップをより深く理解するために、「クォート（quote／引用）」に気づき、かつカッコいいかダサいかの判断ができるのは大事だ。昔の曲から音の要素を取り出して転用するのがサンプリングであるなら、先輩ラッパーの言葉を借用して意味を重ねたり、フリップしたりするのがクォートだ。あからさまな場合はサンプリング源として使用料を支払う。例えば、ジェイ・Zの名曲『99 Problems』の有名な「I got 99 problems and a bitch ain't one」（99の面倒を抱えているけど、女絡みはひとつもない）」。これは、アイス・T『Home Invasion』（1993年）に収録された同名曲が元ネタだが、ジェイ・Zが引用したことで、エミネム、アリアナ・グランデ、キッド・カディ、そしてオバマ元大統領（！）まで言い換えて使用した。

発言がどれだけ引用されるかでも、ラッパーの偉大さを推し量れる。英語のSNSや動画を組み合わせたミームではよく有名なリリックや言葉を流用して自分の感情を表す。リリックの切り取りが多いが、意外にもDJプレミアの発言もよく引用されている。まず、彼の有名な発言を3つ紹介しよう。

どのアーティストとも取り組むときは、〝いい出来〟のさらに上に行くようにするのは俺の役割だ。ジェイ・Zとビギー、ナズはいつも俺の指示に耳を傾けた。

２０１４年、Noisey music by Viceに掲載されたスキニー・フリードマンによるインタビューでの発言。リラックスしたムードの取材だが、彼の音楽的なバックグラウンドやカニエ・ウェストやビギーとの邂逅に触れて興味深い。

俺がやることはすべてニューヨークを念頭に置いている。この街の音を保存することで恩恵を受けているんだ。

２０１７年『ニューヨーカー』誌50周年特集の一環として系列の『Vulture』に掲載された、デイヴ・トンプキンによるインタビューより。サンプリングの歴史と、プレミアのニューヨークへの想いを語っている。

他のグループみたいに俺たちもケンカをしたよ。でも、お互いを憎み合いながら7枚もの傑作を作るなんてできないだろ。俺たちは〝陰と陽〟〝夜と昼〟なんだ。だからこそスタジオに入ると最高の組み合わせになる。

ギャング・スターの7作目『One of The Best Yet』後の２０１９年、ステレオ・ウィリアムスが行った米billboard.comのインタビューでの発言である。グールーと何があったかストレートに語りつつ、スタジオにおける彼らの特別なケミストリーを強調した発言は説得力がある。

俺たちはレコードを作るのが好きなだけだよ。作るときは、どうせならなるべく楽しんで作りたいと思っている。その気持ちと、曲がうまく噛み合ったときにいい曲ができる気がするね。

45キングはいつもキックとスネアをばっちり決めるところから始める。他の奴がビートを持って来た時もまずその点を確認していたよね。気がついたら俺もそれを見習うようになっていた。キックとスネアを骨組みにトラックを構成していく方法だね。

サンプルした音で金を稼いだ以上、還元するべきだよね。ビジネスだから金が発生するのは当たり前だ。元のアーティストに払う認識も定着している。だから、アートフォームの一部として必要だとレコード会社も理解しないと。

（サンプリングのクリアランスが厳しくなったことについて）電話番号を変えるみたいに新しい組み合わせを探したまでだよ。俺にとっては難しくない。いろいろ試して、切り抜ける方法を見つけていく。価値があると思ったら諦めずにやり続けるのが俺の信念なんだ。

20年の月日が経っても、プレミアの姿勢がまったくブレていないのに驚く。インタビュー嫌いを公言していたギャング・スターの2人だが、必要であればレコード会社がセッティングした取材にきちんと取り組んでいる。例えば、フロント誌1998年4月号の特集では、DJ HIRO NYCこと伊藤浩司氏による、DJ同士の貴重な会話が掲載された。興味がある人は、古本屋さんやネットでプレミアの発言をディグってみてほしい。（池城美菜子）

引用元

DJ Premier Talks Kanye, Disclosure, and That One Time He Walked in on Biggie Eating Fried Chicken in His Boxers by Noisey music by Vice (July 2014)
Where We Dwell: How DJ Premier Changed Hip-Hop by Vulture (Dec 2017)
After 16 Years, DJ Premier Finds the Missing Piece to Complete Gang Starr's Reunion Album by Billboard (Nov 2019)

2020 - 2023
BEATS THAT COLLECTED DUST
PUBLIC ENEMY
KANE
The Don Manifesto
GANG STARR
OUTLAWZ
ONE NATION
PAPOOSE
MARCH
HIP HOP 50
5x45
DJ Premier
HH50-V1
TEFLON
SPECIES
Premier
HH50-V1
Nocturnal-Instinct
MORTGAGE FREE
GANG STARR
BAD NAME
METHODMAN
REDMAN
WATCH THE SOUND
WITH MARK RONSON
OSLO

あらゆる音楽が横並びの時代。プレミアの作る音楽は人々にとってどのような存在なのだろうか

あくまでストリーミングで手の届く範囲にある、という前提のもとではあるが、あらゆる音楽が横並びとなって、容易にそのすべてへと手を伸ばすことのできる時代。ＤＪプレミアの作る音楽は人々にとってどのような存在なのだろうか。

風呂敷を広げすぎたのは間違いないが、少なくともプリモと共作してきたアーティストたちにとって、プリモの存在がどのようなものだったのかを嗅ぎとる術はある。

例えば、２０２３年にリリースされた、プリモのソロ作にしてインスト作『Beats That Collected Dust, Vol.3』。プリモはほとんどの場合、ビートを提供するアーティストへの当て書きという形で制作することで知られているが、そうして作ったビートの中で採用されることのなかったビートを集めたものが本作である。「これらのインストゥルメンタル・ボリュームが埃をかぶる段階になったら、いつリリースするかを決める」とのプリモ本人の発言や、このシリーズの『Vol.2』のリリースが２０１１年であることを踏まえれば当然収録された曲にタイムラグはあるだろうが、〝選ばれなかった〟ビートは逆説的にアーティストたちがプリモに何を求めていたかを照らすはずだ。

あるいは、２０２２年にMass Appealからリリースされた『Hip Hop 50 EP Vol.1』。こちらは２０２３年に迎えるヒップホップ生誕50周年の節目を祝う「Hip Hop 50」というプロジェクトの一環として制作されたものだ。ヒップホップを冠した作品でまずプリモに声がかかるということはつまり、少なからずその道の第一人者としての責任を背負うべき存在であるということだろう。実際収録された5曲、すべてその責任に応えうるものとなっている。

他にもアルバム『Herbert』（２０２０年）でアブ・ソウルと初の共作した際に、プリモは彼にラップを録り直させ、相変わらずの面倒見の良さを発揮していたり（ソウルはそんなことは初めてだったと語っている）、リアム・ギャラガーのリミックスを手掛けたりとヒップホップ・シーン以外との交流も継続している。言うまでもなく、これら以外にもプリモの仕事を味わうことのできる作品は多々あるので続くア

ルバム・ガイドは近年のプリモの傾向を摑む足がかりにもなるはずだ。

また、ここでひとつしっかりと主張しておきたいのは、プリモが様々な時代を駆け抜けた末に今もまだフレッシュな音楽を作り続けているということ、その価値だ。このあらゆる音楽が横並びとなった時代は、選択の自由に溢れているようにも思える一方でその実、様々なシーンに散らばったリスナーがそれぞれが支持するものを非常に狭い範囲で強化し続ける、エコーチェンバー現象とアルゴリズムに支配された時代とも呼べてしまうだろう。そんな時代に不意を突かれるような出会いや、価値観の揺らぐ体験へとアクセスすることがどれほど難しいか、筆者自身も痛いほど感じてしまっている。

しかし、おそらくこのような現状を打破する鍵は私たちのすぐ近くにある。時代の常識や流行の外側に。偏屈な好事家と見られてしまうような、強固なプライドと勇気を持った人物の周辺に。すでに評価の固まったとされているアーティストの作品たちの細部に。

ここで『Moment of Truth』でのプリモによる宣言を思い出して欲しい。「松明を持って、俺たちは暗闇の中を歩き続ける」。その言葉は、うず高く積まれた古いレコードたちを注意深く探り、そこに新しい命を吹き込むというプロデューサーとしての行為そのものを指していながら、誰もが注意を払わず、ときに忘れ去られてしまうようなことを続けていく、という態度の表明でもあっただろう。

事実として、ヒップホップが黄金色に輝いていた時期は無論、サンプリングに関する検閲がいかに厳しくなっても、エレクトロニック・ミュージックとヒップホップの交配がどれだけ進もうと、トラップ・ミュージックがチャートを牛耳っていようと、チョップ&フリップという手法やブーンバップと呼ばれる大雑把なジャンル名が過去のものと見なされてしまうような時代に直面しようと、彼はマーリー・マールらオリジネーターたちから受け継いだ手法を更新しながら作り続けた（この辺りはこれまでの様々な章で詳細に触れられていることだろう）。その結果、ＤＪプレミアの作る音楽は、まさしくこの時代の〝鍵〟と呼べるものとなっているのではないだろうか。

もしかするとこれは筆者のようにプリモの仕事を後追いした世代特有の感覚なのかもしれない。例えば、〝ＤＪプレミア〟という名前の後ろに積み上げられた作品の膨大さにたじろいでしまったり、レジェンダリーなプロデューサーという安易な枠組みに入れることで安心してしまうことも少なくないだろうからだ。そして個人的な感覚を引きずって言えば、きっと本書はそんな誰かのためにある。

多くの作品は手元のスマートフォンでアクセスできる。聴きながら、できるだけ焦らずにページを捲っていってほしい。ただ本を読むより時間はかかるだろう。だが周囲の環境や流行に左右されて生きるよりも、結果的にあなたの人生に大きな勇気を与えるはずだ。平面的な時代に豊かな凹凸をつけるのはあなた自身だと、プリモの一貫した態度が訴えかけている。（高久大輝）

Artist

Westside Gunn

ウエストサイド・ガン

Track

Shawn VS Flair

Title

Play For Paris

2020年：Griselda Records
CD, LP, Cassette

参加希望の電話から24時間も経たずに完成

『Pray for Paris』収録曲。新型コロナウイルスに感染し療養中だったウエスの元に、公表されたばかりのアルバムのトラックリストを見たプリモから参加希望を匂わす電話がきたので、ビートを送ってほしい旨を伝えると、彼は即スタジオに入りビートを作った。それを聞いたウエスは見たばかりの『レッスルマニア』のショーン・マイケルズとリック・フレアの対戦をヒントに、呼吸もまだ苦しかったため、1ヴァースとサビのラップ・パートを15分もかからずに録音。それを受け、プリモは曲の頭にモブ・ディープ「Eye For an Eye（Your Beef is Mines）」からプロディジーによる"Another war story from a thirsty young hustler"、フージーズ「Rumble in the Jangle」から客演のファイフ（ATCQ）によるヴァースの出だし"Once the pen hits the pad it's danger"、この短いフレーズを擦り、対戦ムードを一気に高め、マスタリングも含め、ウエスへの電話から24時間も経たずにこの曲は完成した。（小林雅明）

Artist

The Four Owls

ザ・フォー・オウルズ

Track

100%

Title

Nocturnal Instinct

2020年：Gang Starr Enterprises
CD, 2×LP, Cassette

ピアノとストリングスをフリップ

UKの4人組が前作に続きプリモを招集。プリモ自ら4人にシャウトアウトするロバータ・フラック遣いのイントロから、本編はスモーキー・ロビンソン曲のピアノとストリングスをフリップ。ストリングスの3音目まででカットし（その後まで入れるとメジャーの調性感がモロに出てしまうため）、無関係のブラスネタと連結するのがのプリモ流。このコラージュ手法もまた調性が曖昧で緊張感が持続するプリモビートの方程式。（吉田雅史）

Artist

Gang Starr

ギャング・スター

Track

Bad Name (Remix) feat. Method & Redman

Title

Bad Name (Remix)

2020年：Gang Starr Enterprises

最強タッグが参加したリミックス

アルバム『One of the Best Yet』から、故グールーの子息参加のMVもカットされていた「Bad News」に、レッドマン＋メソッド・マン組が参加した最強のリミックス。最終的には殺人にまで発展してしまう現代のビーフや、ひいてはヒップホップ・ゲーム全体に警笛を鳴らす本作。グールーが「もしビギーやパックが生きていたら〜」と始めるフックに対し、「もしグールーが生きていたら〜」と返すメソッド・マンのヴァースが涙を誘う。（橋本修）

Artist

Bishop Nehru

ビショップ・ネルー

Track

Too Lost

Title

Nehruvia: My Disregarded Thoughts

2020年：Nehruvia LLC

自分の中の別の自分が割り込む

NY州ナニュエット出身のビショップ・ネルーによる8作目『Nehruvia: My Disregarded Thoughts』収録曲。ヴァース内で自分の中の別の自分が割り込んできてしまうからか、イントロとアウトロでプリモが擦っているのは、彼自身の制作曲であるターマノロジー「How We Rock」から客演のバン・Bのフレーズ"Boy, you in the wrong place with the wrong one"（おっと、おまえ、まずい奴とまずい場所にいるぞ）である。（小林雅明）

Artist

Jamo Gang

ジェイモ・ギャング

Track

The 1st Time feat. Slug, Tyler Kimbro

Title

Walking With Lions

2020年：Fat Beats
CD, LP

叙情的になりすぎないシンセが絶妙

『Soul on Ice』などでも知られる西海岸のアンダーグラウンドを代表するラッパーのひとり、ラス・カスとニューヨークのベテラン、エル・グラント、そして（この曲はプリモだが）メインでプロデュースを手掛けるJ57からなるトリオのデビュー作に収録。イントロでのグールーへのシャウトに胸が締め付けられるが、叙情的になりすぎないシンセの打ち方が絶妙。アトモスフィアの片割れ、スラッグもラップで参加。（高久大輝）

Artist

Armani Caesar

アルマーニ・シーザー

Track

Simply Done feat. Benny the Butcher

Title

The Liz

2020年：Griselda Records
LP, Cassette

グリセルダのファースト・レディ

ニューヨーク州バッファロー出身のアルマーニ・シーザーが、グリセルダからリリースしたアルバム。プレミアはベニー・ザ・ブッチャーを迎えた楽曲「Simply Done」をプロデュース。元々はトゥワーク・ビートを得意とするラッパーだが「グリセルダのファースト・レディ」としてプレミア・ビートを乗りこなし、ブーンバップにも対応可能であることを証明。ちなみにアルマーニとグリセルダ・クルーは、10代から親交を重ねてきた仲。（吉田大）

Artist

Conway the Machine

コンウェイ・ザ・マシーン

Track

Nothin' Less

Title

From King to a God

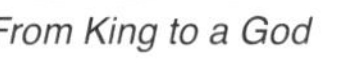

2020年：Griselda Records / Drumwork / EMPIRE
CD, LP, Cassette

当世随一リリシストと手向ける暮花

当世コンシャス・ラッパー勢のなかでも、すでに確固たる地位を築いたNYのラッパーによる20年発表の本作。錚々たるメンツが集結したアルバムのラストを飾るのがこのプレミア監修楽曲だ。作品を爽やかに締める落ち着いたミドル・ナンバー上で、モブ・ディープ「Quiet Storm」の一節を引用し、17年に逝去したプロディジーや亡くなったコンウェイのホーミーたち、そして盟友グールーの墓標に花を手向ける。（高橋圭太）

Artist

Public Enemy

パブリック・エネミー

Track

State of the Union (STFU)

Title

What You Gonna Do When the Grid Goes Down?

2020年：Def Jam Recordings
CD, LP

大統領選直前にトランプを大バッシング！

ご存知、USベテラン・ポリティカル・グループによる通算15枚目となるアルバムの発売時期はアメリカ大統領選の直前。チャック・Dは当時の民主党でバイデンと共に候補に挙がっていたバーニー・サンダースの支持者であるということも反映し、より濃い政治色、とりわけトランプ政権への批判が強い内容に。シングル・カットされたこのプレミア参加曲ではアメリカの一般教書演説（SOTU）になぞらえ、トランプに対してフックでSTFU……つまり〝黙れ！〟をリフレイン、続くヴァースでも〝このピエロのショーを終わらせろ！　この不動産バカが〟と徹底的にこき下ろす。トラックもデモを扇動するようなウォーキング・リズムが特徴で、マスターピース「Love Is What You Make It」の爽やかなコーラスをアッパーに改変している。プレミア・マニアとしては99年以降、PEの正式DJとなったDJロードとのスクラッチ競演も聴きどころだろう。（高橋圭太）

Artist

Busta Rhymes

バスタ・ライムス

Track

True Indeed

Title

Extinction Level Event 2: The Wrath of God

2020年：The Conglomerate Entertainment
CD, 2×LP, Cassette

客演抜きでバスタとプリモががっつり向かい合った

ニューヨーク出身のラッパー、バスタ・ライムスによる1998年のアルバム『E.L.E.（Extinction Level Event）』から約20年越しの続編的アルバムに収められた1曲。Q・ティップ、ラキム、ケンドリック・ラマーなど、豪華な顔ぶれが揃う金のかかったアルバムだが、この曲では客演は抜きでバスタとプリモががっつり向かい合っており、プリモのビートは持続的なシンセを流しながら、グルーヴはぶっといベースとシンプルなドラムのみで構築していき、ラップと対峙。当然バスタもそれに応え、気の利いた、時おり品のないライムを華麗に繋ぐラップを披露している。ビートだけ考えると他の収録曲と比べて地味に感じる瞬間があるのは否めないが、ラップと掛け合わせればおもしろさは十二分にあるはずだ。プリモがレコードの山とだけでなく、組むラッパーの表現とも注意深く向き合っていることをより生々しく伝えている1曲。（高久大輝）

Artist

Russ

ラス

Track

Inside Job feat. DJ Premier

Title

Chomp

2020 年 : Russ My Way

メルヘン感のあるビートが魅力的

他に類を見ないリリースのペースで知られるラスのEP。バスタ・ライムスやベニー・ザ・ブッチャー、アブ・ソウルら多様なゲストに彩られる本作だが、プレミアが手掛ける「Inside Job」では「Method Man」のサンプルを除き、ラスがひとり長めのヴァースをスピットし続けている。おとぎ話を思わせるようなメルヘン感のあるビートが魅力的だが、ラスのリリックはいたって野心的。冒頭ではプリモにシャウトアウトを送っている。（奥田翔）

Artist

Papoose

パプース

Track

Workin

Title

Endangered Species

2020 年 : Not On Label

パンデミックの最中に制作された

混沌とした新型コロナ・ウイルスによるパンデミックの最中、制作されたパプースのアルバムに収録された1曲。クレジットを見ると楽曲プロデュースを手掛けているのはベース・プレイヤーでもあるブレイディ・ワットで、プレミアはフィーチャリング・アーティストとしての参加に留まっている。フックでサンプリングしているラップ部分のネタ元は、故グールーも参加したアフーラ「Trilogy of Terror」か。（渡辺志保）

Artist

Papoose

パプース

Track

March

Title

NBA Rhyme Scheme

2021 年 : Honorable Records
LP

安定したビートの上で言語遊戯

NY出身、98年のデビュー以来ハイペースでリリースを継続してきたパプースの21年作品。これまでもプリモとは共演してきており、「Numerical Slaughter」（『Underrated』収録）などが有名だが、この曲も同様にワンループで押しきりつつもロック調のリズム隊がラフで◎。NBAのチーム名を元にラップしていく、いつも通りのラップ馬鹿っぷりが炸裂していて微笑ましくもある。安定したビートがあるからこその言語遊戯。（つやちゃん）

Artist

Gang Starr

ギャング・スター

Track

Glowing Mics

Title

One Of The Best Yet (Instrumental)

2020 年 : TTT / Gang Starr Enterprises, LLC

インスト盤からのシングル

ギャング・スター名義での、グールー亡き後初のアルバムである『One Of The Best Yet』のインストゥルメンタル盤からのシングル。プレミアが手掛けた複数曲の一部をスクラッチと共に立て続けに流すイントロは、彼の仕事の幅広さを誇示するかのよう。なんともいえない哀愁あるビートは、ほぼすべてがループだが、"meanwhile"部分での抜きが心憎い。自信に満ちたグールーのリリックもブレない。（奥田翔）

Artist

Gang Starr

ギャング・スター

Track

Glowing Mics (Founders Rmx) feat. Big Shug

Title

Glowing Mics (Founders Rmx) feat. Big Shug

2021年:TTT / Gang Starr Enterprises

ギャング・スター現時点での最新曲

ギャング・スター名義での現時点での最新曲「Glowing Mics」をセルフリミックス。本楽曲はシーンにおけるギャング・スターの功績を称えた特別なリミックスであり、今回のためにギャング・スター・ファウンデーションのメンバー、ビッグ・シュグも追加招集。さらにグールーの息子が出演したMVもリリースされている。プレミアによる荘厳なストリングスの上ネタとMC2人の自信に溢れたラップは相性抜群。(John)

Artist

Singapore Kane

シンガポール・ケイン

Track

Dreams and Visions

Title

Don Manifesto

2021年:Twigzee Dee Productions

プリモのクラシックを愛聴者は必聴

アナログ・サンプラーらしい厚みのあるドラムと、途中から入ってくるソウルフルとも東洋的とも言える弦楽器の音。この組み合わせはギャング・スター「Above The Clouds」を彷彿とさせ、プリモのクラシックを愛聴した者には必聴の仕上がり。ケインにとっては地元の先輩でもあるビッグ・シュグと、盟友ターマノロジーのヴァースがスクラッチで添えられ、擬似的にいつもの3人が揃った安定感ある仕上がりの1曲だ。(斎井直史)

Artist

Outlawz

アウトロウズ

Track

Lesson Of Legends feat. Young Noble, Conway the Machine & DJ Premier

Title

One Nation

2021年:Russ My Way INC

異常なまでにエモーショナル

故2パックが結成したアウトロウズの最新作『One Nation』では、コンウェイ・ザ・マシーンと共にプレミアを迎えた「Lessons Of Legends」を収録し、この世を去っていった多くのヒップホップ従事者たちを偲び、また、タフにサヴァイヴしていくことを誓う。そんな重厚な世界観を、プレミアは低速のビートで伴奏するだけでなく、イントロでは自身も亡き友たちへシャウトを送る、異常なまでにエモーショナルな1曲となっている。(橋本修)

Artist

DJ Premier

ディージェイ・プレミア

Track

Why Would I Stop feat. Wale Watch the Sound With Mark Ronson (Apple TV+ Original Series Soundtrack)

2021年:Sony Music Entertainment UK Limited

マーク・ロンソンが司会の番組

UKのDJ兼プロデューサーであるマーク・ロンソンが司会を務めるドキュメンタリー『サウンドを語る With マーク・ロンソン』のサントラ収録曲。同番組は「オートチューン」「シンセサイザー」「ドラムマシーン」など音楽制作の技術を紹介し、各エピソードの最後に紹介したテクノロジーや手法を使用して、オリジナル音楽を発表するという内容だった。プレミアは第2エピソード「サンプリング」に登場している。(吉田大)

Artist

DJ Premier & 2 Chainz

ディージェイ・プレミア＆トゥー・チェインズ

Track

Mortgage Free

Title

Mortgage Free

2021年：Payday Records

レイドバックした仕上がり

ジョージア州出身のラッパーに提供したこの曲では、ミリー・ジャクソンとアイザック・ヘイズのデュエット曲の冒頭部分をサンプリングし、アウトロでは「Life's a Bitch」のAZ、50セント「Wanksta」、ジェイダキス「Time's Up」などの一節をスクラッチしている。プレミアいわく、2チェインズにビートを送ると、その夜にラップを吹き込んだヴァージョンが返ってきたという。ソウルフルかつレイドバックした仕上がりだ。（二木信）

Artist

Russ

ラス

Track

Free feat. Big K.R.I.T., Snoop Dogg & DJ Premier

Title

CHOMP 2

2021年：Russ My Way INC
CD

持ち味の異なるラップが沁みる良曲

ニュージャージーのラッパー、ラスによる哀愁漂う1曲。歌心のあるラップを聴かせるラスと切れ味鋭くエモーショナルなビッグ・クリット、クールでいつも以上に渋味を見せるスヌープ・ドッグと持ち味の異なるラップが沁みる良曲だ。美しいピアノやストリングスのループに骨太ドラムを合わせたビートも素晴らしい。イントロでのプロデューサータグのようなスクラッチや、早回しの歌声と擦りが絡むフックも印象的。（アボかど）

Artist

Liam Gallagher

リアム・ギャラガー

Track

Diamond In The Dark (DJ Premier Remix)

Title

Diamond In The Dark

2022年：Warner Music UK

ヒップホップのグルーヴを注入

元オアシス（もしくは元ビーディ・アイ）のリアム・ギャラガーとプリモの名前が並ぶことを想像していた人はどれくらいいるだろうか。ソロとしては3作目となる『C'mon You Know』からのシングルのリミックスで、プリモは原曲の型を崩すことなく、ヒップホップのグルーヴを注入。リアムを象徴する楽器のひとつであろうシェイカーの音を全体に取り入れているのも気が利いている。驚きと安心感のある1曲だ。（高久大輝）

Artist

Brady Watt, Westside Gunn, DJ Premier

ブレイディ・ワット，ウェストサイド・ガン，ディージェイ・プレミア

Track

The Narcissist

Title

The Narcissist

2021年：TTT (To The Top)

複雑でアイコニックなベースライン

プロデューサー／ベーシストであるブレイディ・ワットがプレミアと共同プロデュースし、ラッパーのウェストサイド・ガンを迎えた1曲。フレット付きベース、フレットレスベース、アップライトベースと3本ものベースが使用され、複雑かつアイコニックなベースラインが特徴的。浮遊感のあるトラックに敷き詰められたストリートのリアルなストーリーは、合わせて公開されたアニメーションによるMVと一緒に鑑賞してほしい。（MINORI）

Artist

Mass Appeal Records

マス・アピール・レコーズ

Track

01. Lettin Off Steam feat. Joey Bada$$

02. Remy Rap feat. Remy Ma, Rapsody

03. Beat Breaks feat. Nas

04. Terrible 2r's feat. Run The Jewels

05. Root Of It All feat. Slick Rick, Lil Wayne

Title

Hip Hop 50 EP Vol.1

2022年 : Mass Appeal
CD, 5 × 7"

ヒップホップ生誕50周年の節目を祝うプロジェクト

ナズの率いるレーベル、マス・アピールによる、2023年に迎えたヒップホップ生誕50周年の節目を祝うプロジェクト「Hip Hop 50」。1枚につき5曲ずつ、計10枚のEPをリリースする予定とのことで、収益の一部は、2024年に開館予定のユニバーサル・ヒップホップ・ミュージアムを含む様々な慈善団体に寄付されるそうで、プロジェクトにはブロンクスのヤンキー・スタジアムにてヒップホップのレジェンドたちを集めて開催された「Hip Hop 50 Live」も含まれ、リリース以外にも様々な〝お祝い〟が行われそうだ。そんな「Hip Hop 50」のリリース第1弾を任されたのが、他でもないプリモである。そしてまず結果から言えば、素晴らしい作品だと思う。トラックリストを見てわかる通り、集められたベテラン、あるいはレジェンドと呼んでもおかしくない面々に対して、そのラップを殺さないようプリモはサンプルを選び抜いているのだ。とりわけ出色なのが、レミー・マーとラプソディーの参加した「Remy Rap」で、ウワモノ的に使用されているジャンクで荒々しいベースのサンプルが終始火を吹いてグルーヴをリードし、2人のラップが切れ味良く響いてくる。これをプリモのベスト・ワークと呼ぶのは早計な気がしてしまうが、約14分間（5曲というサイズも良い）途切れることなく身体を揺らすことのできる良作。このEPシリーズは四半期に一度リリースされるという情報も見かけたが、遅れはご愛嬌ということで、ヒップホップの歴史を噛み締めながら聴きたい。（高久大輝）

Artist

Sonnyjim & The Purist

ソニージム＆ザ・ピュリスト

Track

Doc Ellis

Title

White Girl Wasted

2022年：Daupe!
CD, LP, Cassette

英米タッグ作で聴ける衰えぬ妙技

英バーミンガムのラッパーであるソニージムと、ブライトン拠点の作家、ザ・ピュリストによるタッグ作。本作3曲目に配されたこのプレミア参加曲では、彼による衰えぬコスリが聴ける。また、ラップの随所に置かれたネームドロップも楽しく、リック・ルービンから日本人ドライバーの中嶋一貴まで、ソニージムの手腕も聴き逃せない。フック直前で聴ける〝このシットでカマしてるのはプリモに違いねえ！〟のスピットもアツい。（高橋圭太）

Artist

Black Soprano Family

ブラック・ソプラノ・ファミリー

Track

Times Is Rough feat. DJ Premier

Title

Long Live DJ Shay

2022年：Warner Music UK

特徴はスネアの解像度の高さ

ウェストサイド・ガン率いるヒップホップ・コレクティヴ／レーベル・グリセルダのメンバーであるベニー・ザ・ブッチャーが所属するブラック・ソプラノ・ファミリーのミックステープ。この曲の特徴はスネアの解像度の高さ。Spliceのようなサービスを始め、さまざまな機材がある中でプリモがこのスネアをどう作っているのかが気になった。スクラッチはお馴染み「C.R.E.A.M.」からレイクウォンのライン。（宮崎敬太）

Artist

El Gant

エル・ガント

Track

Leave It Alone

Title

O.S.L.O.

2022年：Rule By Secrecy Music
CD, LP

不穏なピアノが印象的なビート

エル・ガントの最新作でプレミアは「Leave It Alone」をプロデュース。ホラー映画のワンシーンを思わせるような、不穏なピアノが印象的な音数少なめのビートは、それだけに、「2023年になってもブギー・ダウン・プロダクションズが俺の哲学だ」と語る力強い彼のラップを引き立たせている。その後に続く「Aladdin」が電子音をふんだんに駆使した近未来的なサウンドなのも飽きさせないアルバム構成だ。（奥田翔）

Artist

Prodigy

プロディジー

Track

Walk Out feat. DJ Premier

Title

The Hegelian Dialectic 2: The Book of Heroine

2022年：Infamous Records

女性を巡る対話がテーマの作品

死後5年でリリースされた2部作の後半。『ヘーゲル弁証法：ヒロインの書』とのタイトル通り、女性を巡る対話がテーマの12曲。彼のもっともソフトな面が出た作品だが、正統派プリモ曲のこれはゴリゴリ。フェイス・エヴァンスやクィーンズのセクシー担当、ビッグ・ダディ・ケインとの曲もいい。端正な顔だけでなく、スワッグ、話し方。かっこ良すぎて話しかける際に私が緊張した数少ないラッパーのひとりがプロディジーだ。（池城美菜子）

Artist

Ab-Soul

アブ・ソウル

Track

GOTTA RAP

Title

HERBERT

2022年：Top Dawg Entertainment
2×LP, Cassette

両者の熱を帯びた20年代プリモ屈指の名曲

『GOTTA RAP』は叶った夢だ。正式なステージネームが決まる前、まだスナップ・Gだった頃から、プリモのビートが欲しいといつも思っていたんだ」とアブ・ソウルは『Vulture』のインタビューで語っているが、その熱い思いはラップからも伝わってくる。そして、プリモのビートもその思いに応えるかのように熱を帯びている。アブ・ソウルの22年作に収録された本曲は、20年代プリモ屈指の名曲だ。プリモ印のファットなドラムはもちろんだが、華やかなホーンや弾力のあるベースにしても生々しい感情が宿っている。このミュージシャンの演奏を活かすようなビートは、バンドセットでのライブ経験も積み重ねてきた現在のプリモだからこそ作れたものだろう。そこに乗るアブ・ソウルのひと言ひと言を大切にするような真摯なラップも素晴らしい。常に第一線で活動し成長し続けたプリモが生み出した本曲には、新たなクラシックの風格が漂っている。(アボかど)

Artist

Teflon

テフロン

Track

02. Out The Gate
03. Contraband
04. 4 Tha Love
11. Hostile Takeover feat. Benny the Butcher
13. The Thoro Side feat. M.O.P.

Title

2 Sides To Every Story

2023年：Coalmine Records
CD, LP

王道ブーンバップを心ゆくまで楽しめる

ブルックリン出身のグループ、M.O.P.との密接な関係で知られ、名曲「Ante Up」のリミックスにも参加しているテフロンの復帰アルバム。90年代後半にキャリアをスタートし、客演でも魅力を発揮してきたラッパーだが、スタジオアルバムはファースト『My Will』(1997年)以来。その活動を振り返ると、とにかく契約に恵まれない不遇ぶりが目立つ。なかでもプレミアに後押しされる形でアルバム発売を念頭にデフ・ジャムとディールした直後、アルバム制作プロジェクトを後押ししていた社長が退任したのは不運という他ない。その後、散発的にシングルをリリースしていたものの、次第にシーンと距離を保つようになっていった。そんなテフロンが、26年振りにリリースしたセカンド・アルバムが本作。プレミアは、ベニー・ザ・ブッチャーをゲストに招いた「Hostile Takeover」、M.O.P.との「The Thoro Side」など5曲を手掛けた。王道ブーンバップを心ゆくまで楽しめる一枚。(吉田大)

2020-2023

Artist

DJ Premier

ディージェイ・プレミア

Track

Runway feat. Westside Gunn and Rome Streetz

Title

Runway

2023年：TTT (To The Top)
12"

AMIRIにインスパイアされた1曲

合わないわけがない組み合わせ再び（ガンとは4度目）。こちらはプリモと全面コラボした、AMIRIのFW23シーズンにインスパイアされたシングル。荘厳なストリングスをチョップ＆フリップし特別仕様に仕立てたビートの上で、グリゼルダの仲間ローム・ストリーツも参加しクッソ渋いヴァースを投下。擦りネタはモブ・ディープ。MV観ていると3人揃いのスタジャンがめっちゃ欲しくなってきますが価格見たら余裕で無理でした。（二宮慶介）

Artist

Feid

フェイド

Track

Le Pido a Dios

Title

Sixdo

2022年：Universal Music Latino

ストリートのラブストーリーが主題

コロンビアのシンガーとしてラテンコミュニティではビッグネームであるフィードとDJプレミアのコラボレーション「Le Pido a Dios」は瞬く間にラテンコミュニティで話題となり大ヒット作となった。ピアノフレーズに芯の硬いドラム、スクラッチとプリモ節なトラックにストリートのラブストーリーをテーマに歌い上げるフィードとの相性が素晴らしい。MVは3000万近い再生回数となっている。（DOMO+PoLoGod.）

Artist

DJ Premier

ディージェイ・プレミア

Track

In Moe (Speculation)

Title

In Moe (Speculation)

2023年：TTT (To The Top)
12"

コモンが自身のスタンスを自問自答

『Beats That Collected Dust Vol.3』収録曲に、あのコモンをフィーチャー。名曲「The 6th Sence」をどこか彷彿とさせるホーンの落ち着いたビートの上で、ヒップホップから距離を取ったと憶測を生むほど俳優としても成功を収めたコモンだが、ヒップホップへの愛は何も変わっていないことを自問自答し明かしていく。また、現在コモンはピート・ロックとアルバム制作していることも、今曲におけるGeniusの取材で明らかにした。（二宮慶介）

Artist

BLP Kosher

ビーエルピー・コーシャー

Track

Endless feat. DJ Premier

Title

Bars Mitzvah

2023年：Encore Recordings

フロリダ出身のユダヤ系アメリカ人

トレードマークは左右の2本の触覚。フロリダ出身の元プロスケーターで、リリックの端々にユダヤ人であることを感じさせるBLPコーシャーのファースト・アルバムにベース・プレイヤーのブラッディ・ワットと共同プロデュースでビート提供。フックでのスクラッチを筆頭に〝らしさ〟は残しつつ、トラップのフロウでも乗れるようにした意欲作ではあるものの、肝心の上モノのシンセが単調なのでどうもチープに聴こえてしまう。（二宮慶介）

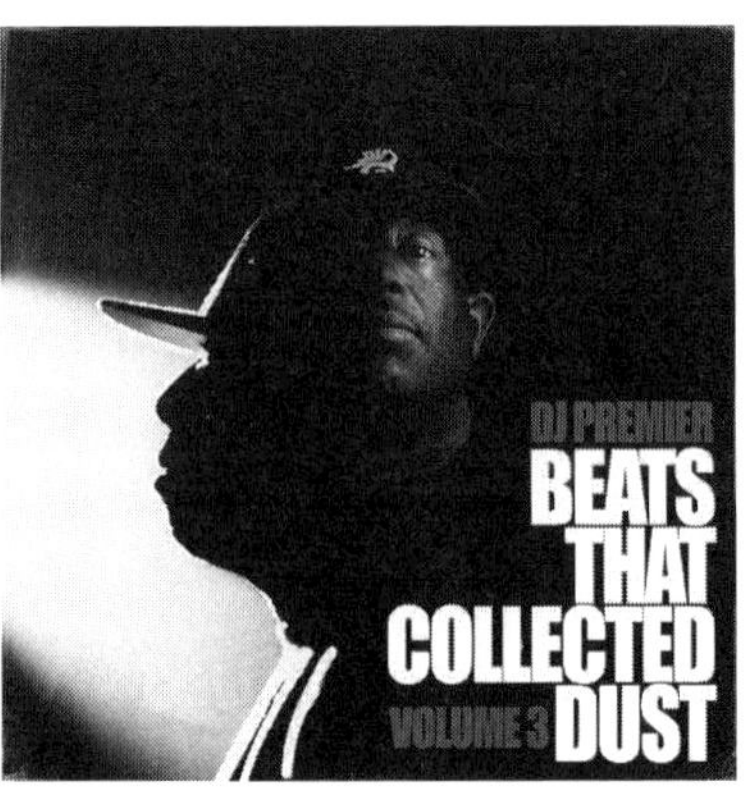

Artist

DJ Premier

ディージェイ・プレミア

Track

01. WooWooWoo
02. Really
03. Kelly B
04. Eiht 45
05. Climb Max
06. Here We Go
07. Haye
08. Bah Dah
09. Bogart
10. The Can
11. Dee Ell P
12. Bark 'N Growl
13. Spaced Dem No
14. Shy Role
15. Perc Pad
16. Bobble
17. In Moe
18. Episode 207

Title

Beats That Collected Dust Vol. 3

2023年：TTT (To The Top)
LP

ヒップホップ生誕50周年の節目を祝うプロジェクト

2008年にリリースされた第1弾、続く第2弾をリリースしていたイヤー・ラウンドではなく、プレミアの元マネージャーであるイアン・シュワルツマンと共同で立ち上げたTTTからのリリースとなる第3弾だが、本作に収められたビートは、Vol.2をリリース後の制作＝直近12年間に作られたビートということで間違いないだろう。音の鳴りも、近年のザラつきの少ない、比較的クリアなミックス／マスタリングが顕著だ。一方で、プロダクション／ビートの内容に関しては実にレンジが広く、以前のようなプレミアのシグネチャー・サウンド一辺倒という内容ではないのが、逆説的ではあるが現在進行形のプレミア〝らしさ〟ともいえる。跳ねたドラムとチョップされたサンプリングで構成される90年代半ば〜00年代前半を彷彿させるもの、自身でベースや上モノを演奏した非サンプリング率の高い10年代を感じるもの、そして、近年のバンド・サウンドや、後述もするが、ループをまるっと使用し、トレードマークであるドラムを封印した、グリゼルダ勢への意識を感じさせる最新のアートフォームともいえるものなど、実に多彩なビートが集められている。また、収録されたビートの中には、カニエやケンドリック・ラマー、ウエストサイド・ガン用に作られたお蔵入りビートも含まれているらしいが、ウエストサイド・ガンに関しては、実際にアルバムへの参加や、同クルーのコンウェイ、ベニーの3人を迎えたプレミア名義の楽曲があることからもわかる通り、一時期のM.O.P.よろしく、プレミアからのラブコールが実にホットであり、これこそが2023年のプレミアの現在地ということであろう。（橋本修）

DJプレミアとSNSマーケティング

サンプリング・ソースを分解してわからなくしてしまうその秘密主義者なビートに反して、プリモ本人はインタビューでは饒舌で、制作秘話や自らのヒップホップ哲学を雄弁に語るタイプだが、そんな語りたがりの性分の集大成とも言えるのが、２０２１年に自身のYouTubeチャンネル上でスタートさせた『So Wassup?』だ。これは副題の「A Salute to the Floppy Disc」の通り、まだビート・メイキングのメディアがフロッピー・ディスクだった時代に彼がプロデュースした往年のクラシックを1エピソードにつき1曲取り上げ、その曲にまつわるエピソードやファン・ファクトを語るシリーズで、プリモによる古き良き時代の思い出旅行である（まさに“Now, let me take a trip down memory lane”だ）。その『So Wassup?』では、SNSを通してファンからのリクエストにも応えているのだが、同世代のプロデューサーと比べてもプリモとそのマネジメントはSNSマーケティングに秀でており、InstagramやXはもちろん、TikTokまでアカウントがあり、それぞれの特性を生かした情報発信を続けている。『So Wassup?』で「created by」とクレジットされているマネージャーのイアン・シュワルツマンがSNSを駆使したファン・エンゲージメントの向上を重視しているのだろうが、その狙い通り、プリモは最もフォローすべき、フォローする意味のあるプロデューサーであると言えよう。（#3F）

プレミアとミックステープ

「ポメ〜、ポメ〜、ポポポポ、ポメ〜」。この本を手に取った方の中には、このフレーズを聴いて反応する方も多いでしょう。

DJプレミアはトラックメーカーとしての顔だけでなく、ラジオでのDJ、クラブでのDJ、そしてミックステープの作成も数多く行ってきました。このテキストでは1990年代後半にプレミアが発表したミックステープ、関連のミックステープを紹介します。

まず、DJプレミアのミックステープと言えば『Crooklyn Cuts』シリーズが有名です。特に白黒ジャケでお馴染みのテープ・キングスから発表されたIIIは、1996年〜97年にかけてAからDの4本がリリースされており、当時はもちろん今でも大変人気なミックステープです。このミックステープは当時の最新曲を中心に選曲した、それこそDJプレミアが作るトラックのようなストリートのキッズが首を振ってしまう曲が中心になっています。例えば、IIIではDJプレミアがプロデュースで参加したM.O.P.のセカンド・アルバム『Firing Squad』のリリースの前後になることから、このアルバムの収録曲を多く選曲していて、プレミアがM.O.P.を気に入っていた背景が見え隠れしています。また、このミックステープで披露されている2枚使いにも影響を受けた方は多いのではないでしょうか。カッコいいドラムブレイクや印象的なパンチラインなどを巧みに2枚使いしていて、選曲した曲をさらに盛り上げています。特にパンチラインの2枚使いは、曲中

では目立たない部分を2枚使いすることでそのパンチラインを光らせています。この2枚使いにはDJプレミアのフック擦りの原点というのでしょうか、言葉探しの上手さを感じます。こういった要素があることでDJプレミアのトラックの世界観にも通ずるグルーヴをミックステープでも上手く表現しています。なお、冒頭で紹介したフレーズは、これらのミックステープ内で繰り返し使われているジングルになります。多くの人が「ポメ〜」と聴こえているかと思いますが、どうやら"DJ Premier"というフレーズをサンプラーでリズミカルに叩いたものになり、作品の良さを高めるスパイスになっています。

そして、DJプレミアのミックステープは、DJプレミア自身が直接作っていないものもあります。例えば、DJプレミアがプロデュースした曲だけを集めたミックステープがあり、DJイナフの『The Premier Collection』やフラン・ラヴァーの『DJ Premier Greatest Hits』などが特に知られています。DJプレミアが作った曲を手軽に聴きたいというニーズに、ストリートで作られていたミックステープが活用されていたというわけです。なかには本人公認で作られ、DJプレミアのシャウトアウトが入っているものもあります。

また、DJプレミアは、有名が故にブートレッグのミックステープも多数存在します。例えば、DJプレミアが担当していたラジオ番組『WBLS Thunderstorm』の放送を録音したものは多数存在しますし、「Crooklyn Cuts」シリーズをコピーしたものも非常に多いです。ただ、こういったブートレッグはミックステープの魅力のひとつでもあり、手軽にコピーできるからこそ、日本をはじめ全世界でこれらのブートレッグのミックステープが渡り歩き、結果、DJプレミアの名前を広めるのに大きな役割を果たしたとも言えます。

DJプレミアを知る上で、これらのミックステープは欠かすことができません。ぜひ、聴いてみてくださいね！(Mix Tape Troopers)

Penalty Recordings MixTape Underground Joint #1 Fall 1995

1995年：Penalty Recordings / Tommy Boy

2/94

1994年：Tape Kingz Europe

Crooklyn Cuts (Volume III Tape C)

1997年：Tape Kingz

Crooklyn Cuts (Volume III Tape B)

1996年：Tape Kingz

Crooklyn Cuts (Volume III Tape A)

1996年：Tape Kingz

Mixmaster Weekend 11/24/95 WQHT, New York City

1995年：Tape Kingz

Tony Touch - 5 Deadly Venoms Of Brooklyn

1997年：Tape Kingz

Inflammable

1997年：-

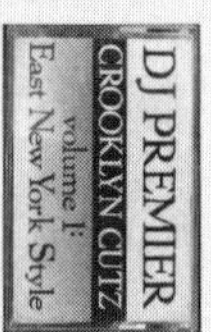

Crooklyn Cutz Volume 1 : East New York Style

1996年：-

Crooklyn Cuts (Volume III Tape D)

1997年：Tape Kingz

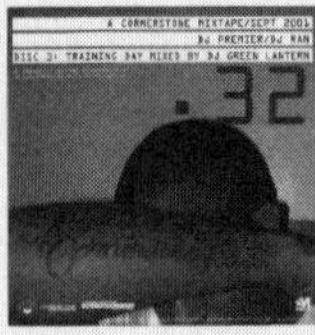

Cornerstone Mixtape #32

2001年：Cornerstone Promotion

Collectif Rap III - Toutes Les Familles Du Rap

2000年：Sony Music Media

Cornerstone Mixtape #9

1999年：Cornerstone Promotion

Haze Presents New York Reality Check 101

1997年：PayDay / FFRR

Bootleg Volume C

2003年：MasterTapes

Primo's Bakery

2002年：-
Unofficial

Bootleg Volume B

2001年：MasterTapes

Bootleg Volume A

2001年：MasterTapes

Australia / New Zealand Tour Mixtape

2003 年 : Cornerstone Promotion

Golden Years 1989-1998

2003 年 : Golden Years
Unofficial

Prime Cuts Vol.1

2003 年 : S.M.P. Produkt
Unofficial

Cornerstone Mixtape #47

2003 年 : Cornerstone Promotion

Step Ya Game Up 2

2008 年 : RockStar Games

Step Ya Game Up

2004 年 : -

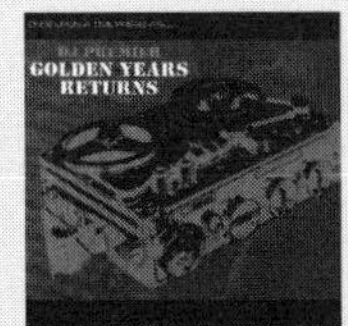

Golden Years Returns

2004 年 : Golden Years
Unofficial

Golden Years Reloaded

2009 年 : Year Round Incorporated

Checc Ya Mail

2005 年 : Year Round Incorporated

Holiday Hell

2005 年 : Year Round Incorporated

Cornerstone Mixtape #75 / August 05

2005 年 : Cornerstone Promotion

The Kings of Hip-Hop

2005 年 : Rapstar Records

No Talent Required

2006 年 : Year Round Incorporated

God Vs Tha Devil

2006 年 : Year Round Incorporated

Just Business Pt.2

2006 年 : World Premier Records
Unofficial

Just Business (Unreleased Tracks & Remixes)

2005 年 : World Premier Records
Unofficial

Outside Lookin In

2007 年 : Year Round Incorporated

Inside Lookin' Out

2007 年 : Year Round Incorporated

JAMES BROWN The Foundation Of Hip-Hop

2007 年 : Year Round Incorporated

Re-Program

2007 年 : Year Round Incorporated

Rare Play Volume II

2009 : Bare Fist Recordings

Time 4 Change

2008 年 : Year Round Incorporated

Rare Play Volume One

2009 年 : Bare Fist Recordings

The Cornerstone Mixtape #102 / February 2008

2008 年 : Cornerstone Promotion

The Classics 104.1

2008 年 : RockStar Games

One Time Only Unreleased & Remixes

2007 年 : Works Of Mart Entertainment / Unofficial

DJ Rondevu - The Realness

2007 年 : -

On Tha Road Again

2009 年 : Year Round Incorporated

WBLS Thunderstorm Vol. 2

2009 年 : Guiness
Unofficial

WBLS Thunderstorm Vol. 1

2009 年 : Guiness
Unofficial

These Are The Breaks 2

2009 年 : Stackin Cheddar
Unofficial

These Are The Breaks

2008 年 : Stackin Cheddar
Unofficial

WBLS Thunderstorm Vol. 6

2009 年 : Guiness
Unofficial

WBLS Thunderstorm Vol. 5

2009 年 : Guiness
Unofficial

WBLS Thunderstorm Vol. 4

2009 年 : Guiness
Unofficial

WBLS Thunderstorm Vol. 3

2009 年 : Guiness
Unofficial

The Authentic Vol. 1 by Khaleel

2012 年 : Year Round Records

Past, Present(S), Future by Diggy Simmons

2010 年 : -

Works of Mart Collections Vol.1

2010 年 : Works of Enetertainment

A Legendary DJ Battle Round

2010 年 : Manhattan Records

DJ PREMIER OTHER WORKS

本書は完全版と謳っているが、その対象はDJプレミアが公式／非公式にプロデュースしてきた楽曲でしかない。ラジオDJとしての顔や、フリースタイル・セッション、さらにミックスやマスタリングに至るまで、プレミアの活動は楽曲のプロデュースだけに留まらない。ギャング・スターとしてデビューした1989年から数えると実に30年以上もの時を経た今もなおヒップホップ・シーンにおいてその名を轟かせ続けているレジェンド中のレジェンド、それがDJプレミアだ。そこで、最後にディスクガイドだけではフォローしきれないその他の仕事と未発表曲の一部を紹介する。これからもDJプレミアは新たな作品を発表し続け、またどこからともなく未発表曲がリークされ、そのアーカイヴは更新され続けていくことだろう。

BETヒップホップ・アワーズ・サイファー

ケーブルテレビチャンネルBET主催の祭典『BET Hip Hop Awards』による、その年に活躍したラッパーによるサイファーを映像に収めた看板コンテンツ、「BET Hip Hop Awards Cypher」のDJを2007年〜2018年まで務めた。画像はカニエ、プシャ・T、ビッグ・ショーン、サイハイ・ダ・プリンス、そしてコモンによる2010年の"G.O.O.D. Music Cypher"。

トリビュート・ミックス

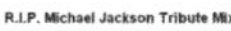
R.I.P. Michael Jackson Tribute Mix
By DJ Premier

29/08/1958 - 25/06/2009

トリビュート・ミックスといえばプレミア。そんなイメージを持っている方もいるだろうが、これまで発表されたのは10タイトル。なかでもプリモによる初のトリビュート・ミックスで、マイケル・ジャクソンが他界した翌日に、シリウス衛生ラジオShade45内で毎週2時間放送していた自身がホストを務める番組「Live From HeadQCourterz」(番組は7年もの間続いていたが2022年に終了)で披露されたミックスは、その後フリー・ダウンロード公開されたこともあって大きな話題を呼んだ。

- Michael Jackson Tribute Mix (2009年6月26日)
- Grandmaster Roc Raida Tribute Mix (2009年9月25日)
- Mr. Magic Tribute Mix (2009年10月2日)
- BIG L Tribute Mix (2010年2月16日)
- Malcom Mclaren Tribute Mix (2010年4月9日)
- Keith "Guru" Elam Tribute Mix (2010年4月23日)
- Nate Dogg Tribute Mix (2011年3月18日)
- Guru 1 Year Anniversary Tribute (2011年4月19日)
- Heavy D Tribute Mix (2011年11月11日)
- Larry Smith Tribute Mix (2014年12月26日)

未発表曲

- NYGz「Ready?」fron Hustlaz Union
- NYGz「A Tear 4 A Year」from Hustlaz Union
- Freddie Foxxx「Amerikkkan Black Man」
- Freddie Foxxx「The King is Down」
- Madonna「Don't Tell Me (DJ Premier Break Mix)」

and more

- Yo! MTV Raps Theme Remix (2011年)
- The Joe Budden Podcast Intro (2020年)

サウンドトラック

ストリートバスケの伝説的選手、ディミトリアス"フック"ミッチェルのドキュメンタリーのサウンドトラックを2003年に手掛ける。その後、90年代初頭のヒップホップ業界での成功を夢見て奮闘する若者の姿を描いたTVムービー『The Breaks』(2016年)の音楽、そして2019年にはジョーダン・ピールが製作したTVコメディ『The Last O.G.』の音楽におけるスーパーバイザーも務めた。

- Hooked: The Legend of Demetrius Hook Mitchell (2003年)
- The Breaks (2016年：VH1)
- The Last O.G. Season 2 (2019年：TBS)

二木信

1981年生。ライター。単著に『しくじるなよ、ルーディ』、企画・構成に漢 a.k.a. GAMI著『ヒップホップ・ドリーム』など。DJプレミア・ワークスは大量にプリモの曲を聴く中でプロダクションに改めて発見や驚きがあったものを選びました。

1. D'Angelo「Devil's Pie」
2. Gang Starr「Royalty」
3. Group Home「Supa Star」

宮崎敬太

コピーライターを経て、2005年より「BARKS」で編集／執筆をスタート。「MySpace Japan」や「ナタリー」で映像や音楽コンテンツの企画／制作、執筆を行う。2015年よりフリーランスとして活動開始。D.O『悪党の詩』の構成に参加。

1. Saigo「Nunya (None Of Ya Busine-ss)」
2. Omar「Keep Steppin' (DJ Premier Mix) feat. Uptown」
3. D'Angelo「Devil's Pie」

吉田大

出版社勤務を経て、フリーランスのライターに。ファッション、アート、音楽、ストリートカルチャーから、政治経済、社会問題に至るまで、多岐にわたる分野で執筆を続けている。ストレートエッジ。反戦。

1. Gang Starr「Just To Get A Rep」
2. Nas「Represent」
3. DJ Premier「Headlines feat. Westside Gunn, Conway & Benny」

吉田雅史

1975年生。批評家／ビートメイカー／MC。ヒップホップコレクティヴ、口頭遊民ダコタを引率。著作に『ラップは何を映しているのか』(共著、2017)。翻訳に『J・ディラと《ドーナツ》のビート革命』(2018)。Meisoや OMSBへビート提供。

1. Group Home「Livin Proof」
2. Gang Starr「Take It Personal」
3. KRS-One「Outta Here」

渡辺志保

広島市出身。音楽ライターのほか、ラジオDJや司会業などもこなす。これまでにDJプレミアをはじめ、ケンドリック・ラマーやニッキー・ミナージュ、コモンらへのインタビュー経験も。共著に『ライムスター宇多丸の「ラップ史」入門』(NHK出版)など。

1. DJ Premier「Remy Rap feat. Remy Ma & Rapsody」
2. Royce Da 5'9"「Boom」
3. Jay-Z「So Ghetto」

DOMO + PoLoGod.

Threepee Boys、MOUSOU PAGER。DJ、BEAT MAKER、RAPPER、レコード浪費家。TOKYO RECORD MARKET主催メンバー、Manhattan Records在籍、PAYME Archives. 主催。

1. Gang Starr「DJ Premier In Deep Concentration」
2. Gang Starr「Take It Personal」
3. Gang Starr「Speak Ya Clout」

#3 FUNKATEER (IT'S MY THING)

プリンス、Pファンク愛好家。洋楽のプロモーション・エージェント、ディストリビューター、商品企画／ライセンス・コーディネーターをする傍らで、ヒップホップ・メディア『its-my-thing.com』とレーベル「IT'S MY THING」を運営中。

1. Gang Starr「Mass Appeal」
2. KRS-One「Outta Here」
3. D'Angelo「Devil's Pie」

MINORI

ヒップホップ・ライター。Webメディアや雑誌を中心に、インタビューやライブレポート、レビューを執筆する。不定期でクラブイベントも主催。川崎出身、東京都在住。

1. Gang Starr「Work」
2. Kanye West「Everything I Am」
3. Macklemore「Heroes feat. DJ Premier」

Mix Tape Troopers

ミックステープ研究家。集めたミックステープなどを紹介するブログ『Mix Tape Troopers』を2008年に開設し、ミックステープの魅力を広く発信している。
http://mixtapetroopers.blog49.fc2.com

1. KRS-One「Outta Here」
2. Group Home「Tha Realness」
3. Gang Starr「DJ Premier In Deep Concentration」

Renya John Abe

大分県出身の音楽ライター／クリエイター。2020年頃から主にUSラップを解説するWebメディア『パンチライン百科事典』やYouTubeチャンネル『ゲツマニばん工場』、日々の新譜をまとめるプレイリスト『Weekly じょ音』などを運営している。

1. Jeru the Damaja「Come Clean」
2. The Notorious B.I.G.「Unbelievable」
3. Gang Starr「The ? Remainz」

VINYL DEALER_BB

ライター。ブラックミュージック+和モノを扱うオンラインレコード屋『VINYL DEALER』(http://vinyldealer.net/) 運営の傍ら、商業誌やウェブメディアに寄稿するなど、たまに執筆活動も。ブログとXとインスタやってます。

1. Gang Starr「Family and Loyalty」
2. Gang Starr「You Know My Steez」
3. J Rock「Drug Dealer (DJ Premier Boombox Jeep Mix)」

執筆者プロフィール／プリモワーク・ベスト3

アボかど

1991年生まれ、新潟県出身・在住の音楽ブロガー／ライター。

2012年から新譜のレビューを中心とした音楽ブログ『にんじゃりGang Bang』を運営。専門分野はヒップホップ、特にアメリカのギャングスタラップ。

@cplyosuke

1. Gang Starr「Above the Clouds feat. Inspectah Deck」
2. AZ「The Format」
3. Evidence「10,000 Hours」

池城美菜子

音楽ライター／翻訳家。音楽とブラック・カルチャーに関する映像作品ついて書いたり、訳したり、話したり。1995-2016年までニューヨークが拠点。訳書『カニエ・ウェスト論』、『How To Rap』。著書『ニューヨーク・フーディー』など。

1. D'Angelo「Devil's Pie」
2. Gang Starr「Mass Appeal」
3. Nas「N.Y State of Mind」

荏開津広

東京生まれ。東京の黎明期のクラブ、P.PICASSO、MIX、YELLOWなどでDJを、以後主にストリート・カルチャーの領域で国内外にて活動。現在はより批評的に活動へ。Port B『ワーグナープロジェクト』音楽監督。立教大学他で非常勤講師。

1. KRS-One「Rapperz R.N.Dainja」
2. Jeru Tha Damaja「Ya Playin' Yaself」
3. Gang Starr「DJ Premier in Deep Concentration」

奥田翔

1989年3月2日生まれ。宮城県仙台市出身。 2008年大学入学を機に上京。入会したキックボクシング・ジムでかかっていたBGMをきっかけにヒップホップ／R&Bを聴き始める。特技:キックボクシング。趣味:筋トレ、瞑想。

1. Dr. Dre「Animals feat. Anderson .Paak」
2. Nas「 N.Y. State of Mind」
3. D'Angelo「Devil's Pie」

キム・ボンヒョン

ヒップホップ・ジャーナリスト。2003年から音楽に関わるジャーナルを書き始める。著書には『韓国ヒップホップ・エボリューション』『K HIPHOP GUIDE BOOK 2023』『ヒップホップと韓国』『ヒップホップの詩学』など。ソウル弘大在住。

1. Guru「Hustlin' Daze feat. Donell Jones」
2. Gang Starr「Playtawin」
3. Kendra Morris「Concrete Waves (Dj Premier 320 Remix)」

小林雅明

ヒップホップに関わる文章を書いたり、本(『誰がラッパーを殺したのか』『ミックステープ文化論』)にまとめたり、翻訳(『ラップ・イヤーブック』など)をしたりしているうちに、気がつけば30年も経っていたなんて……。

1. Group Home「Supa Star」
2. Jeru The Damaja「Come Clean」
3. Gang Starr「Mass Appeal」

斎井直史

2010年に卒論を口実にいろんな方々に迫った結果、OTOTOYに辿り着いて記事の書き方を教わってから記事を書き続けている。「斎井直史のパンチライン・オブ・ザ・マンス」を(不定期)連載中。趣味は小さなパーティーでする身勝手なDJと格闘技観戦。

1. Nas「N.Y State of Mind」
2. Gang Starr「The Militia feat. Big Shug, Freddie Foxxx」
3. DJ Premier「My Influences feat. NYGz 」

高久大輝

1993年生まれ、栃木県出身。ライター。音楽メディア『TURN』編集部。ヒップホップを中心に国内外の様々な音楽やその周辺についてテキストを執筆。飯はあまり噛まない方がうまいと思っている。

1. Gang Starr「Moment Of Truth」
2. Nas「N.Y. State of Mind」
3. AZ「The Format」

高橋圭太

1983年生まれの音楽ライター。ヒップホップやダンスミュージックを中心に雑誌やウェブなどで執筆中。shakke名義でDJ、アーティストのライブDJなどの活動も行っている。

1. Gang Starr「DJ Premier in Deep Concentration」
2. Jeru The Damaja「Come Clean」
3. DJ Premier「New York Reality Check 101」

つやちゃん

文筆家。音楽誌や文芸誌、ファッション誌などに寄稿。インタビューほか、メディアでの企画プロデュースやアーティストのコンセプトメイキングなども多数。著書に『わたしはラップをやることに決めた フィメールラッパー批評原論』(DU BOOKS)など。

1. Rapsody「Kingship」
2. Jay-Z「D' Evils」
3. Rakim「When I B On Tha Mic」

二宮慶介

インディペンデント・ストリートカルチャーマガジン『DAWN』編集人。たまにライター業。みなさんあっての自分です。
FREE GAZA! FREE PALESTINE.

1. Gang Starr「Moment Of Truth」
2. Gang Starr「DWYCK horny mix」
3. Da Ranjahz「Insp-her-ation」

橋本修

レコード店勤務を経て、音楽誌での執筆をはじめる。現在は日々スパイスをディールする傍ら、音楽／フードライターとして細々と執筆を続けている。

1.The Notorious B.I.G.「Unbelievable」
2. Gang Starr「You Know My Steez」
3. D'Angelo「Devil's Pie」

執筆　アボかど、池城美菜子、荏開津広、奥田翔、キム・ボンヒョン、小林雅明、斎井直史、高久大輝、高橋圭太、つやちゃん、二宮慶介、橋本修、二木信、宮崎敬太、吉田大、吉田雅史、渡辺志保、DOMO + PoLoGod.、IT'S MY THING、MINORI、Mix Tape Troopers 、Renya John Abe、VINYL DEALER BEAT BANDIT

デザイン　山本拓
協力　石田緑
写真　ゲッティイメージズ
（カバー、表紙、P.4、P.30、P.35、P.61、P.185、P.214、P.216、P.233）

DJ プレミア完全版

2024 年 1 月 20 日　初版印刷
2024 年 1 月 30 日　初版発行

編者　DAWN
発行者　小野寺優
発行所　株式会社河出書房新社
〒 151-0051
東京都渋谷区千駄ヶ谷 2-32-2
電話　03-3404-1201（営業）
03-3404-8611（編集）
https://www.kawade.co.jp/
組版　山本拓
印刷・製本　株式会社暁印刷
Printed in Japan
ISBN 978-4-309-25737-2